한 권에 모두 담은

엔트리와 아두이노

20개의 기초 예제와 13개의 실전 예제로

기초부터 실전까지

이 책에서 설명한 예제를 따라하거나 읽으면서 **문의 사항**이 생기면 아래 사이트에 질문을 남겨주세요.

- https://sw-playcoding.com/문의
- playcoding@hanmail.net

한 권에 모두 담은

엔트리와 아두이노

20개의 기초 예제와 13개의 실전 예제로 기초부터 실전까지

지은이 선혜욱

펴낸이 박찬규 엮은이 윤가희 디자인 북누리 표지디자인 Arowa & Arowana

펴낸곳 위키북스 전화 031-955-3658, 3659 팩스 031-955-3660

주소 경기도 파주시 문발로 115, 311호 (파주출판도시, 세종출판벤처타운)

가격 28,000 페이지 476 책규격 188 x 240mm

초판 발행 2020년 03월 26일

ISBN 979-11-5839-187-4 (93000)

등록번호 제406-2006-000036호 등록일자 2006년 05월 19일

홈페이지 wikibook.co.kr 전자우편 wikibook@wikibook.co.kr

이 도서의 국립중앙도서관 출판시도서목록(CIP)은

서지정보유통지원시스템 홈페이지(http://seoji.nl.go.kr)와

국가자료공동목록시스템(http://www.nl.go.kr/kolisnet)에서 이용하실 수 있습니다.

CIP제어번호 CIP2020010764

한 권에 모두 담은

엔트리와 아두이노

20개의 기초 예제와 13개의 실전 예제로 기초부터 실전까지   선혜욱 지음

위키북스

아두이노는 전자회로의 기초지식과 텍스트 기반의 C/C++ 컴퓨터 언어에 대한 이해가 필요합니다. 전자회로의 기초 지식은 초등학교 과학 교과에서부터 배우기 시작하고, 어렸을 때부터 로봇이나 과학실험에 관심이 많았던 아이들은 아두이노가 무척 흥미로운 경험이 될 수도 있습니다. 하지만 컴퓨터 언어를 접한 아이들은 많지 않습니다. 성인도 이 해하기 힘든 컴퓨터 언어를 어떤 방식으로 접근하여 아이들의 눈높이에 맞게 가르칠 수 있을까? 컴퓨터 언어는 영어 로 되어 있고 문법이 존재하므로 학습으로 접근되어 흥미를 잃지 않을까? 그래서 4차 산업혁명 시대를 준비해야 하 는 우리 아이들이 아두이노를 배우면서 코딩은 어렵다고 생각하지 않을까? 많은 고민을 하게 되었고 이에 대한 해답 을 찾고자 노력했습니다.

엔트리와 스크래치는 그래픽 기반의 프로그래밍 프로그램으로 명령어 블록을 마우스로 끌어다 연결하여 조립하는 방식으로 별도의 문법을 익히지 않아도 되며, 구문 오류가 발생하지 않으므로 큰 어려움 없이 자신의 생각을 프로그 램으로 표현할 수 있습니다. 이 블록 코딩을 활용하여 텍스트 코딩의 구조와 문법을 비교하여 설명하면 훨씬 쉽게 받 아들이지 않을까?라고 생각하게 됐고 이 책을 쓰게 된 동기가 됐습니다.

이 책의 목표는 블록 코딩을 통해 텍스트 코딩을 배우는 것이며, 아두이노를 통해 과학 기술에 흥미를 갖게 도와주는 것입니다. 실생활 속에서 접하는 자동화 시스템들이 전문적인 지식과 기술이 있어야만 만들 수 있는 것이 아니라 상 상력과 창의적인 아이디어만 있으면 아두이노를 통해서 충분히 만들 수 있고 도전할 수 있음을 말해주고 싶습니다.

또한, 세상을 바라보는 힘, 즉 관찰력과 이해력이 아두이노를 통해서 넓어졌으면 합니다. 전자제품을 사게 되면 제일 먼저 사용 설명서를 보게 되고 작동법을 익히기에 급급합니다. 전자제품이 어떤 원리로 작동되는지 생각해보는 사람 은 적을 것입니다. 무심코 바라봤던 가로등이 어떻게 켜지고 꺼지는지, 자동문이 어떻게 사물을 감지해서 스스로 문 을 여닫는지, 차단기가 어떻게 자동차를 감지하여 열리는지, 그저 과학기술이 발달해 당연하게 느껴졌던 자동화 시스 템들에 대해 한 번쯤은 동작 원리를 생각하고 관찰할 기회가 될 바랍니다.

미국 오바마 대통령은 "비디오 게임을 사지만 말고 직접 만드세요. 휴대폰을 갖고 놀지만 말고 프로그램을 만드세 요."라고 말했습니다. 이 책을 통해서 다양한 센서와 액추에이터 등 하드웨어를 이해하여 전자회로를 구성하고, 엔트 리와 C언어로 만든 소프트웨어로 원하는 동작을 실행시킴으로써 실생활에서 흔히 볼 수 있는 시스템을 직접 만들며 체험해 보길 바랍니다.

이 책의 출간을 이끌어주신 박찬규 대표님 진심으로 감사 드립니다. 부족한 원고를 좋은 책으로 잘 다듬어주시고 조 언해 주신 윤가희 편집자님, 바쁜 일정에도 시간 내어 원고를 검토해 주신 양경철님에게 감사의 인사 전합니다. 마지 막으로 저에게 늘 큰 힘 되는 가족에게도 고마움을 전합니다.

이 책을 통해서 미래를 이끌어갈 우리 아이들에게 많은 도움이 되길 바라봅니다.

PART
01

엔트리

01
엔트리란?

02
하드웨어 연결

아두이노

03

아두이노란?

04

**아두이노를 위한
프로그래밍 기초 문법**

05

**아두이노
프로젝트 준비**

PART
03

전자 부품

06

입력

07

출력

08

LED의 활용

09

초음파 센서의 활용

10

서보 모터의 활용

11

DC 모터의 활용

아두이노 Uno	USB 케이블	브레드보드	택트 스위치
X 1	X 1	X 1	X 3

LED	조도 센서	온도 센서	초음파 센서
X4	X 1	X 1	X1

가변저항	인체 감지 센서	조이스틱	소리 감지 센서
X 1	X 1	X 1	X 1

빗물 감지 센서	수위 센서	터치 센서	토양 수분 감지 센서
X 1	X 1	X 1	X 1

자석 감지 센서	알코올 센서	3색 LED	피에조부저(수동)
X 1	X 1	X 1	X 1

서보 모터	DC 모터	7 세그먼트	저항(220Ω)
X 1	X 1	X 1	X 7

저항(10kΩ)	다이오드	트랜지스터(2N2222A)	트랜지스터(BC547)
X 1	X 1	X 1	X 1

(수수)점퍼선	(암수)점퍼선	(암암)점퍼선	9V
X 11	X 4	X 2	X 1

전자 부품들은 아래의 온라인 쇼핑몰에서 구매할 수 있습니다.

- **아두이노 공식 사이트**: www.arduino.cc
- **메카솔루션**: http://storefarm.naver.com/mechasolution
- **디바이스마트**: http://www.devicemart.co.kr/
- **에듀이노**: https://smartstore.naver.com/eduino
- **도매키트**: https://smartstore.naver.com/domekit

엔트리

사람들과 의사소통하려면 서로가 이해할 수 있는 언어가 필요합니다. 한국에서는 한국어로, 미국에서는 영어로, 일본에서는 일본어로, 독일에서는 독일어로 나라마다 그들이 사용하는 언어가 있으며 그들과 소통하려면 그들의 언어를 배워야 합니다. 하지만 그들이 사용하는 언어를 모두 배워서 소통하기에는 어려움이 있습니다. 이 어려움을 해결해 주는 역할을 하는 사람이 바로 통역사입니다. 통역사가 중간에서 두 언어를 번역하여 서로에게 전달해주고, 서로가 언어를 이해할 수 있게 도와줌으로써 각 나라 사람들이 사용하는 언어를 모두 배우지 않아도 충분히 그들과 소통하며 지낼 수 있습니다.

그렇다면 컴퓨터와 의사소통하려면 어떻게 해야 할까요? 컴퓨터도 마찬가지로 컴퓨터가 이해하는 언어를 사용해야 합니다. 그럼 컴퓨터는 어떤 언어를 사용할까요? 컴퓨터가 이해하는 언어는 0과 1로 구성된 이진수입니다. 이진수 형태의 언어를 기계어라고 하며, 이 기계어는 컴퓨터가 가장 좋아하는 언어입니다.

하지만 인간이 컴퓨터와 소통하기 위해서 0과 1로 이뤄진 기계어를 배우기에는 너무 어렵습니다. 그래서 사람들은 인간이 사용하는 언어와 가까운 프로그래밍 언어들을 만들었습니다. 기계어를 사용하는 컴퓨터는 이 프로그래밍 언어를 알지 못합니다. 하지만 통역사가 중간에서 다른 언어를 사용하는 사람들을 통역해주듯이 프로그래밍 언어를 기계어로 번역하는 컴파일러라는 소프트웨어가 있어서 기계어로 구현하지 않아도 충분히 컴퓨터와 소통할 수 있습니다.

대표적인 프로그래밍 언어에는 자바, 파이썬, C#, C가 있습니다. 이 언어들은 각각 문법이 있으며, 이 문법을 기초로 텍스트를 입력해 프로그램을 만듭니다. 그러므로 이러한 프로그래밍 언어를 사용하여 컴퓨터와 소통하기에는 상당한 노력과 시간이 필요합니다.

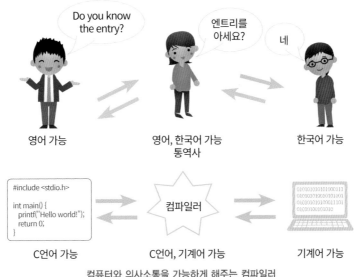

컴퓨터와 의사소통을 가능하게 해주는 컴파일러

하지만 굳이 문법을 배우지 않아도 내가 만들고자 하는 것들을 손쉽게 구현할 수 있는 블록 코딩이 있습니다. 이는 그래픽 환경을 이용해 컴퓨터 프로그래밍을 할 수 있도록 설계된 블록형 코딩 프로그램으로 대표적으로 스크래치(Scratch)와 엔트리(Entry)가 있습니다.

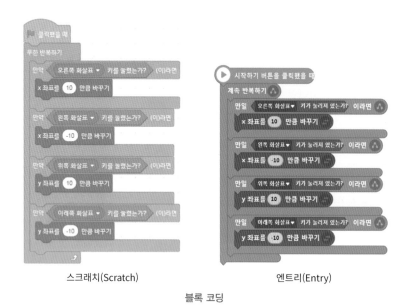

스크래치(Scratch)   엔트리(Entry)

블록 코딩

스크래치는 미국 MIT 공과 대학의 미디어랩에서 개발한 교육용 프로그램으로 약 50여 개의 언어를 지원하기 때문에 전 세계적으로 프로그래밍 교육을 시작하는 학생들에게 가장 많이 활용되고 있습니다.

엔트리는 국내에서 개발한 교육용 프로그램으로 SW 교육이 의무화되면서 초등학교 실과 교과서에 엔트리가 채택됐고, 많은 학생이 엔트리 교육을 받고 있습니다. 이 책에서는 스크래치보다 많은 하드웨어와 연결하여 프로그래밍을 할 수 있고 많은 학생이 접하여 친숙한 엔트리를 살펴보겠습니다.

엔트리란?

엔트리(Entry)는 우리나라의 엔트리 교육 연구소에서 개발한 블록형 코딩을 할 수 있는 교육 플랫폼입니다. 문법이나 명령문의 구조를 모르더라도 레고 블록을 쌓는 것처럼 마우스를 사용해 블록을 드래그 앤드 드롭(Drag N Drop)하는 방식으로 코딩을 할 수 있습니다. 따라서 프로그래밍을 처음 접하는 사람들도 쉽게 프로그램을 작성할 수 있습니다. 또한, 자바스크립트(JavaScript) 기반의 프로그램으로 호환성이 좋아서 PC 외에 스마트폰이나 태블릿에서 실행할 수 있으며, 무엇보다도 국내에서 개발했기 때문에 한글이 완벽하게 지원됩니다. 소프트웨어(Entry), 하드웨어(아두이노, E-센서보드, 햄스터, 코드이노 등), 교육 콘텐츠(네이버, EBS 교육사이트)를 하나로 묶은 소프트웨어 교육 플랫폼을 제공한다는 점이 큰 장점입니다.

그림 1-1 엔트리 홈페이지

1-1. 화면 구성

엔트리 홈페이지(https://playentry.org)에 접속하여 상단 메뉴에서 [만들기] – [작품 만들기]를 선택하면 다음과 같이 엔트리 작품을 만들 수 있는 화면이 나타납니다.

그림 1-2 엔트리 작품 만들기 화면

엔트리 블록을 사용하여 프로그램을 만들려면 엔트리 화면이 어떻게 구성돼 있는지 알아야겠지요? 만들기 화면에서 어떤 구성 요소를 제공하고, 어떠한 기능이 있는지 살펴보겠습니다.

 여기서 잠깐! 　　　　엔트리 홈페이지 화면이 영어로 나온다면?

엔트리 홈페이지는 4개의 언어(한국어, 영어, 일본어, 베트남어)를 지원합니다. 홈페이지(https://playentry.org)의 아래쪽에서 다음과 같이 언어 설정을 변경 할 수 있습니다. 만약 홈페이지 화면이 영어로 나온다면 언어를 '한국어'로 변경해주세요.

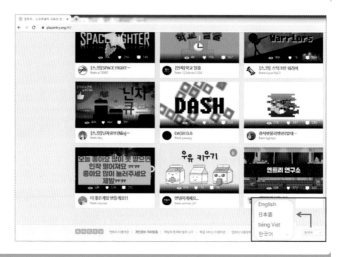

그림 1-3 엔트리 홈페이지 언어 설정

1) 상단 메뉴

상단 메뉴에는 엔트리 만들기 화면의 기본 설정 메뉴가 있으며, 기존에 작업한 파일을 불러오거나 저장, 인쇄, 작업 상태 되돌리기 등의 기능을 선택할 수 있습니다.

❶ entry 로고를 클릭하면 엔트리 홈페이지 화면(https://playentry.org)으로 이동합니다.

❷ 작품 이름을 나타냅니다. 기본값은 [현재 날짜_작품]으로 표기되며, 클릭하여 다른 이름으로 변경할 수 있습니다.

❸ [블록코딩]과 [엔트리파이선] 모드를 제공합니다. 작업하고자 하는 모드를 선택, 변경할 수 있습니다.

❹ 작품을 새로 만들거나 온/오프라인에서 저장한 작품을 불러옵니다.

❺ 현재 작품을 내 컴퓨터에 저장하거나 복사본을 만들어 저장합니다.

❻ 블록 도움말, 하드웨어 연결 안내, 엔트리파이선 이용 안내에 관련한 도움말을 보거나 관련 가이드 문서를 받을 수 있습니다.

❼ 작업한 블록 코드들을 한 페이지에 미리 보기 형태로 보여주며, 화면에 보이는 대로 인쇄할 수 있습니다.

❽ 진행 중인 작품의 이전 작업 상태로 되돌립니다.

❾ 진행 중인 작품의 이후 작업 상태로 되돌립니다.

❿ 엔트리 작업환경을 [기본형]과 [교과형]으로 나누어 선택할 수 있습니다. 기본형과 교과형은 지원되는 블록 개수가 다르며, 기본형을 선택하면 많은 블록을 사용하여 작품을 만들 수 있습니다.

⓫ 로그인 또는 회원가입 화면으로 이동합니다.

⓬ 한국어, 영어, 일본어, 베트남어를 지원합니다. 작업하고자 하는 언어를 선택합니다.

2) 실행 화면

블록 조립소에서 작성한 명령어 블록대로 실행되는 화면입니다.

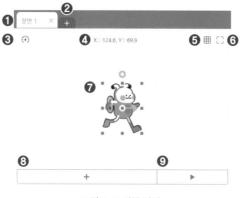

그림 1-4 실행 화면

❶ 하나의 작품에도 여러 개의 장면을 만들 수 있습니다. 장면 탭의 이름 부분을 클릭하면 장면 탭의 이름을 변경할 수 있습니다.

❷  탭을 누르면 새로운 장면이 추가됩니다.

❸ 모양의 아이콘을 클릭하면 5단계로 실행 속도를 조절할 수 있는 게이지가 나옵니다. 설정한 실행 속도로 작성한 명령어 블록들이 실행됩니다.

속도 조절

❹ 실행 화면 안에서 움직이는 마우스의 좌표 위치(X 좌표, Y 좌표)가 표시됩니다.

❺ ⊞ 모양의 아이콘을 클릭하면 실행 화면의 좌표를 볼 수 있습니다.

실행 화면의 좌표 범위는 X축(좌우)은 −240~240이고, Y축(상하)은 −135~135이며, 모눈종이의 한 칸은 20으로 이뤄져 있습니다.

그림 1-5 실행 화면 좌표

❻ ⌐ 모양의 아이콘을 클릭하면 실행 화면이 전체화면으로 바뀌며, 전체화면에서 ⊹ 이미지를 클릭하면 원래 크기로 되돌아옵니다. 주로 작품을 모두 완성한 후에 사용합니다.

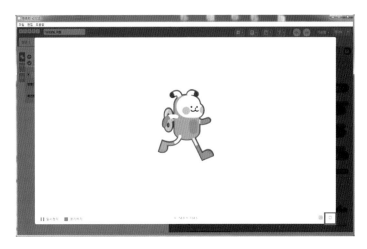

그림 1-6 전체화면으로 실행

❼ 명령어를 통해 움직일 수 있는 이미지, 캐릭터, 배경, 글상자와 같은 요소를 오브젝트라고 합니다. 이 오브젝트는 코딩에 필요한 이름, 위치, 방향, 회전 방식 등 많은 정보를 가지고 있습니다.

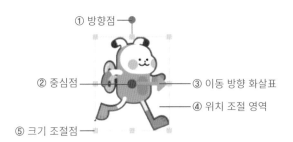

① 방향점
② 중심점
③ 이동 방향 화살표
④ 위치 조절 영역
⑤ 크기 조절점

① **방향점**: 오브젝트 모양 자체의 방향을 말합니다. 마우스로 방향점을 움직이면 오브젝트를 회전시킬 수 있습니다.

| 방향 : 0도
이동 방향 : 90도
오른쪽으로 이동 | 방향 : 90도
이동 방향 : 90도
아래쪽으로 이동 | 방향 : 180도
이동 방향 : 90도
왼쪽으로 이동 | 방향 : 270도
이동 방향 : 90도
위쪽으로 이동 |

② **중심점**: 오브젝트의 위치(X 좌표, Y 좌표)와 움직임의 기준이 됩니다. 중심점을 드래그하면 중심점의 위치를 이동시킬 수 있습니다.

③ **이동 방향 화살표**: 오브젝트가 움직일 때의 기준 방향입니다. 마우스로 화살표를 움직이면 이동 방향을 회전시킬 수 있습니다.

| 이동 방향: 90도
오른쪽 이동 | 이동 방향: 180도
아래쪽 이동 | 이동 방향: 270도
왼쪽 이동 | 이동 방향: 0도
위쪽 이동 |

④ **위치 조절 영역**: 오브젝트의 빈 곳을 드래그하면 원하는 위치로 이동시킬 수 있습니다.

⑤ **크기 조절점**: 크기 조절점을 드래그하면 오브젝트의 크기를 조절할 수 있습니다.

❽ 새로운 오브젝트를 추가할 수 있습니다. 엔트리에서 제공하는 기본 오브젝트 외에 그림 파일을 추가하거나 직접 그림을 그려 오브젝트를 만들 수 있습니다.

그림 1-7 오브젝트 추가하기

① 오브젝트 선택: 엔트리에서 제공하는 오브젝트를 카테고리별로 분류해 보여줍니다. 오른쪽 위에 있는 검색 창에서 검색 기능을 제공하므로 원하는 오브젝트를 쉽게 찾을 수 있습니다.

② 파일 올리기: 엔트리에서 제공하는 오브젝트 외에 새로운 그림 파일 또는 자신이 가지고 있는 그림 파일(png, jpg, bmp 지원)을 업로드 할 수 있습니다.

그림 1-8 오브젝트 파일 추가하기

③ 새로 그리기: 그림판에서 직접 그림을 그려 새로운 오브젝트를 만들 수 있습니다.

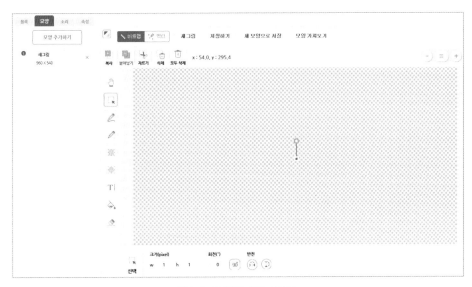

그림 1-9 오브젝트 새로 그리기

④ **글상자**: 이미지 오브젝트 외에 원하는 글자를 쓰면 그 글자가 새로운 오브젝트가 됩니다. 폰트, 굵게, 밑줄, 기울임, 취소선, 글자 색상, 채우기 색상 기능이 있으며, 한 줄 또는 여러 줄 쓰기가 가능합니다.

그림 1-10 글상자 오브젝트 추가하기

❾ 실행하기 버튼으로 블록 조립소에서 작성한 명령어 블록 중에서  블록에 연결된 블록들을 순서 대로 실행시킵니다.

3) 오브젝트 목록

오브젝트 목록에서는 각 오브젝트의 상세 정보를 제공하며, 오브젝트의 정보를 수정할 수 있습니다.

그림 1-11 오브젝트 상세 정보

❶ **보이기/숨기기**: 아이콘을 클릭해서 보이기 또는 숨기기를 전환할 수 있습니다. 👁 모양의 아이콘일 때는 오브젝트가 실행 화면에 보이고, 👁 모양의 아이콘일 때는 오브젝트가 실행 화면에서 보이지 않습니다.

❷ **잠금/잠금 해제**: 아이콘을 클릭해서 잠금/잠금 해제를 전환할 수 있습니다. 🔒 모양의 아이콘일 때는 오브젝트의 속성을 변경할 수 없고, 🔓 모양의 아이콘일 때는 오브젝트의 속성을 변경할 수 있습니다.

❸ **이름**: 오브젝트의 이름을 나타냅니다. 클릭하면 오브젝트의 이름을 수정할 수 있으며 중복되지 않은 고유한 이름으로 작성해야 합니다.

❹ **위치**: 오브젝트에 있는 중심점을 기준으로 오브젝트의 위치를 X 좌표(−240~240), Y 좌표(−135~135)로 표시합니다. X, Y 값을 입력해 위치 값을 변경하거나 실행 화면에서 오브젝트의 빈 곳을 드래그해 값을 변경할 수 있습니다.

❺ **크기**: 오브젝트 크기를 나타냅니다. 크기 값을 변경하면 가로세로의 일정한 비율로 크기가 변경됩니다. 실행 화면에서 위치 조절 영역을 드래그해 크기를 변경하면 가로세로의 비율을 다르게 변경할 수 있습니다.

❻ **방향**: 오브젝트의 기울어진 정도를 나타냅니다. 오브젝트의 방향은 중심점을 기준으로 회전됩니다. 방향 값을 입력하거나 실행 화면에서 방향점을 마우스로 움직여 방향 값을 변경할 수 있습니다.

❼ **이동 방향**: 오브젝트가 움직이는 방향을 나타냅니다. 이동 방향 값을 입력하거나 실행 화면에서 이동 방향 화살표를 마우스로 움직여 이동 방향 값을 변경할 수 있습니다.

❽ **회전 방식**: 오브젝트의 회전 방식을 ↻ [모든 방향 회전], ↔ [좌우 방향 회전], → [회전 없음]의 세 가지 방식 중에서 선택할 수 있습니다. '화면 끝에 닿으면 튕기기' 블록을 사용할 때 회전 방식에 따라 오브젝트가 다르게 움직이는 모습을 확인할 수 있습니다.

❾ **오브젝트 삭제**: 선택한 오브젝트를 삭제합니다.

4) 블록 꾸러미

엔트리 블록 꾸러미는 [블록], [모양], [소리], [속성]의 4개의 탭으로 이뤄져 있습니다. 다만 글상자 오브젝트를 선택하면 [모양] 탭 대신 [글상자] 탭으로 변경됩니다.

그림 1-12 블록 꾸러미 탭

❶ **블록** : 오브젝트에 명령을 할 수 있는 명령 블록이 모여 있습니다. 총 14개의 카테고리가 있으며, 카테고리마다 서로 다른 색으로 구분돼 있습니다.

이 책에서 주로 사용하는 블록만 살펴보겠습니다.

시작하기 버튼을 클릭했을 때	시작하기 버튼을 클릭하면 아래에 연결된 블록들을 실행
q▼ 키를 눌렀을 때	지정된 키를 누르면 아래에 연결된 블록들을 실행
마우스를 클릭했을 때	마우스를 클릭했을 때 아래에 연결된 블록들을 실행
오브젝트를 클릭했을 때	해당 오브젝트를 클릭했을 때 아래에 연결된 블록들을 실행
대상없음 ▼ 신호 보내기	목록에 선택된 신호를 보냄
대상없음 ▼ 신호를 받았을 때	해당 신호를 받으면 아래에 연결된 블록들을 실행

2 초 기다리기	입력한 시간만큼 기다린 후 다음 블록을 실행
10 번 반복하기	입력한 횟수만큼 감싸고 있는 블록들을 반복 실행
계속 반복하기	감싸고 있는 블록들을 계속해서 반복 실행
만일 참 이라면	만일 판단이 참이면 감싸고 있는 블록들을 실행

만일 참 이라면 아니면	만일 판단이 참이면 첫 번째 감싸고 있는 블록들을 실행하고, 거짓이면 두 번째 감싸고 있는 블록들을 실행
복제본이 처음 생성되었을때	해당 오브젝트의 복제본이 새로 생성됐을 때 아래에 연결된 블록들을 실행
자신▼ 의 복제본 만들기	선택한 오브젝트의 복제본을 생성
이 복제본 삭제하기	'복제본이 처음 생성되었을 때' 블록과 함께 사용되며, 연결된 블록들이 실행되고 있는 복제본을 삭제

움직임

이동 방향으로 10 만큼 움직이기	입력한 값만큼 오브젝트의 이동 방향 화살표가 가리키는 방향으로 움직임
x 좌표를 10 만큼 바꾸기	오브젝트의 X 좌표를 입력한 값만큼 바꿈
y 좌표를 10 만큼 바꾸기	오브젝트의 Y 좌표를 입력한 값만큼 바꿈
x: 0 y: 0 위치로 이동하기	오브젝트의 위치를 입력한 x와 y 좌표로 이동시킴
방향을 90° 만큼 회전하기	오브젝트의 방향을 입력한 각도만큼 시계방향으로 회전
이동 방향을 90° 만큼 회전하기	오브젝트의 이동 방향을 입력한 각도만큼 시계방향으로 회전
방향을 90° (으)로 정하기	오브젝트의 방향을 입력한 각도로 정함
이동 방향을 90° (으)로 정하기	오브젝트의 이동 방향을 입력한 각도로 정함

생김새

모양 보이기	오브젝트가 실행 화면에 나타남
모양 숨기기	오브젝트가 실행 화면에 보이지 않음
안녕! 을(를) 말하기▼	오브젝트가 입력한 내용을 말풍선으로 말하는 동시에 다음 블록을 실행

블록	설명
엔트리봇_걷기1 모양으로 바꾸기	오브젝트를 선택한 모양으로 바꿈
다음 ▼ 모양으로 바꾸기	오브젝트의 모양을 이전 또는 다음 모양으로 바꿈
색깔 ▼ 효과를 10 만큼 주기	오브젝트에 색깔 효과를 입력한 값만큼 변경(0~100을 주기로 반복됨)
밝기 ▼ 효과를 10 만큼 주기	오브젝트에 밝기 효과를 입력한 값만큼 변경(-100~100 사이의 범위, -100 이하는 -100으로 100 이상은 100으로 처리됨)
투명도 ▼ 효과를 10 만큼 주기	오브젝트에 투명도 효과를 입력한 값만큼 변경(0~100 사이의 범위, 0 이하는 0으로, 100 이상은 100으로 처리됨)

가 글상자

블록	설명
엔트리 라고 글쓰기	글상자의 내용을 입력한 값으로 고쳐 씀

소리

블록	설명
소리 강아지 짖는소리 ▼ 재생하기	해당 오브젝트가 선택한 소리를 재생하는 동시에 다음 블록을 실행
소리 크기를 10 % 만큼 바꾸기	작품에서 재생되는 모든 소리의 크기를 입력한 값으로 변경

판단

블록	설명
마우스를 클릭했는가?	마우스를 클릭한 경우 '참'으로 판단
q ▼ 키가 눌러져 있는가?	선택한 키가 눌러져 있는 경우 '참'으로 판단
마우스포인터 ▼ 에 닿았는가?	해당 오브젝트가 선택한 항목과 닿은 경우 '참'으로 판단
10 = 10	왼쪽에 위치한 값과 오른쪽에 위치한 값이 같으면 '참'으로 판단
10 > 10	왼쪽에 위치한 값이 오른쪽에 위치한 값보다 크면 '참'으로 판단
10 < 10	왼쪽에 위치한 값이 오른쪽에 위치한 값보다 작으면 '참'으로 판단
10 ≥ 10	왼쪽에 위치한 값이 오른쪽에 위치한 값보다 크거나 같으면 '참'으로 판단

10 ≤ 10	왼쪽에 위치한 값이 오른쪽에 위치한 값보다 작거나 같으면 '참'으로 판단
참 그리고 ▼ 참	두 판단이 모두 참인 경우 '참'으로 판단
참 또는 ▼ 거짓	두 판단 중 하나라도 참이 있는 경우 '참'으로 판단
참 (이)가 아니다	해당 판단이 참이면 거짓, 거짓이면 참으로 판단

계산

10 + 10	입력한 두 수를 더한 값
10 - 10	입력한 두 수를 뺀 값
10 x 10	입력한 두 수를 곱한 값
10 / 10	입력한 두 수를 나눈 값
0 부터 10 사이의 무작위 수	입력한 두 수 사이에서 선택된 무작위 값 (두 수 모두 정수를 입력하면 정수로, 두 수 중 하나라도 소수를 입력하면 소수점 둘째 자리의 소수 값이 선택됨)
엔트리봇 ▼ 의 x좌푯값 ▼	선택한 오브젝트의 각종 정보 값(x 좌표, y 좌표, 방향, 이동 방향, 크기, 모양 번호, 모양 이름)
10 / 10 의 몫 ▼	앞의 수에서 뒤의 수를 나누어 생긴 몫의 값
10 / 10 의 나머지 ▼	앞의 수에서 뒤의 수를 나누어 생긴 나머지 값
안녕! 과(와) 엔트리 를 합치기	입력한 두 값을 결합한 값

?
자료

변수 ▼ 값	선택된 변수에 저장된 값
변수 ▼ 에 10 만큼 더하기	선택한 변수에 입력한 값을 더함
변수 ▼ 를 10 로 정하기	선택한 변수의 값을 입력한 값으로 정함

 함수 정의하기	자주 쓰는 코드를 이 블록 아래에 조립하여 함수로 만듦
함수 정의하기 이름 문자/숫자값 1 판단값 1	'함수 정의하기'의 오른쪽 빈칸에 이름 을 조립하여 함수의 이름을 정함 함수를 실행하는 데 입력값이 필요한 경우 빈칸에 문자/숫자값, 판단값 을 조립하여 매개변수로 사용함
이름	'함수 정의하기' 블록 안에 조립하며, 함수의 이름을 정함
문자/숫자값	'함수 정의하기' 블록 안에 조립하며, 입력한 문자/숫자값(매개변수)에 따라 함수의 실행 결과가 달라짐 이 블록을 분리하여 함수의 코드 중 필요한 부분에 넣어 사용

❷ 모양 : 오브젝트의 모양을 추가하거나 수정, 복제, 편집 및 삭제를 할 수 있는 탭입니다.

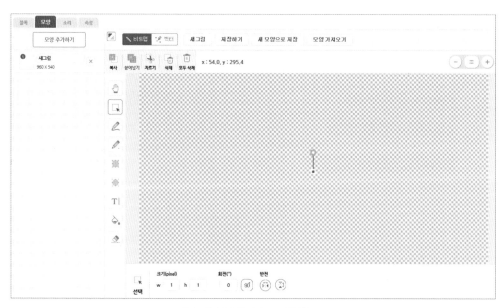

그림 1-13 블록 꾸러미 – 모양 탭

❸ **소리** : 오브젝트가 낼 소리를 관리하는 탭입니다. 엔트리에서 제공하는 소리를 선택할 수도 있고, 내 PC에 있는 소리를 가져오거나 이미 추가된 소리를 재생 버튼을 이용해 들어볼 수도 있습니다.

그림 1-14 블록 꾸러미 – 소리 탭

❹ **속성** : 코드를 작성하는 데 필요한 변수, 신호, 리스트, 함수 등을 추가할 수 있는 탭입니다.

① 변수

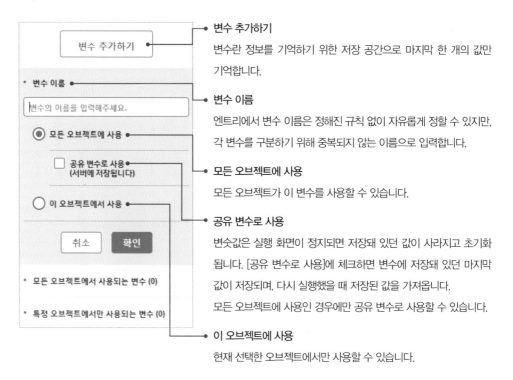

변수 추가하기

변수란 정보를 기억하기 위한 저장 공간으로 마지막 한 개의 값만 기억합니다.

변수 이름

엔트리에서 변수 이름은 정해진 규칙 없이 자유롭게 정할 수 있지만, 각 변수를 구분하기 위해 중복되지 않는 이름으로 입력합니다.

모든 오브젝트에 사용

모든 오브젝트가 이 변수를 사용할 수 있습니다.

공유 변수로 사용

변숫값은 실행 화면이 정지되면 저장돼 있던 값이 사라지고 초기화됩니다. [공유 변수로 사용]에 체크하면 변수에 저장돼 있던 마지막 값이 저장되며, 다시 실행했을 때 저장된 값을 가져옵니다.
모든 오브젝트에 사용인 경우에만 공유 변수로 사용할 수 있습니다.

이 오브젝트에 사용

현재 선택한 오브젝트에서만 사용할 수 있습니다.

② 신호

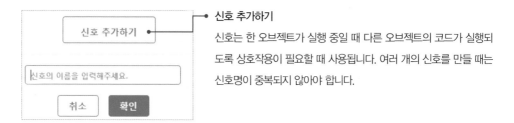

신호 추가하기

신호는 한 오브젝트가 실행 중일 때 다른 오브젝트의 코드가 실행되도록 상호작용이 필요할 때 사용됩니다. 여러 개의 신호를 만들 때는 신호명이 중복되지 않아야 합니다.

③ 리스트

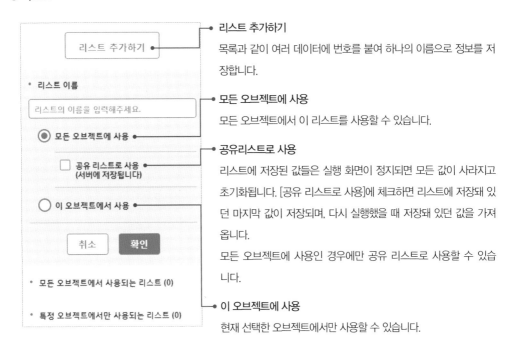

리스트 추가하기

목록과 같이 여러 데이터에 번호를 붙여 하나의 이름으로 정보를 저장합니다.

모든 오브젝트에 사용

모든 오브젝트에서 이 리스트를 사용할 수 있습니다.

공유리스트로 사용

리스트에 저장된 값들은 실행 화면이 정지되면 모든 값이 사라지고 초기화됩니다. [공유 리스트로 사용]에 체크하면 리스트에 저장돼 있던 마지막 값이 저장되며, 다시 실행했을 때 저장돼 있던 값을 가져옵니다.

모든 오브젝트에 사용인 경우에만 공유 리스트로 사용할 수 있습니다.

이 오브젝트에 사용

현재 선택한 오브젝트에서만 사용할 수 있습니다.

④ 함수

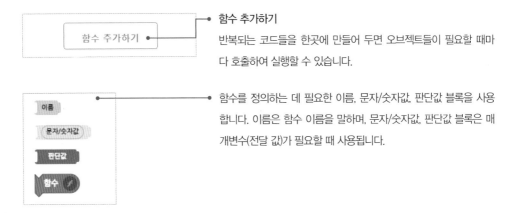

함수 추가하기

반복되는 코드들을 한곳에 만들어 두면 오브젝트들이 필요할 때마다 호출하여 실행할 수 있습니다.

함수를 정의하는 데 필요한 이름, 문자/숫자값, 판단값 블록을 사용합니다. 이름은 함수 이름을 말하며, 문자/숫자값, 판단값 블록은 매개변수(전달 값)가 필요할 때 사용됩니다.

5) 블록 조립소

실제 블록 코드를 조립(작성)하는 곳으로, 블록 꾸러미에서 명령 블록을 드래그해 블록을 가지고 와 코드를 조립합니다. 코드는 반드시 오브젝트 별로 선택해 블록을 조립해야 합니다.

1-2. 엔트리 코딩

지금까지 엔트리의 전체 화면 구성을 살펴보고, 자주 쓰이는 블록들을 살펴봤습니다. 이번 절에서는 엔트리 블록을 사용해 [아두이노 소개하기] 프로그램을 만들어 보겠습니다.

프로젝트 미리 보기: http://bit.ly/31fHxmx

코드 보기: http://bit.ly/2VCvSxb

1-2-1. 프로젝트 시작하기

두 명의 학생이 등장하여 괴짜 박사님에게 아두이노에 대해서 알고 싶다고 질문을 하면 괴짜 박사님이 아두이노가 무엇인지 설명해주는 프로그램입니다.

그림 1-15 [아두이노 소개하기] 프로젝트

1-2-2. 알고리즘 설계하기

순서 / 오브젝트	[안경쓴 학생(1)]	[안경쓴 학생(2)]	[괴짜박사]
1	10번 반복 : 이동 방향 10만큼 움직이기 / 다음 모양으로 바꾸기 / 0.2초 기다리기	좌우 모양 뒤집기 10번 반복 : 이동 방향 10만큼 움직이기 / 다음 모양으로 바꾸기 / 0.2초 기다리기	6초 기다리기
2	1초 기다리기	16초 기다리기	
3	"박사님! 아두이노에 대해서 알고 싶어요!" 2초 동안 말하기		
4	27초 기다리기		"아두이노가 궁금해서 왔구나!" 2초 동안 말하기 "아두이노는 한마디로 소형 컴퓨터야!" 2초 동안 말하기 "냉장고, 세탁기, 에어컨, 핸드폰 등 주위에 쉽게 볼 수 있는 가전제품에 모두 소형 컴퓨터가 내장돼 있어!" 4초 동안 말하기 "아두이노를 배우면 상상하는 모든 것들을 만들 수 있단다." 3초 동안 말하기
5		"우왜 아두이노를 빨리 배우고 싶어요!" 2초 동안 말하기 "저희가 아두이노를 배우기 위해서는 어떻게 하면 되나요?" 2초 동안 말하기	6초 기다리기
6		10초 기다리기	"아두이노는 소프트웨어와 하드웨어를 모두 배워야 해!" 3초 동안 말하기 "하지만 아두이노는 오픈소스 하드웨어로 개발돼 있어서 쉽게 배울 수 있어" 4초 동안 말하기 "그럼, 나와 함께 아두이노 여행을 떠나볼까?" 2초 동안 말하기
7	"신난다" 말하기 3번 반복 : y 좌표를 50만큼 바꾸기 / 0.5초 기다리기 / y 좌표를 −50만큼 바꾸기 / 0.5초 기다리기	"신난다" 말하기 3번 반복 : y 좌표를 50만큼 바꾸기 / 0.5초 기다리기 / y 좌표를 −50만큼 바꾸기 / 0.5초 기다리기	

1-2-3. 코딩하기

[아두이노 소개하기] 프로그램의 알고리즘을 설계해 보았습니다. 설계한 알고리즘을 토대로 오브젝트를 추가하고 블록을 조립하여 프로그램을 실행시켜 보겠습니다.

1) 오브젝트 추가하기

01. 엔트리 초기화면에서 제공하는 엔트리봇 오브젝트는 사용하지 않으므로 삭제한 후 오브젝트 추가하기 버튼을 클릭합니다.

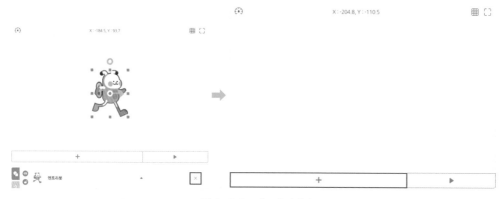

그림 1-16 오브젝트 추가하기

02. 오브젝트 추가하기 창이 열리면 '안경쓴 학생(1)', '안경쓴 학생(2)', '괴짜박사', '도서관' 배경을 선택해 불러옵니다. 오른쪽 위에 있는 검색창에 검색어를 입력하면 검색어를 포함하고 있는 오브젝트만 표시되므로 오브젝트를 쉽게 찾을 수 있습니다.

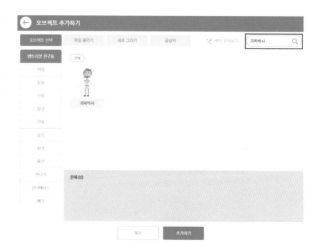

그림 1-17 오브젝트 검색

03. 오브젝트를 클릭하면 아래에 오브젝트가 담기고, 추가할 오브젝트를 모두 선택했으면 [추가하기] 버튼을 클릭해 오브젝트를 불러옵니다.

그림 1-18 선택한 오브젝트 추가

04. 실행 화면 또는 오브젝트 목록에서 '안경쓴 학생(1)' 오브젝트를 선택한 다음 블록 꾸러미 영역에서 [모양] 탭을 선택합니다.

05. '안경쓴 학생(1)' 오브젝트는 걷는 모습을 나타내기 위한 4개의 모양을 가지고 있습니다. 이 중에서 모양 번호 1, 2번과 3, 4번은 모양 크기가 다르므로 자연스럽게 걷는 모습을 나타내기 위해 모양 번호 1, 2번을 삭제합니다.

그림 1-19 오브젝트 모양 삭제

06. 실행 화면 왼쪽에 '안경쓴 학생(1)', '안경쓴 학생(2)' 오브젝트를 배치하고 오른쪽에 '괴짜박사' 오브젝트를 배치합니다.

그림 1-20 실행 화면에 오브젝트 배치

2) 블록 조립하기

01. 실행 화면 또는 오브젝트 목록에서 '안경쓴 학생(1)' 오브젝트를 선택합니다.

02. 블록 꾸러미에서 명령 블록을 찾은 다음 블록 조립소 영역으로 드래그 앤드 드롭해 다음 순서대로 블록을 조립합니다.

안경쓴 학생(1)

블록 탭	명령 블록	완성 블록
시작	▶ 시작하기 버튼을 클릭했을 때	▶ 시작하기 버튼을 클릭했을 때
흐름	10 번 반복하기	10 번 반복하기
움직임	이동 방향으로 10 만큼 움직이기	이동 방향으로 10 만큼 움직이기
생김새	다음▼ 모양으로 바꾸기	다음▼ 모양으로 바꾸기
흐름	2 초 기다리기	0.2 초 기다리기
흐름	2 초 기다리기	1 초 기다리기
생김새	안녕! 을(를) 4 초 동안 말하기▼	박사님! 아두이노에 대해서 알고 싶어요! 을(를) 2 초 동안 말하기▼
흐름	2 초 기다리기	27 초 기다리기
생김새	안녕! 을(를) 말하기▼	신난다 을(를) 말하기▼
흐름	10 번 반복하기	3 번 반복하기
움직임	y 좌표를 10 만큼 바꾸기	y 좌표를 50 만큼 바꾸기
흐름	2 초 기다리기	0.5 초 기다리기
움직임	y 좌표를 10 만큼 바꾸기	y 좌표를 -50 만큼 바꾸기
흐름	2 초 기다리기	0.5 초 기다리기

01. 실행 화면 또는 오브젝트 목록에서 '안경쓴 학생(2)' 오브젝트를 선택합니다.

02. 블록 꾸러미에서 명령 블록을 찾은 다음 블록 조립소 영역으로 드래그 앤드 드롭해 다음 순서 대로 블록을 조립합니다.

안경쓴 학생(2)

블록 탭	명령 블록	완성 블록
시작	▶ 시작하기 버튼을 클릭했을 때	▶ 시작하기 버튼을 클릭했을 때
생김새	좌우 모양 뒤집기	좌우 모양 뒤집기
흐름	10 번 반복하기	10 번 반복하기
움직임	이동 방향으로 10 만큼 움직이기	이동 방향으로 10 만큼 움직이기
생김새	다음▼ 모양으로 바꾸기	다음▼ 모양으로 바꾸기
흐름	2 초 기다리기	0.2 초 기다리기
흐름	2 초 기다리기	16 초 기다리기
생김새	안녕! 을(를) 4 초 동안 말하기▼	우와! 아두이노를 빨리 배우고 싶어요! 을(를) 2 초 동안 말하기▼
생김새	안녕! 을(를) 4 초 동안 말하기▼	저희가 아두이노를 배우기 위해서는 어떻게 하면 되나요?을(를) 2 초 동안 말하기▼
흐름	2 초 기다리기	10 초 기다리기
생김새	안녕! 을(를) 말하기▼	신난다 을(를) 말하기▼
흐름	10 번 반복하기	3 번 반복하기
움직임	y 좌표를 10 만큼 바꾸기	y 좌표를 50 만큼 바꾸기
흐름	2 초 기다리기	0.5 초 기다리기
움직임	y 좌표를 10 만큼 바꾸기	y 좌표를 -50 만큼 바꾸기
흐름	2 초 기다리기	0.5 초 기다리기

괴짜박사

01. 실행 화면 또는 오브젝트 목록에서 '괴짜박사' 오브젝트를 선택합니다.

02. 블록 꾸러미에서 명령 블록을 찾은 다음 블록 조립소 영역으로 드래그 앤드 드롭해 다음 순서대로 블록을 조립합니다.

3) 실행하기

실행하기 버튼을 클릭하면 블록 조립소에서 작성한 명령어 블록들이 순서대로 실행됩니다.

그림 1-21 프로젝트 실행하기

02

하드웨어 연결

피지컬 컴퓨팅은 센서를 통해 현실 세계의 값을 디지털 신호와 아날로그 신호 체계로 입력받고, 소프트웨어(SW) 프로그래밍을 통해 하드웨어(HW)를 제어하는 시스템을 말합니다.

현재 엔트리에서는 아두이노를 비롯한 오렌지 보드, 비트브릭, E-센서보드, 네오봇, 알버트, 코드이노, 햄스터 등 80여 개의 하드웨어를 지원하므로 이를 연결하여 피지컬 컴퓨팅 시스템을 구축할 수 있습니다. 엔트리의 하드웨어 연결은 macOS는 지원하지 않으며 윈도우 7 이상, 크롬 브라우저에 최적화돼 있습니다.

이 책에서는 아두이노와 연결하여 실습하도록 하겠습니다. 엔트리에서는 아두이노의 모든 기능을 사용할 수는 없기 때문에 디지털과 아날로그 입출력 핀을 사용해 제어할 수 있는 센서와 액추에이터를 중심으로 살펴보겠습니다.

2-1. 엔트리와 아두이노 연결

01. USB 연결 케이블을 사용해 아두이노 보드와 PC를 연결합니다.

그림 2-1 PC와 아두이노 보드 연결

02. 엔트리 블록꾸러미의 [블록] 탭에서 [하드웨어]를 선택합니다. 그다음 [연결 프로그램 열기]를 선택합니다.

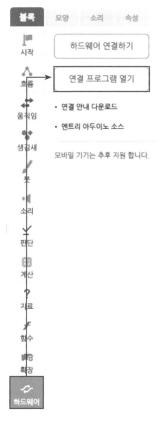

그림 2-2 하드웨어 연결 프로그램 열기

03. 하드웨어 연결 프로그램 창이 열리면 엔트리에서 지원하는 하드웨어 목록이 나타나며 가장 최근에 사용한 하드웨어가 가장 앞에 위치합니다.

하드웨어 목록 중에서 [아두이노 Uno 확장모드]를 선택합니다. [아두이노 Uno 정품보드]나 [아두이노 Uno 호환보드]를 선택해도 되지만, [아두이노 Uno 정품보드]와 [아두이노 Uno 호환보드]에는 센서를 제어하는 블록 개수가 적습니다.

그림 2-3 연결할 하드웨어 선택

04. PC와 아두이노 보드가 연결돼 있다면 하드웨어 연결 대기 상태가 됩니다. 이때 [드라이버 설치] 버튼을 클릭해 드라이버를 설치합니다. 그다음 [펌웨어 설치] 버튼을 클릭해 펌웨어도 설치합니다. 드라이버와 펌웨어 설치는 최초 한 번만 하면 됩니다. 다만 아두이노에 다른 프로그램을 업로드했다면 다시 엔트리에 아두이노를 연결하기 위한 펌웨어를 설치해야 합니다.

이 책에서는 엔트리와 연결하는 실습과 스케치 프로그램과 연결하는 실습을 병행할 예정이므로 반드시 기억하고 있어야 합니다.

TIP _ 펌웨어란?

펌웨어란 아두이노 보드에 엔트리와 연결하여 동작할 수 있는 소스 코드를 저장하는 것을 말합니다.

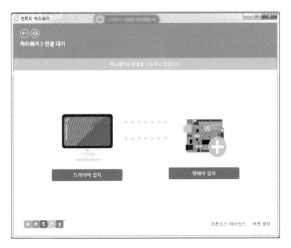

그림 2-4 드라이버 설치 및 펌웨어 설치

05. 하드웨어 연결 성공 후 연결 성공 창을 닫으면 하드웨어 연결이 끊어지므로 연결 성공 창은 계속 열어둬야 합니다.

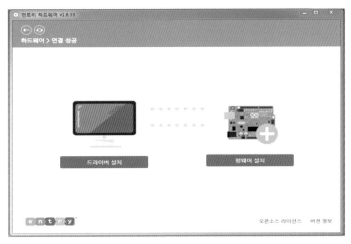

그림 2-5 하드웨어 연결 성공 창

06. 하드웨어 연결에 성공하면 아두이노를 제어할 수 있는 블록들이 나타납니다.

그림 2-6 하드웨어 블록

2-2. 아두이노 연결 블록

하드웨어 연결 블록들을 살펴보겠습니다.

하드웨어

아날로그 [A0 ▼] 번 센서값

아두이노 보드의 아날로그 핀 A0~A5번에 연결된 전자부품의 입력값

아날로그 [A0 ▼] 번 센서값 의 범위를 [0] ~ [1023] 에서 [0] ~ [100] 로 바꾼값

아두이노 보드의 아날로그 핀 A0~A5번에 연결된 전자부품의 입력값 범위인 0~1023에서 임의의 범위 값으로 변환

울트라소닉 Trig [2 ▼] Echo [4 ▼] 센서값

초음파 센서의 Trig와 Echo 핀에 연결된 아두이노 보드의 디지털 핀 0~13번의 입력값(거릿값)

디지털 [2 ▼] 번 센서값

아두이노 보드의 디지털 핀 0~13번에 연결된 전자부품의 입력값(0, 1)

디지털 [3 ▼] 번 핀 [켜기 ▼]

아두이노 보드의 디지털 핀 0~13번에 연결된 전자부품의 출력값([켜기], [끄기])을 설정

디지털 [3 ▼] 번 핀을 [255] (으)로 정하기

아두이노 보드의 디지털 핀 중 PWM 제어가 가능한 3, 5, 6, 9, 10, 11번 핀의 출력값(0~255)을 설정

디지털 [3 ▼] 번 핀의 서보모터를 [10] 의 각도로 정하기

아두이노 보드의 디지털 핀 0~13번에 연결된 서보모터의 각도를 설정

디지털 [3 ▼] 번 핀의 버저를 [도 ▼] [4 ▼] 음으로 [1] 초 연주하기

아두이노 보드의 디지털 핀 0~13번에 연결된 피에조부저의 음의 출력값을 설정

과학과 기술이 발전하면서 사람이 하던 일들을 기계가 대신하고, 모든 분야에 자동화 시스템이 적용되고 있습니다. 실생활에서 흔히 볼 수 있는 냉장고, TV, 세탁기, 에어컨, 전화기 등과 같은 가전제품뿐만 아니라 ATM 단말기, 교통 관리 시스템, 주차 관리 시스템, 내비게이션, 무인 자동화 시스템 등이 생활에 편리함을 더하고 있습니다. 이러한 가전제품과 자동화 시스템에는 작은 형태의 전자회로를 가진 컴퓨터와 소프트웨어가 내장돼 있어서 사람의 개입 없이 특수한 기능을 수행하며, 이처럼 하드웨어와 소프트웨어가 결합된 시스템을 임베디드 시스템이라고 합니다. 아두이노의 출현은 우리가 좀 더 쉽게 임베디드 시스템을 이해하고, 구현하며 실현할 수 있는 계기가 됐습니다.

임베디드 시스템

이번 장에서는 아두이노 실습을 하기 이전에 아두이노가 무엇인지 알아보고, 실습에 필요한 부품들과 전기와 관련된 기본 이론을 살펴보겠습니다.

03

아두이노란?

아두이노(Arduino)란 이탈리아어로 '내 친구'라는 뜻입니다. 이탈리아 이브레아(Ivrea)라는 작은 도시에 위치한 IDII(Interaction Design Institute Ivrea)라는 전문대학원에서 예술과 IT 기술을 접목한 작품을 만들었는데, 이 프로젝트를 진행한 마시모 반지(Massimo Banzi) 교수가 개발했습니다. 공학을 전공하지 않은 사람들노 기초적인 기술로 기능을 구현할 수 있는 저렴하고 사용법이 쉬운 전자 교육용 보드를 고민하다가 개발한 것으로 단일보드 마이크로컨트롤러입니다.

아두이노는 하드웨어의 설계도와 소프트웨어의 코드를 오픈 소스 형태로 모두 공개하여 공학을 전공한 사람이 아니더라도 임베디드 시스템을 쉽게 이해하고 접근할 수 있습니다. 이로써 머릿속의 아이디어들을 실제로 구현해 볼 수 있는 환경이 마련됐습니다.

TIP _ 마이크로컨트롤러란?

MCU(Micro Controller Unit)라고 불리며, 중앙처리장치(CPU)와 주변 장치들을 하나의 칩으로 만들어 기능을 수행하는 소형 컴퓨터를 말합니다. 일반적으로 PC보다 성능은 낮지만, 기본적인 연산, 신호 처리 기능이 있어서 임베디드 시스템에 널리 사용되고 있습니다.

3-1. 아두이노의 종류

아두이노는 오픈 소스 하드웨어로, 이를 기반으로 여러 종류의 아두이노를 개발하고 출시하고 있습니다. 그래서 아두이노는 크게 이탈리아의 아두이노 사에서 출시한 정식 아두이노 보드와 정식 아두이노의 설계도를 참조해서 기능을 변형하거나 추가하여 만든 호환 보드로 나누어집니다.

아두이노 보드의 종류를 살펴보면 가장 많이 사용하며 기본이 되는 아두이노 우노(Uno), 멀티미디어와 영상 작업에 유용한 아두이노 메가(Mega), 키보드나 마우스와 같은 주변장치를 만들 때 유용한 아두이노 레오나르도(Leonardo), 의류에 장착하여 웨어러블(wearable) 컴퓨팅을 구현할 수 있는 아두이노 릴리 패드(Lily Pad), 와이파이가 탑재돼 있어서 네트워크에 연결해 사용할 수 있는 아두이노 윤(YUN) 등이 있습니다.

공식 사이트(www.arduino.cc)에서 여러 종류의 보드와 이와 관련된 기술 사양 및 사용법을 상세히 설명하고 있으므로 만들고자 하는 목적에 따라 아두이노 보드를 선택하여 사용하면 됩니다.

그림 3-1 아두이노 홈페이지

이 책에서는 아두이노 Uno 보드를 사용하므로 아두이노 Uno 보드를 자세히 살펴보겠습니다.

아두이노 Uno 보드는 ATmel사의 ATmega328 AVR 마이크로컨트롤러를 사용한 보드로 현재 R3 버전까지 출시됐습니다. 디지털 신호를 입·출력하는 핀은 14개(0~13번)이고, 아날로그 입력 핀은 6개(A0~A5) 입니다. 그밖에 USB 전원과 외부 입력 전원을 지원하며 RESET 버튼이 있습니다.

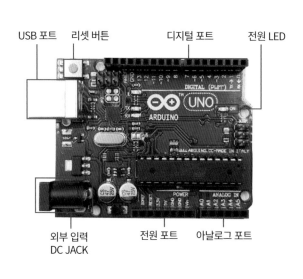

	아두이노 Uno
MCU	ATmega328
동작 전압	5V
추천 입력 전압	7 ~ 12V
Digital I/O 핀	14(PWM 6개 포함)
PWM	6
아날로그 입력 핀	6
I/O 핀 전류	20mA
3.3V 핀 전류	50mA
Flash Memory	32KB
SRAM	2KB
EEPROM	1KB

그림 3-2 아두이노 Uno 보드의 구조 및 기본 사양

아두이노 Uno 보드 외에 대표적인 아두이노 보드는 다음과 같습니다.

아두이노 보드	아두이노 이름	메인 칩	동작 전압 입력 전압	디지털 핀 수 PWM	아날로그 핀 수
아두이노 Leonardo	ATmega32u4	5V 7~12V	20 7	12

	아두이노 Due	AT91SAM3X8E	3.3V 7~12V	54 12	12
	아두이노 Mega	ATmega2560	5V 7~12V	54 15	16
	아두이노 Nano	ATmega328	5V 7~12V	22 6	8
	아두이노 Lily Pad	ATmega328	2.7 ~5.5V 2.7 ~5.5V	9 4	4
	아두이노 YUN	ATmega32u4	5V 5V	20 7	12

3-2. 아두이노 준비

이번 절에서는 아두이노를 실습하는 데 필요한 센서, 액추에이터와 같은 전자 부품을 살펴보겠습니다. 그리고 이 전자 부품들을 사용하기 위한 기본적인 전기·전자와 관련된 이론을 살펴보겠습니다.

3-2-1. 센서

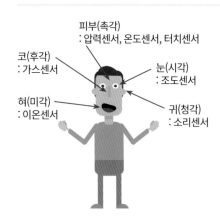

사람은 눈으로 사물을 보고, 코로 냄새를 맡고, 혀로 맛을 느끼고, 피부로 촉감을 느끼고, 귀로 소리를 듣는 것처럼 여러 감각을 통해 정보를 입력받습니다. 이와 마찬가지로 빛, 소리, 온도, 압력, 속도, 거리 등 주위 환경에 대한 정보를 전기적인 신호(디지털 신호, 아날로그 신호)로 바꾸어 알려주는 전자 부품이 센서(Sensor)입니다.

아두이노 실습에서 사용되는 대표적인 센서에는 스위치, 조도 센서, 온도 센서, 초음파 센서, 빗물 감지 센서, 수위 센서, 조이스틱, 인체 감지 센서, 알코올 센서 등이 있습니다.

그림 3-3 센서

3-2-2. 액추에이터(Actuator)

센서가 입력을 담당한다면 액추에이터는 출력을 담당합니다. 즉, 센서가 외부 자극이나 신호를 감지했다면 액추에이터는 시스템을 제어하거나 움직이게 합니다. 앞서 설명했듯 사람의 눈과 코, 귀가 센서라면 움직이는 팔, 다리는 액추에이터가 됩니다. 눈으로 사물을 보거나 냄새를 맡거나 소리를 듣는 것보다 운동하거나 춤을 출 때 많은 에너지가 필요하듯이 외부의 정보를 입력받는 센서보다 액추에이터가 더 많은 전기를 필요로 합니다.

아두이노 실습에서 사용되는 대표적인 액추에이터에는 LED, 삼색 LED, 피에조부저, 서보 모터, DC 모터, 7 세그먼트 등이 있습니다.

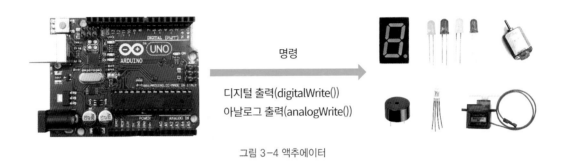

명령

디지털 출력(digitalWrite())
아날로그 출력(analogWrite())

그림 3-4 액추에이터

3-2-3. 신호체계

1) 디지털 신호

디지털은 0과 1 두 개의 값만 가지는 신호입니다. 예를 들어 LED는 켰다(ON)/껐다(OFF), 자석 감지 센서는 자석에 붙었다/떨어졌다, 스위치는 눌렀다/안 눌렀다 등 두 가지의 신호 값을 가지는 이진 신호체계입니다.

그림 3-5 디지털 신호체계

그렇다면 아두이노 Uno 보드에서는 디지털 신호를 어떻게 제어할까요?

아두이노에서는 0V와 5V의 두 가지 전압 상태로 디지털 포트를 통해 입출력됩니다. 디지털 신호를 입·출력하는 핀은 0~13번으로 총 14개 핀이 있습니다.

디지털 값을 입력받는 digitalRead() 함수와 디지털 신호 값으로 출력하는 digitalWrite() 함수를 사용해 디지털 신호를 제어합니다.

디지털 포트

그림 3-6 아두이노 Uno의 디지털 핀

아두이노 실습에서 디지털 신호 값을 가지는 전자 부품은 스위치, 인체 감지 센서, 자석 감지 센서, 터치 센서, LED, 7 세그먼트 등이 있으며 회로를 구성할 때는 반드시 디지털 핀으로 연결해야 입출력이 이뤄집니다.

디지털 입력	디지털 출력

그림 3-7 디지털 신호 값을 가지는 전자 부품

2) 아날로그 신호

아날로그란 시간의 흐름에 따라 연속적으로 변화하는 값을 말합니다.

그림 3-8 아날로그 신호체계

아두이노에서의 아날로그 입력값은 0~5V의 범위를 1024등분으로 나눠서 0~1023 범위의 값으로 반환합니다.

그렇다면 아두이노 Uno 보드에서는 아날로그 신호를 어떻게 제어할까요?

아날로그 신호를 입력받는 핀은 A0~A5 핀으로 총 6개가 있습니다. 아날로그 신호를 출력할 때는 PWM 기능을 사용합니다. 디지털 신호를 이용해 아날로그 회로처럼 제어할 수 있는 PWM 기능은 디지털 핀 번호 앞에 물결 표시(~)가 있는 3, 5, 6, 9, 10, 11번 핀으로 총 6개의 핀을 사용하며 0~255 범위의 값으로 아날로그처럼 출력할 수 있습니다.

PWM 기능 핀

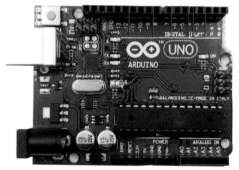

아날로그 포트

그림 3-9 아두이노 Uno 아날로그 핀

아날로그 값을 입력받는 analogRead() 함수와 아날로그 값으로 신호를 출력하는 analogWrite() 함수를 사용해 아날로그 신호를 제어합니다.

아두이노 실습에서 아날로그 신호 값을 가지는 전자 부품은 조도 센서, 온도 센서, 조이스틱, 빗물 감지 센서, 수위 센서, 토양 수분 감지 센서, 알코올 센서 등이 있으며 회로를 구성할 때는 아날로그 핀을 통해 입력이 이뤄지고, PWM 제어 가능한 디지털 핀(서보모터는 라이브러리 함수(Servo.h) 사용 시 디지털 핀 전부 사용)을 통해 출력이 이뤄집니다.

아날로그 입력	아날로그 출력

그림 3-10 아날로그 신호 값을 가지는 전자 부품

✋ 여기서 잠깐! **아날로그 입력값은 왜 0~1023의 범위의 값을 가지나요?**

아날로그 신호를 디지털 값으로 변환해주는 기능을 ADC(Analog to Digital Converter)라고 합니다. 아두이노 Uno는 10bit의 ADC를 사용합니다. 따라서 2의 10승으로 1024가지 경우의 수를 표현할 수 있으며, 0을 포함하므로 0부터 1023의 범위의 값을 가집니다.

아두이노 Uno는 8bit 기반의 마이크로컨트롤러를 사용합니다. 따라서 2의 8승으로 256가지 경우의 수를 표현할 수 있으며, 0을 포함하므로 0부터 255의 범위의 값을 가집니다.

 중요해요 **펄스 폭 변조(PWM(Pulse Width Modulation))란?**

디지털 신호는 0과 1 두 개의 값만 가지는 신호입니다. 전압의 관점에서는 0V와 5V를 의미하며 아두이노에서 0V는 LOW 값, 5V는 HIGH 값으로 표현합니다. 시간의 흐름에 따라 항상 LOW 또는 HIGH의 값을 표현하기 때문에 중간값을 가질 수 없습니다. 하지만 PWM 기능을 이용하면 디지털 신호를 아날로그 신호처럼 표현할 수 있습니다. 즉, 0V와 5V를 아날로그 전압처럼 0~5V 사이의 전압으로 출력할 수 있습니다.

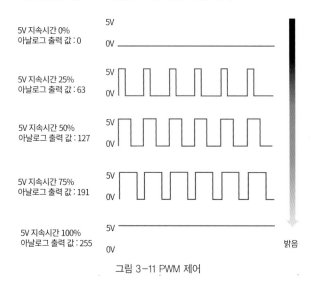

그림 3-11 PWM 제어

PWM 출력은 대략 1/500(0.002)초마다 펄스를 만들어 냅니다. 전압은 위아래로 동작하기 때문에 0~5V로 변동이 없지만, 펄스의 폭은 시간의 흐름에 따라 왼쪽에서 오른쪽으로 움직입니다.

예를 들어 LED를 켰다 껐다 반복한다고 가정했을 때, LED는 펄스의 주기마다 계속 5V(또는 HIGH)와 0V(또는 LOW)로 변경되지만, 사람의 눈은 이런 속도로 깜박이는 것을 인식할 수 없고, 단지 밝기가 변하고 있는 것으로 인식하게 됩니다.

즉 켜져 있는 시간이 꺼져 있는 시간보다 길다면 LED의 밝기는 밝아 보일 것이고, 켜져 있는 시간보다 꺼져있는 시간이 길다면 LED의 밝기는 어두워 보일 것입니다. 즉, 켜지고 꺼지는 시간을 제어함으로써 아날로그 신호인 것처럼 표현할 수 있습니다.

아두이노에서는 LED의 밝기를 제어하거나 3색 LED의 색상 변화, 모터의 회전 속도를 제어하는 데 PWM 기능이 사용됩니다.

TIP _ 펄스란?

짧은 시간 동안 흐르는 전류, 전압을 말합니다.

3-2-4. 그 외 전자 부품

1) 트랜지스터

트랜지스터는 증폭 작용과 스위칭 역할을 하는 부품입니다. 증폭이란 전압이나 전류의 양을 늘리는 것을 의미하지만, 실제 트랜지스터는 적은 양의 전류를 사용하여 순간적으로 큰 힘을 발휘할 수 있게 하는 역할을 합니다. 수도 밸브를 잠그면 물이 흐르지 않고 수도 밸브를 끝까지 틀면 물이 뿜어져 나오는 것처럼 이러한 원리를 이용하여 전류의 양을 조절할 수 있습니다. 또한 수도 밸브를 잠그거나 여는 두 가지 경우로 스위칭 역할을 하기도 합니다.

그림 3-12 트랜지스터

트랜지스터의 생김새를 살펴보면 이미터(Emitter), 베이스(Base), 컬렉터(Collector)로 구성된 3개의 리드선을 가지고 있습니다. 이미터(E)는 수도 배관을 통해 물이 흐르듯이 전류가 한 방향으로 흐르도록 하는 역할을 하며, 베이스(B)는 수도 밸브의 역할처럼 흐르는 전류량을 조절하고, 컬렉터(C)는 수도꼭지로 물이 뿜어 나오듯 이미터(E)에서 공급한 전류를 받아들이는 역할을 합니다.

그림 3-13 이 책에서 사용되는 트랜지스터

트랜지스터의 종류는 PNP 트랜지스터와 NPN 트랜지스터로 두 가지 종류로 나누어집니다.

PNP 트랜지스터는 이미터 → 베이스 → 컬렉터 순서로 전류가 흐르고, NPN 트랜지스터는 컬렉터 → 베이스 → 이미터 순서로 전류가 흐릅니다. 즉, 이 두 개의 차이는 전류가 흐르는 방향만 다를 뿐 작동원리는 같습니다.

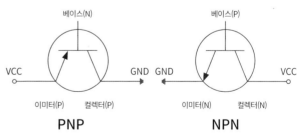

그림 3-14 트랜지스터 종류

회로를 구성할 때 주의할 점은 아두이노 디지털 핀과 트랜지스터의 베이스(B)핀 사이에 저항을 연결해야 합니다. 이 저항은 트랜지스터 베이스(B)핀에 가해지는 전류량을 결정해 주는 역할을 하므로 저항을 연결하지 않으면 많은 양의 전류가 흘러 트랜지스터가 과열되어 타 버릴 수 있습니다.

아두이노 실습에서는 큰 힘을 필요로 하는 DC 모터를 작동시킬 때 트랜지스터를 사용합니다.

2) 다이오드

전류는 (+)극에서 (‒)극으로 한 방향으로 흐릅니다. 한 방향으로 전류가 흐르도록 만드는 것을 정류라고 하며 이러한 특성을 가진 반도체 소자가 다이오드입니다. 전류를 역방향(반대 방향)으로 흐르지 못하게 하는 특성을 이용해 역방향으로 전류가 흐를 때 전원을 차단함으로써 감전이나 화재의 위험을 막아주고, 센서가 고장 나지 않게 보호하여 모든 전자 제품에 사용되고 있습니다. 생김새를 살펴보면 다이오드

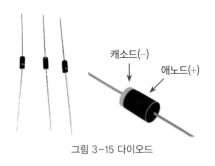

그림 3-15 다이오드

는 극성이 있으므로 (+)극과 (‒)극을 가진 2개의 리드선이 있습니다. 은색 띠가 둘러져 있는 곳이 (‒)극으로 캐소드라고 부르며 반대쪽은 (+)극으로 애노드라고 부릅니다. 그러므로 회로를 구성할 때는 극성에 맞게 연결해야 합니다.

아두이노 실습에서는 DC 모터를 사용할 때 다이오드를 사용합니다.

3) 저항

저항은 전류가 흐르는 것을 방해하는 역할을 합니다. 흘러가는 전류를 방해하는 이유는 무엇일까요? 사람이 활동하려면 필요한 에너지가 있습니다. 이 에너지는 음식을 통해 섭취하는데, 필요한 에너지원보다 적게 먹거나 많이 먹으면 영양실조와 비만으로 인해 각종 질병을 앓게 되며, 이렇게 되면 건강한 일상생활을 하기가 어려워집니다.

센서와 액추에이터도 마찬가지입니다. 센서와 액추에이터가 바르게 작동하려면 필요한 전압값이 있으며 이를 정격전압이라고 합니다. 낮은 전압에서는 제대로 작동하지 않을 수 있고, 높은 전압에서는 과전류가 흐르면서 파손될 수도 있습니다. 즉, 우리가 일상생

그림 3-16 저항

활을 하기 위한 기준 에너지량이 있듯이 센서와 액추에이터도 바르게 작동하려면 필요한 만큼만 전류가 흐르도록 조절해야 하며, 이러한 역할을 하는 전자 부품이 저항입니다.

(1) 저항값을 계산해 봐요

일상생활에 필요한 에너지는 신체조건, 성별, 직종, 자연환경 등에 따라 사람마다 조금씩 다릅니다. 센서와 액추에이터도 마찬가지입니다. 작동하는 데 필요한 입력 전압, 즉 정격전압은 센서와 액추에이터의 종류마다 다릅니다. 예를 들어 LED를 살펴보겠습니다. LED도 LED 종류와 색상마다 정격전압이 다릅니다. 전압 5V에 빨간색 LED 1개를 연결했을 때 필요한 저항값은 다음과 같이 계산합니다.

색상	구분	최소전압	최대전압	전류(일반)	전류(최대)
적	Red	1.8V	2.3V	20mA	50mA
등	Orange	2.0V	2.3V	30mA	50mA
황	Real Yellow	2.0V	2.8V	20mA	50mA
초	Emerald Green	1.8V	2.3V	20mA	50mA
초	Real Green	3.0V	3.6V	20mA	50mA
청	Sky Blue	3.4V	3.8V	20mA	50mA
청	Real Blue	3.4V	3.8V	20mA	50mA
자	Pink	3.4V	3.8V	20mA	50mA
백	White	3.4V	4.0V	20mA	50mA

그림 3-17 색상별 LED의 전압

- **입력전압**: 5V(아두이노 Uno 기준)
- **LED를 켜기 위한 최소전압**: 1.8V
- **전류**: 20mA (0.02A)

$$전류의\ 세기 = \frac{전압}{저항} \Rightarrow I = \frac{V}{R}$$

저항값 = (입력 전압 − LED를 켜기 위한 최소 전압) / 전류

(5V − 1.8V) / 0.02 = 160Ω

TIP _ 전기 저항의 단위

전기 저항의 단위는 Ω이며, 옴(ohm)이라고 읽습니다.

실제 동일 저항이 없는 경우 더 큰 근사치 저항을 사용합니다. 일반적으로 아두이노 실습에서 LED를 연결할 때 220Ω 저항을 직렬로 연결하면 무리 없이 사용할 수 있으므로 이 책의 예제에서는 220Ω 저항을 사용하겠습니다.

(2) 저항값을 읽어봐요

저항은 재료에 따라 여러 종류의 저항이 있으며 그중 가장 많이 사용되는 저항이 탄소 피막 저항입니다. 탄소 피막 저항은 4~6개의 띠가 있으며 이 띠의 색상을 보고 저항값을 읽습니다. 이 책의 예제에서는 5개의 띠를 가진 저항을 사용하므로 5개의 띠를 가진 저항의 값은 어떻게 읽는지 살펴보겠습니다.

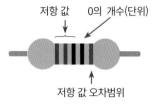

왼쪽부터 3개의 띠는 저항값을 의미하며, 네 번째 띠는 0의 개수를 의미하고, 다섯 번째 띠는 저항의 오차 범위를 나타냅니다.

저항값		0의 개수		오차 범위	
0 1 2 3 4 5 6 7 8 9	10가지 색상에 0~9까지의 숫자 값을 가지게 됩니다. 색상 순서는 검은색, 갈색 다음에 남색이 빠진 무지개색(빨, 주, 노, 초, 파, 보) 그리고 회색, 흰색 순으로 돼 있습니다.	x0.01(은) x0.1(금) x1 x10 x100 x1K x10K x100K x1M x10M	0의 개수, 즉 배수를 의미합니다. 10가지의 색상이 있으며 색상별로 의미하는 숫자 값을 저항값(3개의 띠)에 곱하면 됩니다.	±10%(은) ±5%(금) ±1% ±2% ±0.5% ±0.25% ±0.1%	저항이 가지는 오차 범위를 색상으로 나타냅니다.

220 x 1 ±1%로 저항의 크기는 220Ω이며 허용 오차는 ±1%인 저항

470 x 1 ±1%로 저항의 크기는 470Ω이며 허용 오차는 ±1%인 저항

100 x 10 ±5%로 저항의 크기는 1,000Ω(1kΩ)이며 허용 오차는 ±5%인 저항

100 x 100 ±10%로 저항의 크기는 10,000Ω(10kΩ)이며 허용 오차는 ±10%인 저항

4) 브레드보드

전자 회로를 구성할 때는 회로 기판에 전자 부품들을 연결하기 위해서 납땜을 합니다. 납땜은 고온으로 납을 녹여서 하는 작업이므로 화상을 입을 수 있고, 한번 연결한 전자 부품들을 재사용하기가 어렵습니다. 브레드보드는 이를 보완하여 납땜 없이 간편하게 전자 회로를 구성할 수 있습니다. 또한 재사용이 가능하여 프로토타입(prototype)을 만들거나 교육용으로 사용됩니다. 브레드보드는 판 위에 빵을 일정한 간

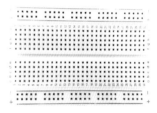

그림 3-18 브레드보드

격으로 올려놓은 듯한 모습이라 해서 브레드보드, 한국말로 빵판이라고 부릅니다.

TIP _ 프로토타입(prototype)이란?

제품이 출시되기 전에 성능을 검증하거나 개선하기 위해 시험적으로 만든 제품을 말합니다.

(1) 브레드보드는 어떻게 생겼나요?

브레드보드의 구성을 살펴보면 전원을 연결하는 버스 띠(bus strip) 영역과 전자 부품을 연결하는 부품 영역으로 나누어져 있습니다. 이 두 부분은 각각 다른 방향으로 배치돼 있으며 가운데 중앙선을 기준으로 위아래로 배치돼 있습니다.

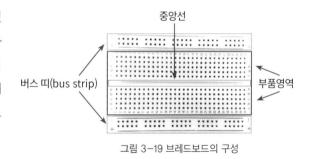

그림 3-19 브레드보드의 구성

(2) 브레드보드에 센서를 어떻게 연결하나요?

① 부품 영역

그림 3-20과 같이 브레드보드의 부품 영역은 세로 방향으로 5개의 구멍이 있으며 내부에서는 전기가 통하는 금속으로 서로 연결돼 있습니다. 이 부품 영역에 전자 부품을 꽂아 회로를 구성합니다.

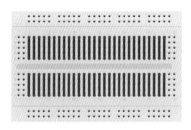

그림 3-20 부품 영역 내부 연결

전자 부품마다 리드선의 개수가 다르고 리드선의 역할이 다르므로 연결된 한곳에 꽂지 않아야 합니다. 그러므로 부품 영역에 전자 부품을 꽂을 때는 가로 방향으로 꽂아야 하며 세로 방향으로 꽂으면 합선으로 인한 화재의 위험이 있으므로 반드시 주의해서 꽂아야 합니다.

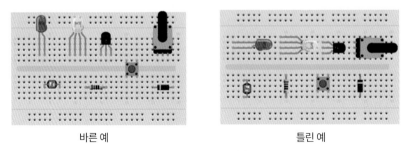

바른 예   틀린 예

그림 3-21 전자 부품 연결 방법

② 버스 띠(bus strip) 영역

브레드보드의 버스 띠 영역은 가로 방향으로 전기가 통하는 금속이 서로 연결돼 있으며 전원과 GND를 연결할 때 사용됩니다. 전원선(+)과 접지선(−)이 양쪽으로 두 줄씩 있으며 이는 적색선과 청색선으로 쉽게 구분할 수 있습니다.

아두이노 Uno 보드에는 5V와 3.3V 두 개의 전원이 있으며, 3개의 GND 핀이 있습니다. 회로를 구성할 때 전원 또는 GND 핀의 개수가 부족하면 버스 띠 영역에 전부 연결하여 꽂은 다음 아두이노 Uno 보드와 연결합니다.

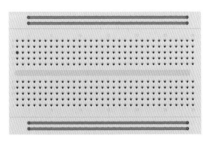

그림 3-22 버스 띠 영역 내부 연결

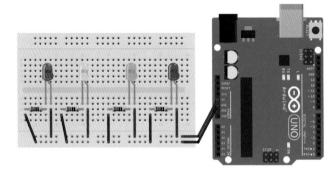

그림 3-23 버스 띠 영역 연결

참고 _ 이 책에서 사용하는 회로도는 Fritzing 프로그램을 사용하였으며 아두이노 Uno 보드의 이미지에는 3.3V가 3V3으로 표시돼 있습니다.

3-2-5. 전기 전자 기초 이론

1) 전기

일상생활에서 우리는 많은 전기를 사용하고 있습니다. 가정에서는 전등처럼 빛을 내기도 하고, 전기다리미나 전기 히터처럼 열을 내기도 하고, 냉장고, 컴퓨터, 에어컨, TV 등 가전제품을 작동시키는 데 사용되기도 하는 전기는 현대 생활에서 없어서는 안 되는 꼭 필요한 에너지입니다. 전기는 물체를 마찰시킬 때 생성되는 에너지로 (+) 전기와 (−) 전기가 있습니다. (+) 전기와 (−) 전기끼리는 서로 끌어당기지만, (+) 전기끼리나 (−) 전기끼리는 서로 밀어내는 성질이 있습니다. 이는 N극과 S극을 가진 자석과 마찬가지로 같은 극끼리는 밀어내고 다른 극끼리는 끌어당기는 성질과 같습니다.

예를 들어 풍선에 머리카락을 비벼 마찰시키면 서로 다른 전기가 발생해 서로 끌어당김으로써 머리카락이 풍선에 달라붙게 됩니다.

전기의 흐름을 살펴보겠습니다. 전기의 흐름은 배관 속에 흘러가는 물의 흐름과 비슷합니다. 배관의 길이, 배관의 굵기, 배관의 재질에 따라 물의 흐름이 달라지듯이 전기도 전기가 흘러가는 도선의 굵기와 길이, 재질에 따라 흐르는 양이 달라집니다.

그림 3-24 전기 에너지

2) 전압

물은 높은 곳에서 낮은 곳으로 흐릅니다. 높이가 높을수록 물의 위치 에너지가 커서 물이 잘 흘러내리고, 높이가 낮거나 없을수록 위치 에너지가 작아 물이 흐르지 않습니다. 즉, 물은 위치 에너지의 차이가 커야 잘 흐르게 됩니다.

전기도 마찬가지입니다. 두 지점 사이의 위치적 차이가 있어야 전기가 잘 흐릅니다. 이 전기의 위치적 차이를 전위차라 부르며 전위차로 인해 생긴 압력을 전압이라고 합니다. 또한, 이 전압은 전류를 흐르게 하는 힘이 됩니다.

그럼 이 전압(전기 에너지)은 센서나 액추에이터들을 어떻게 작동시킬까요? 전압의 작동 원리는 물레방아를 돌리는 물의 흐름과 비슷합니다. 그림 3-25와 같이 물통에 물이 있습니다. 물통에 물이 많을수록 수압이 높으므로 물이 가지는 에너지가 많아집니다. 그러므로 물이 잘 흐르게 됩니다. 물이 배관을 통해 흘러가면 수

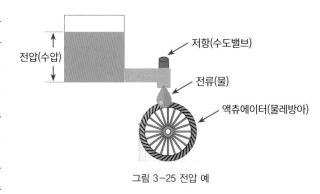

그림 3-25 전압 예

도 밸브를 조절해 흐르는 물의 양을 조절합니다. 물의 양에 따라 물레방아가 돌아갈 수도 있고 멈출 수도 있습니다. 여기서 수압은 전압을 의미합니다. 전압이 높을수록 전기 에너지가 많아져서 전류가 잘 흐르게 됩니다. 흐르는 전류의 양은 저항으로 조절하며 센서나 액추에이터들을 작동시키게 됩니다.

TIP _ 전압의 단위

전압의 단위는 V이며, 볼트(Volt)라고 읽습니다.

3) 전류

전하의 흐름을 전류라고 합니다. 여기서 전하란 전기의 성격을 띠는 가장 작은 알맹이로 이 알맹이들의 양을 전기의 양이라고 말합니다. 앞서 말했듯 전기의 흐름은 물의 흐름과 비슷합니다. 배관 속에 흐르는 물의 양처럼 도선에 흐르는 전기의 양이라고 생각하면 됩니다. 전하에는 전기적 특성을 띠는 두 가지 입자가 있습니다. 바로 (+) 성질을 갖는 양전하와 (−) 성질을 갖는 음전하인데, 음전하를 가지는 대표적인 예가 전자이며 이 전자들이 이동하면서 전하를 운반하기 때문에 전류가 흐르게 됩니다. 그러므로 전자의 이동은 (−)극에서 (+)극으로 흐르게 됩니다. 하지만 전류는 (+)극에서 (−)극으로 흐릅니다. 그 이유는 전자의 존재를 알기 전에 이미 전류의 방향은 (+)극에서 (−)극으로 흐르는 것으로 정했기 때문입니다. 이후 전자가 발견됐지만,

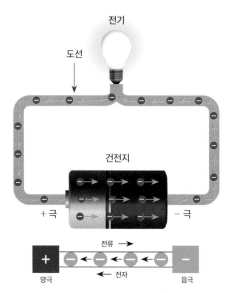

그림 3-26 전자의 이동과 전류의 방향

전류의 방향을 그대로 사용하기로 해서 전류의 이동 방향과 전자의 이동 방향은 반대가 된 것입니다.

4) 자기력

전하 사이에 작용하는 힘을 전기력이라고 하면 자석 사이에 작용하는 힘을 자기력이라고 합니다. 자석에는 N극과 S극이 있습니다. 같은 극끼리는 서로 밀어내는 힘(척력)이 작용하고 다른 극끼리는 서로 끌어 당기는 힘(인력)이 작용하는데 이러한 성질을 가진 자기력에 전류가 흐르면 전기 에너지가 회전 운동 에너지로 바뀌게 됩니다. 이는 모터가 회전하게 되는 원리이기도 합니다.

좀 더 자세히 살펴보겠습니다. 그림 3-27과 같이 자기장의 방향이 N극에서 S극으로 향하고 전류의 방향은 (+)극에서 (−)극으로 흐릅니다. 이때 도선은 위쪽으로 힘을 받아 움직이게 됩니다. 즉, 자기장의 방향과 전류의 방향에 따라 도선이 받는 힘의 방향이 결정되는데 이것이 플레밍의 왼손 법칙입니다.

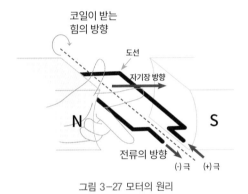

그림 3-27 모터의 원리

그림 3-28과 같이 자기장의 방향과 전류의 방향을 플레밍의 왼손 법칙에 따라 맞춰보면 힘의 방향이 어디로 향하는지 알 수 있습니다.

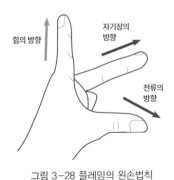

그림 3-28 플레밍의 왼손법칙

5) 도체와 부도체, 반도체

구리, 금, 은, 니켈, 알루미늄과 같은 금속은 전기가 잘 통하지만, 고무, 나무, 유리, 플라스틱 등과 같이 전기가 잘 통하지 않은 물질도 있습니다. 이처럼 전기가 잘 통하는 물질을 도체라 하고, 전기가 잘 통하지 않는 물질을 부도체 또는 절연체라고 합니다. 도체와 부도체의 성질을 이용해 만든 센서에는 대표적으로 빗물 감지 센서와 수위 센서가 있습니다.

전기가 통하지 않는 절연체 위에 전기가 통하는 니켈 같은 도체가 일정한 간격으로 떨어져 있어서 전류가 흐르지 않다가 물과 접촉하게 되면 떨어져 있던 도체가 연결돼 전류가 흐르게 됩니다. 반도체는 도체와 부도체의 중간 정도의 전기 전도성을 갖는 물질을 말합니다. 낮은 온도에서는 전기가 잘 통하지 않지만, 높은 온도에서는 전기가 잘 통하므로 이러한 특성을 이용해 전류의 흐름을 조절할 수 있습니다. 주로 다이오드나 트랜지스터 등 다양한 전자 소자를 만드는 데 사용됩니다.

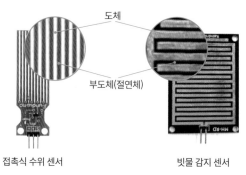

접촉식 수위 센서   빗물 감지 센서

그림 3-29 도체와 부도체를 활용한 센서

04

아두이노를 위한
프로그래밍 기초 문법

프로그래밍 언어는 인간과 컴퓨터가 소통하기 위해 약속된 언어입니다. 이러한 프로그래밍 언어에는 자바, C, C++, 파이썬, C#, 자바스크립트 등 다양한 언어가 있으며, 언어마다 특성이 다르므로 개발하고자 하는 용도에 맞게 선택하여 사용되고 있습니다. 이 중 C 언어는 주로 임베디드 시스템에서 사용되는데, 그 이유는 메모리의 한계와 하드웨어 제어 때문입니다. 임베디드 시스템은 일반 컴퓨터보다 메모리가 작고, 속도 제약이 많기 때문에 작은 용량으로 빠른 실행 속도와 정확한 기능을 수행해야 합니다. 그러므로 코드가 간결하고 완성된 프로그램의 크기가 작아 실행 속도가 빠른 C 언어를 필수적으로 선택하여 사용하고 있습니다.

아두이노는 기본적으로 8bit 기반의 마이크로컨트롤러를 사용하므로 하드웨어의 제약이 많아 용량이 크고 복잡한 프로그램을 설치하기가 힘듭니다. 그러므로 아두이노는 C, C++ 언어 기반으로 코드를 작성합니다. 이번 장에서는 아두이노를 개발하는 데 필요한 C 언어의 기초 문법을 살펴보겠습니다.

TIP _ 메모리(Memory)?

컴퓨터에서 정보를 기억하는 하드웨어 장치로서 기억 장치라고도 합니다.

4-1. 프로그램의 구조

우리가 글을 읽을 때 위에서 아래로 순서대로 읽어나가는 것처럼 프로그래밍 언어도 위에서 아래로 차례
대로 코드를 실행합니다. 차례대로 코드를 실행하려면 가장 먼저 읽어야 하는 시작 위치가 있어야 합니
다. 엔트리에서는 ▶ 시작하기 버튼을 클릭했을 때 블록을 기준으로 차례대로 실행되며, C 언어에서는 main() 함수를
기준으로 코드가 실행됩니다.

C 언어의 main() 함수는 다음과 같은 구조를 가집니다.

```
int main(void)
{
    실행문;
    return 0;
}
```

TIP _ 함수

프로그램을 구성하는 기본적인 단위로 특정 기능을 하는 명령어들을 한곳에 모아 그룹으로 묶은 것을 말합니다.

아두이노는 스케치(Sketch)라는 프로그램을 사용하여 코드를 작성합니다(스케치의 자세한 내용은 5장
에서 살펴보겠습니다). 먼저 스케치의 기본 구조는 다음과 같이 setup() 함수와 loop() 함수로 구성됩
니다.

```
void setup() {
    // put your setup code here, to run once:

}

void loop() {
    // put your main code here, to run repeatedly:

}
```

아두이노는 C/C++ 언어를 기반으로 코드를 작성하므로 아두이노 역시 main() 함수를 기준으로 코드가
실행됩니다. 하지만 스케치의 기본 구조에서는 main() 함수를 찾아볼 수 없습니다. 이는 아두이노를 설
치할 때 main() 함수가 포함된 main.cpp 파일이 설치 경로에 저장되며, 아두이노 스케치를 컴파일하

는 과정에서 main.cpp 파일이 포함되어 setup() 함수와 loop() 함수를 호출하기 때문입니다. 그러므로 실행해야 하는 명령어가 없더라도 setup() 함수와 loop() 함수를 삭제해서는 안됩니다.

main.cpp 파일의 main() 함수 코드는 다음과 같습니다.

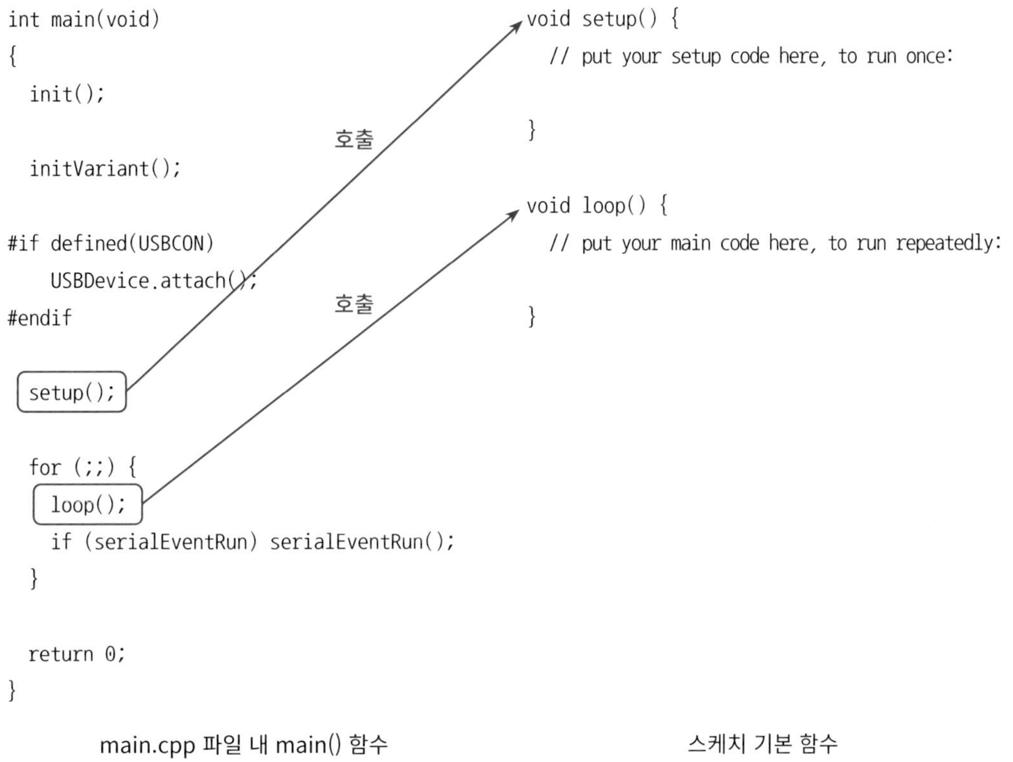

```
int main(void)
{
  init();

  initVariant();

#if defined(USBCON)
    USBDevice.attach();
#endif

  setup();

  for (;;) {
    loop();
    if (serialEventRun) serialEventRun();
  }

  return 0;
}
```

```
void setup() {
    // put your setup code here, to run once:

}

void loop() {
    // put your main code here, to run repeatedly:

}
```

호출

호출

main.cpp 파일 내 main() 함수   스케치 기본 함수

그림 4-1 스케치의 기본 구조

1) 문장(Statements)

문장은 프로그램에서 명령어에 의해 실행되는 하나의 동작을 의미합니다. 문장의 끝은 항상 세미콜론(;)으로 구분하며 위에서 아래로 실행됩니다. 또한 모든 함수는 { 으로 시작하여 } 으로 끝납니다.

2) 주석

프로그램 안에 작성하는 메모와 같은 역할을 하는 것을 주석이라고 합니다. 즉, 코드에 대한 정보를 메모 형태로 작성할 수 있습니다. 이 주석은 컴퓨터가 명령어로 인식하지 않으므로 프로그램 동작에는 전혀 영향을 끼치지 않습니다.

주석으로 처리하는 방법에는 두 가지가 있습니다. 한 줄 문장일 때는 문장의 앞에 //를 사용하고, 여러 줄일 때는 주석으로 만들고자 하는 문장을 /*와 */로 감싸줍니다.

【 예 】한 줄 주석

```
// put your setup code here, to run once:
// put your main code here, to run repeatedly:
```

【 예 】여러 줄 주석

```
/*  작성자 : 위키북스
    작성날짜 : 2020년 01월 01일
    프로그램 설명 : LED 테스트
*/
```

4-2. 변수

변수란 변하는 값을 저장하는 공간입니다. 계산하기 위한 임의의 값, 계산 결괏값, 처리를 기다리는 자료 등을 저장하는 데 사용되며 변수에 저장된 값은 계속 변할 수 있으나 마지막 하나의 값만 저장할 수 있습니다.

변수를 만드는 것을 변수의 선언이라고 합니다. 변수를 선언할 때에는 어떤 종류의 데이터(정수, 실수, 문자, 논리)를 사용할 것인지 결정하고, 그 데이터의 크기나 형태에 따라 자료형(4-4. 자료형(Data Type) 참고)을 선택한 다음 변수 이름을 지어줍니다. 변수 이름은 데이터값을 저장하거나 변경, 참조할 때 사용됩니다. 변수를 선언할 때에는 변수 선언과 동시에 초깃값을 저장할 수 있고, 변수를 선언한 다음에 값을 저장할 수도 있습니다.

【 예 】

```
int led_red = 13;      -> 변수 led_red를 선언하고, 초깃값으로 13을 대입합니다.
int led_green;         -> 변수 led_green을 선언합니다.
led_green = 12;        -> led_green 변수에 12의 값을 대입합니다.
```

변수의 이름은 영문자, 밑줄(_), 숫자로 이뤄져야 하며, 변수 이름의 첫 글자는 영문자 또는 밑줄(_)만 쓸 수 있습니다. 또한 변수 이름 사이에는 공백을 넣을 수 없으며 C 언어에서는 대소문자를 구분하기 때문에 같은 이름이어도 대소문자가 다르면 서로 다른 변수로 취급합니다. 또한 이미 특정한 용도로 정해진 이름(예약어)은 사용할 수 없습니다.

【 예 】 올바른 변수명

① led_red
② value
③ sum3
④ _sum

【 예 】 잘못된 변수명

① #led_red　　　-> ?, !, #과 같은 특수 문자 사용 안 됨
② led red　　　　-> 공백 안 됨.
③ int　　　　　　-> 예약어 사용 안 됨.
④ 3sum　　　　　-> 첫 글자로 숫자는 안 됨.

1) 전역 변수

프로그램 안에는 중복되지 않는 여러 함수를 만들 수 있습니다. 이 모든 함수에서 사용할 수 있는 변수를 전역 변수라고 합니다. 전역 변수는 함수 외부에서 선언해야 하며 프로그램에 있는 전체 함수가 다 같이 사용하므로 프로그램이 종료될 때 메모리에서 사라집니다.

【 예 】

```
int led_red = 13;              -> 변수명 led_red를 전역 변수로 선언합니다.

void setup() {
  pinMode(led_red, OUTPUT);    -> 전역 변수로 선언했기 때문에 setup()
                                  함수에서 led_red 변수를 사용합니다.
}
void loop() {
  digitalWrite(led_red, HIGH); -> 전역 변수로 선언했기 때문에 loop()
                                  함수에서 led_red 변수를 사용합니다.
}
```

2) 지역 변수

하나의 함수에서만 사용할 수 있는 변수를 지역 변수라고 합니다. 그 함수 안에서만 사용할 수 있기 때문에 함수가 종료되면 지역 변수도 메모리에서 사라집니다.

【 예 】

```
void setup() {
}
void loop() {
    int value = analogRead(A0);    -> 지역 변수로 선언했기 때문에 loop() 함수에서만
                                       value 변수를 사용할 수 있습니다.
}
```

🐸 변수 만들기

① 블록 꾸러미에서 [속성] 탭을 선택합니다.

② [속성] 탭에서 [변수]를 선택합니다.

③ [변수 추가하기]를 선택합니다.

④ 변수 이름에 변수명을 입력합니다. 엔트리에서는 변수명 입력 규칙은 없습니다.

⑤ '모든 오브젝트에 사용'은 C 언어의 전역 변수와 같습니다.

⑥ '공유 변수로 사용'에 체크하면 변수에 저장돼 있는 마지막 값이 저장되며 다시 실행했을 때 저장된 값을 가져옵니다.

⑦ '이 오브젝트에서 사용'을 선택하면 해당 오브젝트만 사용할 수 있습니다. C 언어의 지역 변수와 같습니다.

⑧ [확인] 버튼을 선택하면 변수가 생성됩니다.

⑨ 기본값에는 변수를 생성할 때 초기화할 초깃값을 입력합니다.

⑩ 슬라이드 형식으로 지정하면 변수에 저장할 수 있는 값의 범위값(최솟값, 최댓값)을 입력할 수 있습니다.

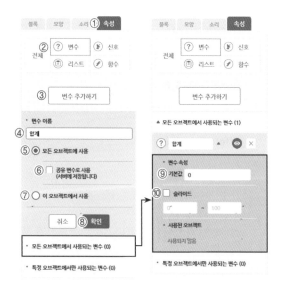

4-3. 상수

상수란 변하지 않고 항상 같은 값을 가지는 수를 말합니다. 즉, 프로그램 내에서 변경할 필요 없이 계속 사용해야 하는 값을 사용할 때 상수로 선언하며, 변수와 달리 한 번 선언하면 값을 변경할 수 없으므로 반드시 선언과 동시에 초기화를 해야 합니다.

상수를 선언할 때는 맨 앞에 const를 붙여주거나 프로그램의 가장 앞부분에서 #define을 붙여 선언할 수 있으며 상수 이름은 변수와 구분하기 위해 관례로 대문자를 사용합니다. #define을 사용할 때는 문장의 끝에 세미콜론(;)을 붙이지 않습니다.

【 예 】

```
const float PIE= 3.14;
#define PIE 3.14
```

【 예 】

```
#define LED_RED 13       -> 변수명 LED_RED를 상수로 선언합니다. setup() 또는 loop() 함수에서
                            LED_RED의 값을 변경할 수 없습니다.
void setup() {
  pinMode(LED_RED, OUTPUT);
}
void loop() {
  digitalWrite(LED_RED, HIGH);
}
```

4-4. 자료형(Data Type)

자료형(Data Type)이란 메모리라는 기억 장소에 데이터가 저장되는 형식입니다. 여러 종류의 데이터 (정수, 실수, 문자, 논리)를 표현하는 기준으로 변수와 함수의 형식을 선언하는 데 사용됩니다.

아두이노의 자료형은 C 언어를 기반으로 만들어졌기 때문에 C 언어에서 사용하는 자료형과 동일하지만 8bit 기반의 마이크로컨트롤러와 32bit 기반의 마이크로컨트롤러에 따라 메모리의 크기가 다른 데이터 타입이 있습니다. 아두이노 Uno 보드는 8bit 기반의 마이크로컨트롤러이므로 8bit 기반의 자료형으로 살펴보겠습니다.

1) int

정수(소수점 이하를 표현하지 못하는 수)형 데이터를 저장하기 위한 데이터 타입입니다.

- **크기**: 2byte
- **데이터 표현 범위**: −32,768 ~ 32,767

【 예 】

```
int led_red = 13;
```

2) long

정수(소수점 이하를 표현하지 못하는 수)형 데이터를 저장하기 위한 데이터 타입입니다.
int로 표현할 수 있는 숫자보다 더 큰 숫자를 표현할 때 사용됩니다.

- **크기**: 4byte
- **데이터 표현 범위**: −2,147,483,648 ~ 2,147,483,647

【 예 】

```
long value = 2147483647;
```

3) float

실수형 데이터를 저장하기 위한 데이터 타입입니다.

- **크기**: 4byte
- **데이터 표현 범위**: 약 -1.2×10^{38} ~ 3.4×10^{38}

【 예 】

```
float value = 3.14;
```

4) char

1byte의 문자, 적은 범위의 정수형 데이터를 저장하기 위한 데이터 타입입니다.
한글은 표현할 수 없습니다. 문자를 저장할 때 작은따옴표(' ')를 사용합니다.

- **크기**: 1byte

- **데이터 표현 범위**: -128 ~ 127

【 예 】

```
char value = 'a';
char value = 97;
```

5) String

C 언어에서는 String 자료형이 없지만, 아두이노에서는 문자열을 저장하고 표현할 때 사용합니다.

문자열을 저장할 때 큰따옴표(" ")를 사용합니다.

【 예 】

```
String value = "Hello, Arduino";
```

6) boolean

참(true 또는 1), 거짓(false 또는 0)의 논리적인 값을 표현할 때 사용합니다.

- **크기**: 1byte

【 예 】

```
boolean value = true;
boolean value = 1;
```

4-5. 연산자

연산자(Operation)란 연산에 사용되는 기호로서 연산 동작을 실행하는 기호를 말합니다. 아두이노에서는 C 언어에서 사용되는 모든 연산자를 사용할 수 있습니다. 피연산자(Operand)란 연산에 사용되는 변수나 상수(숫자)와 같은 값을 말하는데, 예를 들어 1+2에서 +는 연산자이고, 1과 2는 피연산자입니다.

🐸 곱하기(*) 연산자

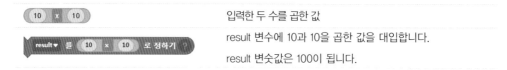

입력한 두 수를 곱한 값

result 변수에 10과 10을 곱한 값을 대입합니다.

result 변숫값은 100이 됩니다.

(4) 나누기(/) 연산자: 피연산자의 왼쪽 값을 오른쪽 값으로 나눕니다.

【예】

    result = 10 / 10;   -> result 변수에 10을 10으로 나눈 값을 대입합니다.
                              result 변숫값은 1이 됩니다.

🐸 나누기(/) 연산자

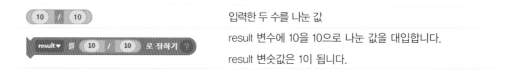

입력한 두 수를 나눈 값

result 변수에 10을 10으로 나눈 값을 대입합니다.

result 변숫값은 1이 됩니다.

(5) 나머지(%) 연산자: 피연산자의 왼쪽 값을 오른쪽 값으로 나눴을 때의 나머지 값을 구합니다.

【예】

    result = 10 % 10;   -> result 변수에 10을 10으로 나눴을 때의 나머지를 대입합니다.
                              result 변숫값은 0이 됩니다.

🐸 나머지(%) 연산자

앞의 수에서 뒤의 수를 나누어 생긴 나머지 값

result 변수에 10을 10으로 나눴을 때의 나머지를 대입합니다.

result 변숫값은 0이 됩니다.

다음 예제에서는 산술 연산자(더하기, 빼기, 곱하기, 나누기, 나머지)를 사용하여 계산한 결괏값을 변수에 저장하고, 변숫값을 출력하는 프로그램을 작성해 보겠습니다.

C언어 코드	결과 화면

```
int result;

void setup() {
  Serial.begin(9600);
}

void loop() {
  Serial.println("[ 산술 연산자 ]");
  result = 10 + 10;
  Serial.print("더하기 연산자 결괏값 : ");
  Serial.println(result);
  result = 10 - 10;
  Serial.print("빼기 연산자 결괏값 : ");
  Serial.println(result);
  result = 10 * 10;
  Serial.print("곱하기 연산자 결괏값 : ");
  Serial.println(result);
  result = 10 / 10;
  Serial.print("나누기 연산자 결괏값 : ");
  Serial.println(result);
  result = 10 % 10;
  Serial.print("나머지 연산자 결괏값 : ");
  Serial.println(result);
  Serial.end();
}
```

결과 화면:
```
[ 산술 연산자 ]
더하기 연산자 결괏값 : 20
빼기 연산자 결괏값 : 0
곱하기 연산자 결괏값 : 100
나누기 연산자 결괏값 : 1
나머지 연산자 결괏값 : 0
```

3) 복합 대입 연산자

복합 대입 연산자는 대입 연산자와 산술 연산자를 합친 연산자로, 이 둘을 결합하여 짧게 표현한 연산자입니다. 단, 연산한 값을 같은 변수에 넣을 때만 사용할 수 있습니다.

(1) [더하기(+) 연산자] + [대입(=) 연산자] : +=

【 예 】

```
result += 10;   -> result = result + 10;
                 result 변숫값에서 10을 더한 값을 다시 result 변수에 대입합니다.
```

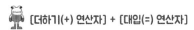 **[더하기(+) 연산자] + [대입(=) 연산자]**

　　result 변숫값에서 10을 더한 값을 다시 result 변수에 대입합니다.

(2) [빼기(−) 연산자] + [대입(=) 연산자] : −=

【 예 】

　　result −= 10;　　-> result = result − 10;

　　　　　　　　　result 변숫값에서 10을 뺀 값을 다시 result 변수에 대입합니다.

 **[빼기(−) 연산자] + [대입(=) 연산자]**

　　result 변숫값에서 10을 뺀 값을 다시 result 변수에 대입합니다.

(3) [곱하기(*) 연산자] + [대입(=) 연산자] : *=

【 예 】

　　result *= 10;　　-> result = result * 10;

　　　　　　　　　result 변숫값에서 10을 곱한 값을 다시 result 변수에 대입합니다.

(4) [나누기(/) 연산자] + [대입(=) 연산자] : /=

【 예 】

　　result /= 10;　　-> result = result / 10;

　　　　　　　　　result 변숫값에서 10을 나눈 값을 다시 result 변수에 대입합니다.

(5) [나머지(%) 연산자] + [대입(=) 연산자] : %=

【 예 】

　　result %= 10;　　-> result = result % 10;

　　　　　　　　　result 변숫값을 10으로 나눴을 때의 나머지를 다시 result 변수에 대입합니다.

다음 예제에서는 복합 대입 연산자를 사용하여 계산한 결괏값을 변수에 저장하고, 변숫값을 출력하는 프로그램을 작성해 보겠습니다.

C언어 코드	결과 화면
| ```c
int result;

void setup() {
  Serial.begin(9600);
}

void loop() {
  Serial.println("[ 복합 대입 연산자 ]");
  result = 10;
  result += 10;
  Serial.print("더하기 연산자 결괏값 : ");
  Serial.println(result);
  result = 10;
  result -= 10;
  Serial.print("빼기 연산자 결괏값 : ");
  Serial.println(result);
  result = 10;
  result *= 10;
  Serial.print("곱하기 연산자 결괏값 : ");
  Serial.println(result);
  result = 10;
  result /= 10;
  Serial.print("나누기 연산자 결괏값 : ");
  Serial.println(result);
  result = 10;
  result %= 10;
  Serial.print("나머지 연산자 결괏값 : ");
  Serial.println(result);
  Serial.end();
}
``` | <br>[ 복합 대입 연산자 ]<br>더하기 연산자 결괏값 : 20<br>빼기 연산자 결괏값 : 0<br>곱하기 연산자 결괏값 : 100<br>나누기 연산자 결괏값 : 1<br>나머지 연산자 결괏값 : 0 |
```

4) 관계(비교) 연산자

숫자의 크기를 비교하거나 참과 거짓을 판단하는 연산자입니다. 주로 조건문이나 반복문에서 쓰이며 판단 결괏값이 참이면 1, 거짓이면 0을 반환합니다. C 언어에서는 0이 아닌 모든 값은 참(true)으로 판단합니다.

(1) > (크다) : 연산자의 왼쪽 값이 오른쪽 값보다 큽니까?

【 예 】

result = a > b;   -> a 값이 b 값보다 크면 result 변수에 참(1)이 대입되고, 아니면 거짓(0)이 대입됩니다.

🐸 (크다)

`10` > `10`　　　왼쪽 값이 오른쪽 값보다 크면 참으로 판단

(2) >= (크거나 같다) : 연산자의 왼쪽 값이 오른쪽 값보다 크거나 같습니까?

【 예 】

result = (a >= b);   -> a 값이 b 값보다 크거나 같으면 result 변수에 참(1)이 대입되고, 아니면 거짓(0)이 대입됩니다.

🐸 >= (크거나 같다)

`10` ≥ `10`　　　왼쪽 값이 오른쪽 값보다 크거나 같으면 참으로 판단

(3) < (작다) : 연산자의 왼쪽 값이 오른쪽 값보다 작습니까?

【 예 】

result = a < b;   -> a 값이 b 값보다 작으면 result 변수에 참(1)이 대입되고, 아니면 거짓(0)이 대입됩니다.

🐸 < (작다)

`10` < `10`　　　왼쪽 값이 오른쪽 값보다 작으면 참으로 판단

(4) <= (작거나 같다) : 연산자의 왼쪽 값이 오른쪽 값보다 작거나 같습니까?

[예]

result = (a <= b);   -> a 값이 b 값보다 작거나 같으면 result 변수에 참(1)이 대입되고,
아니면 거짓(0)이 대입됩니다.

<= (작거나 같다)

10 ≤ 10   왼쪽 값이 오른쪽 값보다 작거나 같으면 참으로 판단

(5) == (같다) : 연산자의 왼쪽 값과 오른쪽 값이 같습니까?

[예]

result = (a == b);   -> a 값과 b 값이 같으면 result 변수에 참(1)이 대입되고,
아니면 거짓(0)이 대입됩니다.

== (같다)

10 = 10   왼쪽 값과 오른쪽 값이 같으면 참으로 판단

(6) != (다르다) : 연산자의 왼쪽 값과 오른쪽 값이 다릅니까?

[예]

result = (a != b);   -> a 값과 b 값이 다르면 result 변수에 참(1)이 대입되고,
아니면 거짓(0)이 대입됩니다.

!= (다르다)

10 = 10 (이)가 아니다   왼쪽 값과 오른쪽 값이 다르면 참으로 판단

다음 예제에서는 관계(비교) 연산자 사용하여 두 수를 비교한 결괏값을 변수에 저장하고, 변숫값을 출력하는 프로그램을 작성해 보겠습니다.

C언어 코드	결과 화면

```
int result;
int a = 10;
int b = 20;

void setup() {
  Serial.begin(9600);
}

void loop() {
  Serial.println("[ 관계(비교) 연산자 ]");
  result = a > b;
  Serial.print(">(크다) 결괏값 : ");
  Serial.println(result);
  result = a >= b;
  Serial.print(">=(크거나 같다) 결괏값 : ");
  Serial.println(result);
  result = a < b;
  Serial.print("<(작다) 결괏값 : ");
  Serial.println(result);
  result = a <= b;
  Serial.print("<=(작거나 같다) 결괏값 : ");
  Serial.println(result);
  result = a == b;
  Serial.print("==(같다) 결괏값 : ");
  Serial.println(result);
  result = a != b;
  Serial.print("!=(다르다) 결괏값 : ");
  Serial.println(result);
  Serial.end();
}
```

COM31

[관계(비교) 연산자]
>(크다) 결괏값 : 0
>=(크거나 같다) 결괏값 : 0
<(작다) 결괏값 : 1
<=(작거나 같다) 결괏값 : 1
==(같다) 결괏값 : 0
!=(다르다) 결괏값 : 1

☑ 자동 스크롤   ☐ 타임스탬프 표시   새 줄   ▾   9600 보드레이트   ▾   출력 지우기

5) 논리 연산자

논리 연산자는 관계 연산자와 함께 사용되며 2개 이상의 조건식을 하나의 식으로 결합하여 참(1)과 거짓(0)을 반환하는 연산자입니다.

(1) && (AND(논리곱))

'그리고'의 의미로 모든 조건을 만족해야 합니다. 즉, 조건이 모두 참일 때 참(1)이 되고 하나라도 거짓이면 거짓(0)이 됩니다.

【 예 】

result = (a==10 && b==10);   -> a 값이 10이고 b 값이 10일 때만 result 변수에 참(1)이
　　　　　　　　　　　　　　　　　　 대입되고, 아니면 거짓(0)이 대입됩니다.

&& (AND(논리곱))

 　　　두 조건이 모두 참일 때 참으로 판단

(2) || (OR(논리합))

'또는'의 의미로 여러 조건 중 하나만 만족해도 참(1)이 됩니다. 즉, 모두 거짓일 때만 거짓(0)이 됩니다.

【 예 】

result = (a==10 || b==10);   -> a 값이 10이거나 b 값이 10일 때 result 변수에 참(1)이
　　　　　　　　　　　　　　　　　　 대입되고, a 값이 10이 아니고 b 값도 10이 아니면
　　　　　　　　　　　　　　　　　　 거짓(0)이 대입됩니다.

|| (OR(논리합))

 　　　두 조건 중 하나라도 참이면 참으로 판단

(3) ! (NOT(논리 부정))

조건의 내용이 참이면 거짓(0)이 되고 조건의 내용이 거짓이면 참(1)이 됩니다.

[예]

result = !a   -> a 값이 참이면 result 변수에 거짓(0)이 대입되고, a 값이 거짓이면
                     참(1)이 대입됩니다.

 ! (NOT(논리 부정))

참   (이)가 아니다   조건이 참이면 거짓, 거짓이면 참으로 판단

다음 예제에서는 두 조건식의 결괏값에 논리 연산자를 사용하여 참과 거짓을 판단하고, 판단한 결괏값을 변수에 저장한 다음 변숫값을 출력하는 프로그램을 작성해 보겠습니다.

C언어 코드	결과 화면

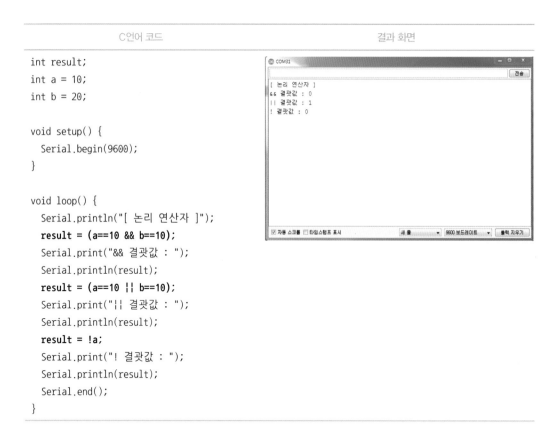

```
int result;
int a = 10;
int b = 20;

void setup() {
  Serial.begin(9600);
}

void loop() {
  Serial.println("[ 논리 연산자 ]");
  result = (a==10 && b==10);
  Serial.print("&& 결괏값 : ");
  Serial.println(result);
  result = (a==10 || b==10);
  Serial.print("|| 결괏값 : ");
  Serial.println(result);
  result = !a;
  Serial.print("! 결괏값 : ");
  Serial.println(result);
  Serial.end();
}
```

4-6. 제어문

제어문이란 위에서 아래로 차례대로 실행되는 프로그램의 실행 순서를 바꾸거나 실행 횟수를 조정하는 문장으로 특정 조건에 따라 수행하는 구문을 말합니다. 제어문의 종류에는 조건문, 반복문이 있습니다.

1) 조건문

프로그램을 실행하는 중에 조건의 결괏값(참, 거짓)에 따라 계산이나 실행 내용이 달라지는 구문으로, 프로그램의 흐름을 제어합니다. 아두이노 실습에서는 조도 센서값에 따라 LED를 켜고 끄거나, 스위치 입력값에 따라 DC 모터의 작동을 제어하는 경우 등 센서값에 따라 액추에이터를 제어할 때 주로 조건문을 사용합니다.

(1) if 문

if 조건문은 '만약 ~ 이면'이라고 해석되며 조건이 참일 때만 실행됩니다. 조건의 결괏값이 참이면 중괄호{ } 안의 문장을 실행하고, 조건 결괏값이 거짓이면 중괄호{ } 안의 문장을 실행하지 않고 다음 문장으로 넘어갑니다. 단, 조건 결괏값이 참일 때 수행해야 하는 문장이 한 개일 때는 중괄호{ }를 생략할 수 있습니다.

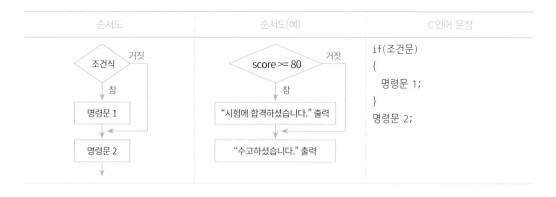

다음 예제에서는 if 문을 사용하여 조건문의 결괏값이 참일 때 결과 메시지를 출력하는 프로그램을 작성해 보겠습니다.

C언어 코드	결과 화면
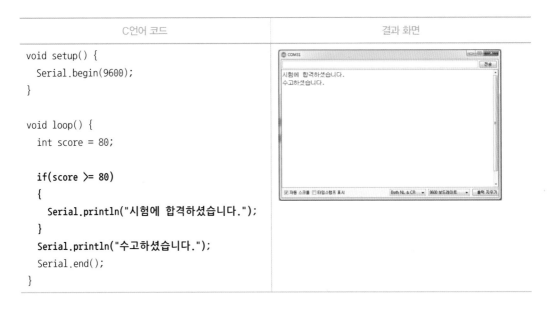	

```c
void setup() {
  Serial.begin(9600);
}

void loop() {
  int score = 80;

  if(score >= 80)
  {
    Serial.println("시험에 합격하셨습니다.");
  }
  Serial.println("수고하셨습니다.");
  Serial.end();
}
```

엔트리 블록	엔트리 코드
if 문  만일 판단이 참이면 감싸고 있는 블록들을 실행	

(2) if ~ else 문

if ~ else 조건문은 '만약 ~ 이면 … 아니면'이라고 해석되며 조건의 결괏값에 따라 실행해야 하는 내용이 다를 때 사용합니다.

조건의 결괏값이 참이면 조건문 뒤에 있는 중괄호{ } 안의 문장을 실행하고, 조건의 결괏값이 거짓이면 else 문 뒤에 있는 중괄호{ } 안의 문장을 실행합니다. else 구문은 단독으로는 사용할 수 없으며 반드시 if 문과 함께 사용합니다.

또한 수행해야 하는 문장이 한 개일 때는 중괄호{ }를 생략할 수 있습니다.

순서도	순서도(예)	C언어 문장

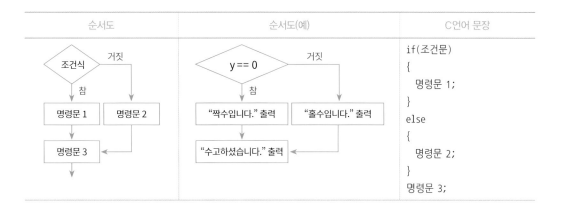		if(조건문)
		{
		　명령문 1;
		}
		else
		{
		　명령문 2;
		}
		명령문 3;

다음 예제에서는 if~else 문을 사용하여 조건문의 결괏값이 참일 때는 결과 메시지로 '짝수입니다'를 출력하고, 거짓일 때는 결과 메시지로 '홀수입니다'를 출력하는 프로그램을 작성해 보겠습니다.

C언어 코드	결과 화면
(see code below)	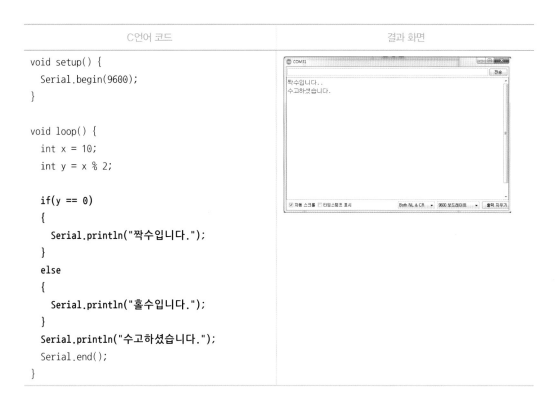

```
void setup() {
  Serial.begin(9600);
}

void loop() {
  int x = 10;
  int y = x % 2;

  if(y == 0)
  {
    Serial.println("짝수입니다.");
  }
  else
  {
    Serial.println("홀수입니다.");
  }
  Serial.println("수고하셨습니다.");
  Serial.end();
}
```

엔트리 블록	엔트리 코드
if ~ else 문  만일 판단이 참이면 첫 번째 감싸고 있는 블록들을 실행하고, 판단이 거짓이면 두 번째 감싸고 있는 블록들을 실행	

(3) 다중 if ~ else 문

다중 if ~ else 문은 '만약 ~ 이면 … 아니면 만약 ~ 이면' 이라고 해석되며 if ~ else 문과 마찬가지로 결괏값에 따라 실행해야 하는 내용이 다를 때 사용합니다. 단, 조건문이 여러 개 있을 때 사용하며 조건의 결괏값이 참이면 조건문 뒤에 있는 중괄호{ } 안의 문장을 실행하고, 조건의 결괏값이 거짓이면 다시 else if 구문으로 조건의 결괏값에 따라 실행됩니다. 이 또한 수행해야 하는 문장이 한 개일 때는 중괄호{ }를 생략할 수 있습니다.

순서도	순서도(예)
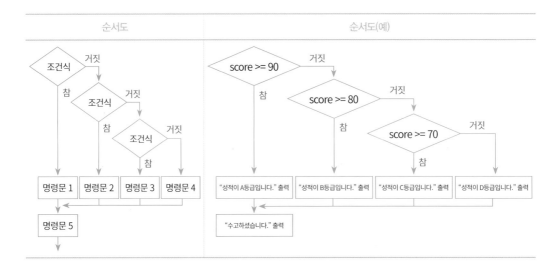	

```
if(조건문 1)
{
  명령문 1;
}
else if(조건문 2)
{
  명령문 2;
}
else if(조건문 3)
{
  명령문 3;
}
else
{
  명령문 4;
}
명령문 5;
```

다음 예제에서는 다중 if~else 문을 사용하여 조건문들의 결괏값에 따라 결과 메시지를 출력해 보는 프로그램을 작성해 보겠습니다.

C언어 코드	결과 화면

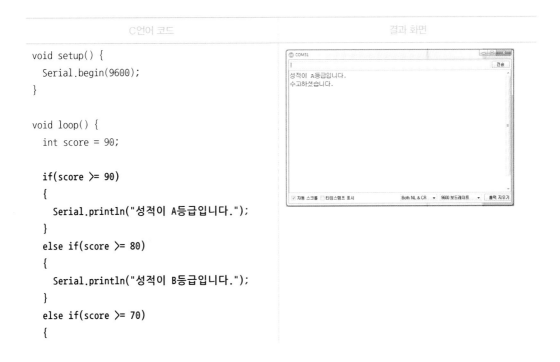

```
void setup() {
  Serial.begin(9600);
}

void loop() {
  int score = 90;

  if(score >= 90)
  {
    Serial.println("성적이 A등급입니다.");
  }
  else if(score >= 80)
  {
    Serial.println("성적이 B등급입니다.");
  }
  else if(score >= 70)
  {
```

```
    Serial.println("성적이 C등급입니다.");
  }
  else
  {
    Serial.println("성적이 D등급입니다.");
  }
  Serial.println("수고하셨습니다.");
  Serial.end();
}
```

엔트리 블록	엔트리 코드

다중 if ~ else 문

하나의 조건문 블록 안에 조건문 블록을 추가하여 여러 개의 조건문을 만들 수 있습니다.

(4) switch ~ case 문

선택할 조건 문장이 많을 때 사용하는 제어문으로 if ~ else 문을 간결하게 만들어 줍니다. 정수형 또는 문자형 값을 입력받아서 case 문에 해당하는 값과 비교한 다음 해당하는 문장을 실행하고 break; 명령 문을 만나면 switch ~ case 문을 빠져 나옵니다.

case 문을 실행하고 switch 문을 빠져나오려면 break; 명령문을 구현해야 하며 break; 문을 구현하지 않으면 조건에 해당하는 case 문부터 끝나는 default 문까지 모든 문장이 실행되므로 원하지 않는 명령 문이 있으면 반드시 break; 문을 구현해야 합니다.

default 문은 입력값에 해당하는 case 문이 없을 때 실행되며 생략할 수 있습니다.

순서도	순서도(예)	C언어 문장

```
switch(정수식 또는 정숫값)
{
  case 값1 :
    명령문 1;
    break;
  case 값2 :
    명령문 2;
    break;
  case 값3 :
    명령문 3;
    break;
  case 값4 :
    명령문 4;
    break;
  default :
    명령문 5;
}
명령문 6;
```

다음 예제에서는 사칙연산 연산자를 입력받은 다음 switch~case 문을 사용하여 해당 연산자에 대한 결과 메시지를 출력하는 프로그램을 작성해 보겠습니다.

C언어 코드	결과 화면

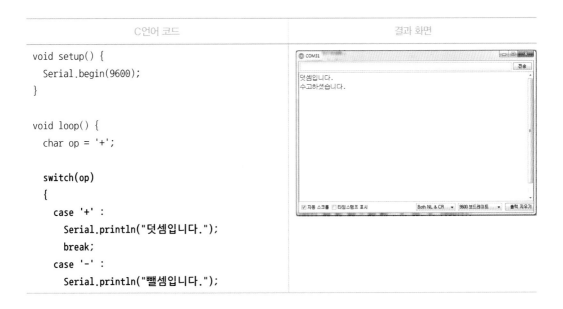

```
void setup() {
  Serial.begin(9600);
}

void loop() {
  char op = '+';

  switch(op)
  {
    case '+' :
      Serial.println("덧셈입니다.");
      break;
    case '-' :
      Serial.println("뺄셈입니다.");
```

```
      break;
    case '*' :
      Serial.println("곱셈입니다.");
      break;
    case '/' :
      Serial.println("나눗셈입니다.");
      break;
    default :
      Serial.println("지원되지 않는 연산자입니다.");
      break;
  }
  Serial.println("수고하셨습니다.");
  Serial.end();
}
```

엔트리 블록	엔트리 코드
switch ~ case 문이 없습니다. 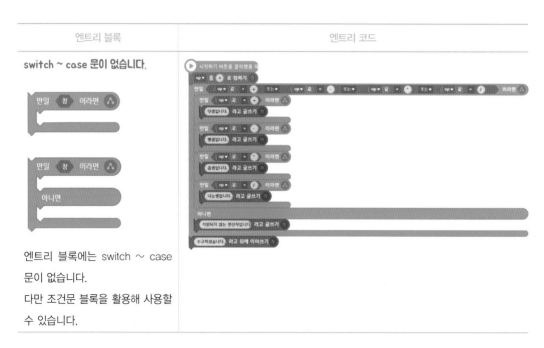 엔트리 블록에는 switch ~ case 문이 없습니다. 다만 조건문 블록을 활용해 사용할 수 있습니다.	

2) 반복문

어떠한 명령을 반복해서 실행해야 할 때 사용하는 명령문으로 for 문, while 문, do ~ while 문이 있습니다.

(1) for 문

for 문은 명령문들을 반복 실행할 때 사용하며 반복 조건은 초기식, 조건식, 증감식 세 부분으로 나누어져 있습니다. 초기식은 명령문이 실행되기 전에 한 번만 실행되며 초깃값을 정합니다. 조건식은 조건 결괏값이 참일 때에만 반복해서 명령문을 실행하고, 증감식은 초기식에서 지정한 초깃값을 증가시키거나 감소시킵니다. 반복 실행하다가 조건식의 결괏값이 거짓이면 for 문을 종료하고 다음 문장을 실행합니다.

반복 실행할 명령문이 한 개이면 중괄호{ }는 생략할 수 있지만, 두 개 이상의 명령문을 구현할 때는 반드시 중괄호{ }로 묶어줘야 합니다.

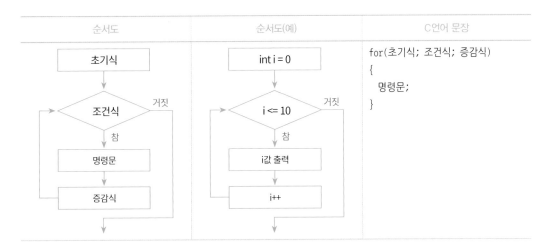

다음 예제에서는 for 문을 사용하여 0부터 10까지 출력하는 프로그램을 작성해 보겠습니다.

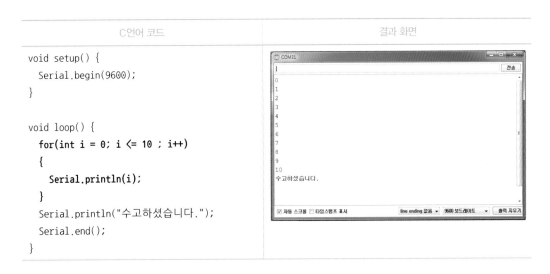

(2) while 문

while 문은 조건식이 참이면 계속 반복 실행하다가 거짓이 되면 while 문을 빠져나옵니다. 즉, 거짓이 될 때까지 반복되는 반복문입니다. 주의할 점은 조건식 결괏값이 거짓이 되지 않으면 무한 반복 즉, 무한 루프에 빠질 수 있으므로 조건식 결괏값이 거짓이 되는 조건을 꼭 작성해야 합니다.

순서도	순서도(예)	C언어 문장
| 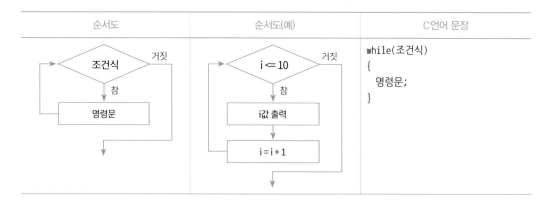 | | ```
while(조건식)
{
  명령문;
}
``` |

다음 예제에서는 while 문을 사용하여 0부터 10까지 출력하는 프로그램을 작성해 보겠습니다.

C언어 코드	결과 화면
| ```
void setup() {
  Serial.begin(9600);
}

void loop() {
  int i = 0;
  while(i <= 10)
  {
    Serial.println(i);
    i = i + 1;
  }
  Serial.println("수고하셨습니다.");
  Serial.end();
}
``` | 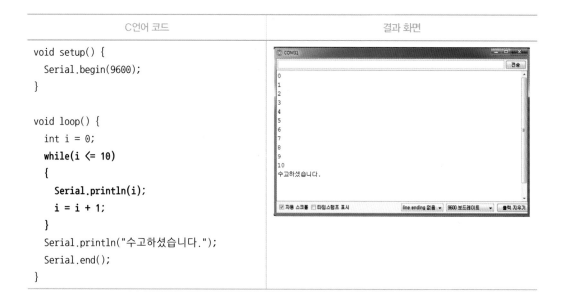 |

(3) do ~ while 문

do ~ while 문은 조건식이 참이면 계속 반복 실행하다가 거짓이 되면 while 문을 빠져나옵니다. 단, 명령문을 먼저 실행한 다음에 조건식을 확인하기 때문에 조건의 결괏값이 거짓이라도 명령문이 한번은 실행됩니다.

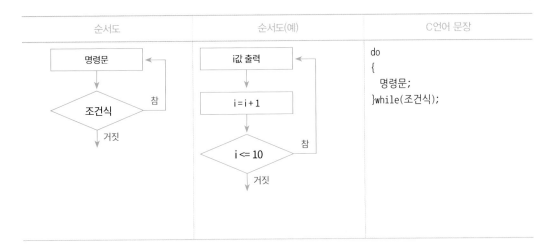

순서도	순서도(예)	C언어 문장

다음 예제에서는 do~while 문을 사용하여 0부터 10까지 출력하는 프로그램을 작성해 보겠습니다.

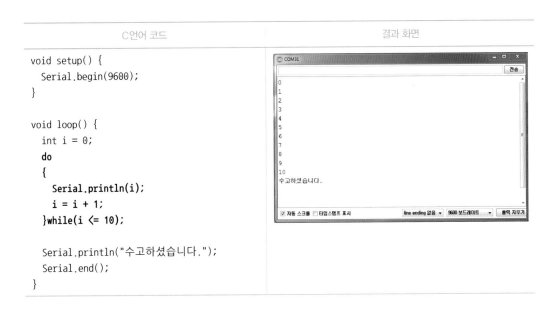

C언어 코드	결과 화면

```
void setup() {
  Serial.begin(9600);
}

void loop() {
  int i = 0;
  do
  {
    Serial.println(i);
    i = i + 1;
  }while(i <= 10);

  Serial.println("수고하셨습니다.");
  Serial.end();
}
```

계속 반복하기	감싸고 있는 블록들을 계속해서 반복 실행
10 번 반복하기	설정한 횟수만큼 감싸고 있는 블록들을 반복 실행
참 이 될 때까지 ▼ 반복하기	판단이 참이 될 때까지 감싸고 있는 블록들을 반복 실행
참 인 동안 ▼ 반복하기	판단이 참인 동안 감싸고 있는 블록들을 반복 실행

엔트리 코드

【 실행 결과 】

0 1 2 3 4 5 6 7 8 9 10

4-7. 배열

배열은 동일한 성격의 데이터를 관리하기 쉽게 하나로 묶은 변수의 모음입니다. 즉, 자료형이 같은 여러 개의 값들을 하나의 이름으로 저장하거나 참조할 수 있습니다. 아두이노 실습에서는 피에조부저의 음계별 주파수 저장과 7 세그먼트에 있는 LED의 ON 또는 OFF를 제어하는 데 배열을 사용합니다.

(1) 1차원 배열의 선언

배열의 선언은 자료형 배열명[개수] 형태로 변수 선언과 비슷합니다. 다만 배열에 저장되는 데이터의 개수를 대괄호[ ] 안에 양의 정수로 표기해야 합니다. 배열을 선언하면서 값을 초기화할 때는 중괄호{ }를 사용해 초깃값을 할당합니다.

【 예 】

```
int arr[3] = {10, 20, 30};   -> 배열명이 arr인 배열에 데이터 3개(10, 20, 30)를 저장합니다.
```

배열을 구성하는 각각의 값을 배열의 요소(element)라고 합니다. 배열에서 각 요소에 접근할 때는 배열명 뒤에 대괄호[ ]를 사용하며, 요소의 인덱스 값을 지정하면 됩니다. 이때 인덱스 값은 항상 0부터 시작하여 번호를 순서대로 1씩 증가시킵니다.

int arr[3] = {10, 20, 30};

그림 4-2 1차원 배열의 선언

예를 들어 다음 그림과 같이 배열의 길이가 3이라면 arr[0], arr[1], arr[2]로 3개의 요소를 가지며 arr[0]에는 10, arr[1]에는 20, arr[2]에는 30이 저장됩니다.

(2) 2차원 배열의 선언

2차원 배열의 선언은 자료형 배열명[행의 개수][열의 개수] 형태로 1차원 배열과 선언 순서는 같지만, 배열의 개수를 행과 열로 나누어 선언함으로써 테이블 형태의 구조를 가지게 됩니다. 배열을 선언하면서 값을 초기화할 때는 1차원 배열과 마찬가지로 중괄호{ }를 사용합니다.

【예】

```
int arr[2][3] = {{10, 20, 30}, {40, 50, 60}};
```
-> 배열명이 arr인 배열에 2x3의 2차원 배열이 만들어집니다. 이 2차원 배열의 0행에는 3개의
데이터(10, 20, 30)가 저장되고, 1행에도 3개의 데이터(40, 50, 60)가 저장됩니다.

int arr[2][3] = {{10, 20, 30}, {40, 50, 60}};

| arr[0][0] = 10 | arr[0][1] = 20 | arr[0][2] = 30 |
| arr[1][0] = 40 | arr[1][1] = 50 | arr[1][2] = 60 |

그림 4-3 2차원 배열의 선언

2차원 배열에서 각 요소에 접근할 때에는 배열명 뒤에 두 개의 대괄호 [ ][ ]를 사용하며, 요소의 인덱스 값을 지정하면 됩니다. 예를 들어 다음 그림과 같이 배열의 길이가 2 x 3이라면 arr[0][0], arr[0][1], arr[0][2], arr[1][0], arr[1][1], arr[1][2]으로 6개의 요소를 가지며 arr[0][0]에는 10, arr[0][1]에는 20, arr[0][2]에는 30, arr[1][0]에는 40, arr[1][1]에는 50, arr[1][2]에는 60이 저장됩니다.

다음 예제에서는 1차원 배열을 선언하고, 배열에 저장된 값들을 출력하는 프로그램을 작성해 보겠습니다.

C언어 코드	결과 화면

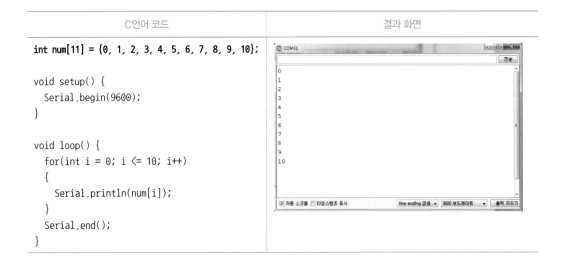

```
int num[11] = {0, 1, 2, 3, 4, 5, 6, 7, 8, 9, 10};

void setup() {
  Serial.begin(9600);
}

void loop() {
  for(int i = 0; i <= 10; i++)
  {
    Serial.println(num[i]);
  }
  Serial.end();
}
```

배열

엔트리에는 배열이 없습니다. 다만 리스트를 활용해 1차원 배열처럼 사용할 수 있습니다. 배열의 인덱스 번호는 0부터 시작하지만, 리스트의 인덱스 번호는 1부터 시작합니다.

```
int num[11] = { 0, 1, 2, 3, 4, 5, 6, 7, 8, 9, 10 };
```

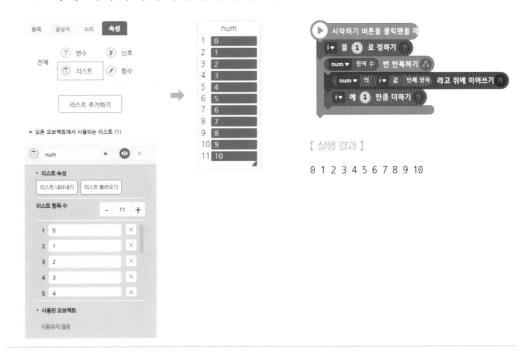

4-8. 함수

함수란 여러 개의 명령문을 하나의 명령어처럼 사용하기 위해 그룹으로 묶은 것을 말합니다. 함수를 사용하는 이유는 동일하게 반복되는 코드를 매번 구현하지 않고, 독립적으로 만들어서 필요할 때마다 호출해 사용하기 위해서입니다. 함수를 사용하면 코드가 간결해지고 유지 보수가 쉬워집니다.

함수는 크게 라이브러리 함수와 사용자 정의 함수로 구분할 수 있습니다. 라이브러리 함수는 컴파일러를 제작한 회사에서 제공하는 함수이고, 사용자 정의 함수는 사용자가 필요에 따라 직접 만든 함수입니다.

먼저 함수의 기본적인 구조를 살펴보겠습니다. 함수의 기본 구조는 다음과 같습니다.

```
[함수의 자료형] [함수 이름] (매개변수)
{
    명령문;
    return 반환 값;
}
```

[함수의 자료형]
함수가 반환(return)하는 데이터의 타입, 즉 반환 값의 자료형과 일치해야 합니다.

[함수 이름]
함수의 사용 용도에 맞게 이름을 정하며 함수를 호출할 때 사용됩니다.

[매개변수]
함수를 호출하면서 전달하는 데이터(값)입니다.

[반환 값]
함수가 작업한 결괏값을 반환해야 할 때 사용됩니다.

함수

함수 정의하기 [함수]	자주 쓰는 코드를 이 블록 아래에 조립해 함수로 만듭니다.
이름	함수 정의하기 블록 안에 조립하며, 함수의 이름을 정합니다.
문자/숫자값	함수 정의하기 블록 안에 조립하며, 입력한 문자/숫자 값(매개변수)에 따라 함수의 실행 결과가 달라집니다. 이 블록을 분리해 함수 내부의 블록 중 필요한 부분에 넣어 사용합니다.
판단값	함수 정의하기 블록 안에 조립하며, 참 또는 거짓의 판단값에 따라 함수의 실행 결과가 달라집니다. 이 블록을 분리해 함수의 코드 중 필요한 부분에 넣어 사용합니다.

함수는 어떤 값을 입력하면 명령문을 통해 그 입력값을 처리하여 결괏값을 반환합니다.

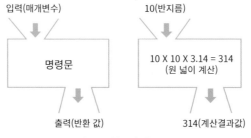

그림 4-4 함수의 기본 구조

예를 들어 원의 넓이를 구하는 함수를 살펴보겠습니다. 입력값으로 반지름 10을 입력하면 함수 내부에서 원의 넓이(10(반지름) × 10(반지름) × 3.14)를 계산하여 결괏값 314를 반환하는 함수입니다. 여기서 입력값 10은 매개변수이며, 원의 넓이를 구하는 계산식은 명령문이고, 계산 결괏값은 반환 값이 됩니다.

함수는 자료형과 매개변수, 반환 값 유무에 따라 4가지 유형으로 나누어집니다. 각 유형을 자세히 살펴보겠습니다.

(1) 매개변수, 반환 값이 없는 경우

입력 없이 함수의 기능을 처리하고, 반환 값이 없습니다.

C언어 코드	[엔트리] 함수 선언	[엔트리] 함수 호출
 ```\nvoid setup() {\n Serial.begin(9600);\n}\n\nvoid loop() {\n sum(); -> 함수 호출\n}\n\nvoid sum() { -> 함수 선언\n int total = 10;\n Serial.print("총합 : ");\n Serial.print(total);\n Serial.end();\n}\n```		

(2) 매개변수는 있고, 반환 값이 없는 경우

값을 입력받아 함수의 기능을 처리하고, 반환 값은 없습니다.

C언어 코드	[엔트리] 함수 선언	[엔트리] 함수 호출
 ```\nvoid setup() {\n Serial.begin(9600);\n}\n\nvoid loop() {\n sum(10); -> 함수 호출\n}\n\nvoid sum(int x) { -> 함수 선언\n int total = 10 + x;\n```		

```
  Serial.print("총합 : ");
  Serial.print(total);
  Serial.end();
}
```

(3) 매개변수는 없고, 반환 값이 있는 경우

함수의 기능을 수행하고 return 문을 사용해 결괏값을 반환합니다. 반환 값의 데이터 타입과 동일하게 함수의 자료형을 지정해야 합니다. 엔트리에서는 결괏값을 반환하는 기능이 없으며, 함수 내에서 결괏값을 변수에 저장합니다.

C언어 코드	[엔트리] 함수 선언	[엔트리] 함수 호출
``void setup() {
  Serial.begin(9600);
}

void loop() {
  int total = sum(); -> 함수 호출
  Serial.print("총합 : ");
  Serial.print(total);
  Serial.end();
}

int sum() {   -> 함수 선언
  int x = 10;
  return x;
}``` | 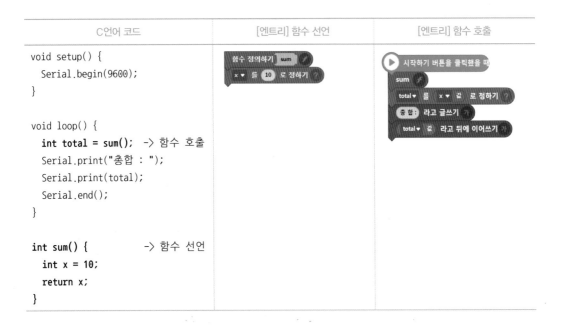 | |

(4) 매개변수와 반환 값이 모두 있는 경우

값을 입력받아 함수의 기능을 처리하고, 결괏값을 반환합니다. 반환 값의 데이터 타입과 동일하게 함수의 자료형을 지정해야 합니다. 엔트리에서는 결괏값을 반환하는 기능이 없으며, 함수 내에서 결괏값을 변수에 저장합니다.

C언어 코드	[엔트리] 함수 선언	[엔트리] 함수 호출

``
void setup() {
  Serial.begin(9600);
}
 	
void loop() {
  int total = sum(10); -> 함수 호출
  Serial.print("총합 : ");
  Serial.print(total);
  Serial.end();
}
 	
int sum(int x) {   -> 함수 선언
  int y = 10 + x;
  return y;
}
``		

4-9. 아두이노 내부 함수

아두이노는 소프트웨어의 코드를 오픈 소스 형태로 제공하고 있으며 아두이노 홈페이지(https://www.arduino.cc/en/Reference/HomePage)에서 아두이노 라이브러리 함수를 확인할 수 있습니다. 또한 소스 코드는 C/C++ 언어를 기반으로 개발되어 C 언어의 표준 라이브러리 함수를 사용할 수 있습니다.

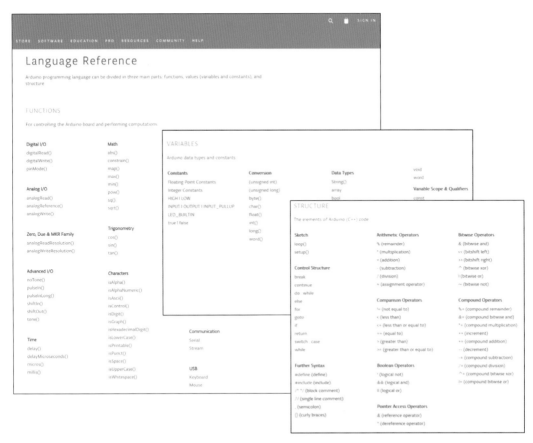

그림 4-5 아두이노의 라이브러리 함수

아두이노 프로그래밍 언어는 값(변수 및 상수), 함수, 구조 세 가지 부분으로 나눌 수 있습니다. 이 중 아두이노에서 자주 사용되는 값, 함수를 중심으로 자세히 살펴보겠습니다.

1) 아두이노에 사용되는 상수

(1) INPUT / OUTPUT

아두이노는 핀(Pin)을 통해서 신호를 입력받거나 신호를 출력합니다. INPUT과 OUTPUT은 이 신호의 입출력 방향을 설정하는 것으로 INPUT은 입력을 OUTPUT은 출력을 의미합니다. 아두이노 핀에 연결된 전자부품(센서 또는 액추에이터)을 입력으로 사용할 것인지 출력으로 사용할 것인지 설정할 때 사용하는 pinMode() 함수와 함께 사용됩니다. 표현할 때는 반드시 대문자로 입력합니다.

【 예 】

```
int led_red = 13;
int switch = 8;

void setup() {
  pinMode(led_red, OUTPUT);  -> 디지털 13번 핀을 출력으로 사용합니다.
  pinMode(switch, INPUT);  -> 디지털 8번 핀을 입력으로 사용합니다.
}

void loop() {

}
```

(2) HIGH / LOW

HIGH와 LOW는 디지털 핀(Pin)을 읽거나 쓸 때 가질 수 있는 유일한 값입니다. pinMode() 함수를 사용하여 디지털 핀(Pin)이 INPUT인 경우 HIGH는 3.0V보다 큰 전압이 입력됨을 의미하고 LOW는 1.5V 미만의 전압이 입력됨을 의미합니다. pinMode() 함수를 사용하여 디지털 핀(Pin)이 OUTPUT인 경우 HIGH는 5V의 전압이 출력됨을 의미하고 LOW는 0V의 전압이 출력됨을 의미합니다. 즉, HIGH는 디지털 핀의 ON 상태를 나타내며, 1의 값을 가지며 LOW는 디지털 핀의 OFF 상태를 나타내며, 0의 값을 가집니다.

표현할 때는 반드시 대문자로 입력합니다.

HIGH / LOW

| 켜기 ▼ | 아두이노 디지털 핀의 ON 상태를 나타냅니다(HIGH). |
| 끄기 ▼ | 아두이노 디지털 핀의 OFF 상태를 나타냅니다(LOW). |

(3) true / false

아두이노에서 참과 거짓을 표현하는 데 사용합니다. true는 참을 나타내며, 1의 값을 가집니다. 0이 아닌 모든 정수는 논리적 의미에서 true입니다. false는 거짓을 나타내며, 0의 값을 가집니다. 표현할 때는 true, false 모두 소문자로 입력합니다.

2) 디지털 입출력(I/O) 함수

아두이노에서는 전압 0V와 5V 즉, HIGH와 LOW 두 가지 신호가
디지털 핀을 통해 입출력이 이뤄집니다. 디지털 신호를 입·출력하는
핀은 0~13번으로 총 14개 핀이 있으며, 이 핀들을 통해서 디지털 신
호로 제어하는 함수들을 살펴보겠습니다.

(1) pinMode(핀 번호, 모드)

아두이노 보드에 연결된 전자부품(센서와 액추에이터)을 입력으로 사용할 것인지 출력으로 사용할 것
인지 설정하는 함수입니다. 아두이노 핀은 기본적으로 입력으로 설정돼 있으므로 입력으로 사용할 때는
pinMode()를 생략할 수 있습니다. 아두이노 Uno 보드의 아날로그 핀(A0~A5)인 경우는 입력만 발생
하며 디지털 핀(0~13번)은 입력과 출력 두 가지 경우가 발생하므로 이 책의 예제에서는 디지털 핀인 경
우에만 pinMode() 함수를 사용하여 입/출력 모드를 명시했습니다.

pinMode 설정은 아두이노 보드의 초기 설정을 하는 setup() 함수 내에 작성합니다.

- **핀 번호**: 설정하고자 하는 14개의 디지털 입/출력 핀
- **모드**: INPUT / OUTPUT

【 예 】

```
int led_red = 13;
int switch = 8;

void setup() {
  pinMode(led_red, OUTPUT);  -> 디지털 13번 핀을 출력 모드로 설정합니다.
  pinMode(switch, INPUT);  ->  디지털 8번 핀을 입력 모드로 설정합니다.
}

void loop() {

}
```

 pinMode()

엔트리에서는 아두이노 핀 모드를 설정하는 부분은 없습니다.

(2) digitalRead(핀 번호)

디지털 핀의 신호 값을 읽는 함수입니다. 핀에 전압이 공급되면 HIGH 또는 1을, 전압이 공급되지 않으면 LOW 또는 0의 값을 반환합니다. 디지털 신호 값을 가지는 전자부품에는 스위치, 터치 센서, 자석 감지 센서, 인체 감지 센서 등이 있습니다.

- **핀 번호**: 설정하고자 하는 14개의 디지털 입/출력 핀

【 예 】

```
int switch = 13;

void setup() {
  pinMode(switch, INPUT);
}

void loop() {
  int value = digitalRead(switch);    -> 디지털 13번 핀에 연결된 전자부품의 신호를 입력받아서
                                         정수형 변수 value에 저장합니다.
                                         value 변수는 0 또는 1의 값을 가집니다.
}
```

 digitalRead()

> **디지털** `13 ▼` **번 센서값**   디지털 핀의 신호 값을 읽어옵니다. 조건문 블록에 조립해 사용합니다.

(3) digitalWrite(핀 번호, 값)

OUTPUT으로 설정된 디지털 핀에 전압을 설정하는 함수입니다. LOW이면 0V, HIGH이면 5V의 전압이 공급됩니다. 디지털 신호 값으로 출력하는 대표적인 전자부품에는 LED, 7 세그먼트, DC 모터가 있습니다.

- **핀 번호**: 설정하고자 하는 14개의 디지털 입/출력 핀
- **값**: HIGH / LOW 또는 1 / 0

```
int led_red = 13;

void setup() {
    pinMode(led_red, OUTPUT);
}

void loop() {
    digitalWrite(led_red, HIGH);       - > 디지털 13번 핀에 연결된 전자부품에 5V의 전압이
                                           공급됩니다. 13번 핀에 LED가 연결돼 있다면 전압이
                                           공급되어 LED가 켜집니다. HIGH 대신에 1의 값으로
                                           표현해도 됩니다.

    delay(1000);
    digitalWrite(led_red, LOW);        -> 디지털 13번 핀에 연결된 전자부품에 0V 전압이
                                           공급됩니다. 13번 핀에 LED가 연결돼 있다면 전압이
                                           0V이므로 LED가 꺼집니다. LOW 대신에 0의 값으로
                                           표현해도 됩니다.
}
```

🐸 **digitalWrite()**

디지털 13▼ 번 핀 켜기▼	디지털 13번 핀에 연결된 전자부품에 전압이 공급되므로 LED가 연결돼 있다면 LED가 켜집니다.
디지털 13▼ 번 핀 끄기▼	디지털 13번 핀에 연결된 전자부품에 전압이 공급되지 않으므로 LED가 연결돼 있다면 LED가 꺼집니다.

3) 아날로그 입출력(I/O) 함수

아두이노의 아날로그 입력값은 0V에서 5V까지를 1024등분 해 0~1023 범위의 값으로 반환합니다. 아날로그 신호를 입력받는 핀은 A0~A5 핀으로 총 6개가 있으며 디지털 신호를 이용해 아날로그 회로처럼 제어할 수 있는 디지털 핀인 3, 5, 6, 9, 10, 11번 핀으로 총 6개의 핀을 사용해 아날로그처럼 출력할 수 있습니다. 이 핀들을 통해서 아날로그 신호를 제어하는 함수들을 살펴보겠습니다.

(1) analogRead(핀 번호)

아날로그 핀에서 0~5V의 전기적 신호를 0~1023의 값으로 읽어오는 함수입니다. 아날로그 신호 값을 가지는 전자부품에는 조도 센서, 온도 센서, 빗물 감지 센서, 알코올 센서, 토양 수분 감지 센서, 수위 센서 등이 있습니다.

- **핀 번호**: 설정하고자 하는 6개의 아날로그 입력 핀

[예]

```
void setup() {
}

void loop() {
  int value = analogRead(A0); -> 아날로그 A0 핀에 연결된 전자부품의 신호 값(0~1023)을
                                입력받아서 정수형 변수 value에 저장합니다.
}
```

 analogRead()

아날로그 **A0 ▼** 번 센서값   아날로그 A0 핀의 신호 값을 읽어옵니다.

(2) analogWrite(핀 번호, 값)

아날로그 출력은 PWM 출력 핀(디지털 핀 3, 5, 6, 9, 10, 11번)을 통해 제어할 수 있습니다. 아날로그 신호 값으로 출력하는 대표적인 전자부품에는 LED, 3색 LED, DC 모터가 있습니다.

- **핀 번호**: 디지털 핀 3, 5, 6, 9, 10, 11번
- **값**: 0~255 사이의 정숫값

[예]

```
int led_red = 3;

void setup() {
  pinMode(led_red, OUTPUT);
}
```

```
void loop() {
    analogWrite(led_red, 255); -> PWM 출력 핀 3번에 255의 값으로 출력합니다. 255의 값은 5V를
                                    의미합니다.
}
```

 **analogWrite ()**

디지털 (3▼) 번 핀을 (255) (으)로 정하기 ⟳   PWM 출력 핀 3번에 255의 값, 즉 5V를 출력합니다.

4) Advanced (I/O) 함수

피에조부저의 소리 출력을 제어하는 함수들을 살펴보겠습니다.

(1) tone(핀 번호, 주파수) / tone(핀 번호, 주파수, 지속시간)

아두이노에서 tone() 함수는 부저나 스피커로 음을 낼 때 사용하는 함수입니다. tone() 함수는 동시에 실행시킬 수 없으므로 tone() 함수를 실행 중일 때 다른 핀에 연결된 tone() 함수를 호출해도 효과가 없습니다. 또한, tone() 함수가 실행 중일 때는 디지털 3번, 11번 핀의 PWM 출력을 사용할 수 없습니다. 이는 내부적으로 타이머를 같이 사용하기 때문입니다.

tone() 함수의 매개변수 중 지속 시간은 주파수의 지속 시간으로 이 시간이 지난 후에 noTone() 함수가 자동으로 호출되는 효과를 냅니다. 지속 시간을 생략하면 noTone() 함수가 호출될 때까지 음이 계속 발생합니다.

- **핀 번호**: 부저나 스피커가 연결된 디지털 핀 번호
- **주파수**: 주파수 (범위 : 31 ~65535)
- **지속시간**: 음의 발생 시간(밀리초)

옥타브 및 음계별 주파수(단위 : Hz)는 다음의 표를 참고합니다.

옥타브	도	레	미	파	솔	라	시
1	33	37	41	44	49	55	62
2	65	73	82	87	98	110	123

옥타브	도	레	미	파	솔	라	시
3	131	147	165	175	196	220	247
4	262	294	330	349	392	440	494
5	523	587	659	698	784	880	988
6	1047	1175	1319	1397	1568	1760	1976
7	2093	2349	2637	2794	3136	3520	3951
8	4186	4699					

【 예 】

tone(11, 262);
-> 디지털 11번 핀에 연결된 부저에서 '4옥타브 도' 음을 출력합니다. 지속 시간을 생략했으므로
   noTone( ) 함수가 호출될 때까지 음이 계속 발생합니다.

tone(11, 262, 500) ;
-> 디지털 11번 핀에 연결된 부저에서 '4옥타브 도' 음을 0.5초간 출력합니다. 지속 시간을
   설정했으므로 noTone( ) 함수가 자동으로 호출되는 효과를 냅니다. 다만 소리 출력이 끝난 후에
   다음 명령문이 실행되는 것이 아니라 바로 다음 명령문이 실행되므로 단음이 아닌 연속음을 재생할
   경우에는 소리가 겹쳐서 출력됩니다.

🐸 tone(핀 번호, 주파수, 지속시간)

디지털 11번 핀에 연결된 부저에서 '4옥타브 도' 음을 0.5초간 출력합니다.

(2) noTone (핀 번호)

부저나 스피커의 소리가 출력되고 있는 것을 멈추게 하는 함수입니다.

【 예 】

noTone(11);
-> 디지털 11번 핀에 연결된 부저에서 출력하는 소리를 멈추게 합니다.

다음 예제에서는 피에조부저의 소리 출력을 제어하는 함수들을 사용하여 '도미솔' 소리를 1초 간격으로
출력하는 프로그램을 작성해 보겠습니다.

【 예 】

```
int piezoBuzzer = 8;

void setup() {
  pinMode(piezoBuzzer, OUTPUT);
}

void loop() {
  tone(piezoBuzzer, 523);    -> '5옥타브 도' 음 소리를 출력합니다.
  delay(1000);               -> 1초 기다립니다.
                                '5옥타브 도' 음 소리를 1초간 출력하는 효과를 냅니다. 즉,
                                tone(piezoBuzzer, 523, 1000);과 같은 동작을 합니다. 다만
                                단음이 아닌 연속음을 재생할 경우에는 delay() 함수를 사용하여
                                지속 시간을 조절합니다.
  tone(piezoBuzzer, 659);    -> '5옥타브 미' 음 소리를 출력합니다.
  delay(1000);
  tone(piezoBuzzer, 784);    -> '5옥타브 솔' 음 소리를 출력합니다.
  delay(1000);
  noTone(piezoBuzzer);       -> 소리를 멈춥니다.
}
```

5) TIME

시간과 관련된 함수들을 살펴보겠습니다.

(1) delay(ms)

일정 시간을 지연하는 함수로 매개변수로 전달한 밀리초만큼 프로그램을 일시 중지합니다. 예를 들어 1
초 간격으로 LED가 켜지고 꺼지는 동작을 반복할 때 delay(ms) 함수를 사용합니다.

- ms: 밀리초(milliseconds) 단위로 프로그램을 일시 중지할 시간

【 예 】

```
delay(1000);
-> 1초 동안 프로그램을 일시 중지합니다.
```

 delay(ms)

1 초 기다리기   1초 동안 기다립니다. 1초가 지난 후 순차적으로 다음 코드가 실행됩니다.

(2) delayMicroseconds(μs)

일정 시간을 지연하는 함수로 매개변수로 전달한 마이크로초만큼 프로그램을 일시 중지시킵니다. 아두이노 실습에서 초음파 센서를 초기화할 때 delayMicroseconds(μs)를 사용합니다.

【 예 】

```
delayMicroseconds(50);
-> 50마이크로초 동안 프로그램을 일시 중지합니다.
```

(3) millis()

현재의 프로그램을 실행한 후에 걸린 시간을 밀리초 단위로 측정하는 함수입니다. 최대 약 50일까지 측정할 수 있습니다.

6) Math 함수

숫자 값을 제어하는 함수들을 살펴보겠습니다.

(1) map(입력값, 입력 최솟값, 입력 최댓값, 출력 최솟값, 출력 최댓값)

map() 함수는 범위를 만들어주는 함수입니다. 아두이노에서 아날로그 입력값인 0~1023의 범위의 값을 PWM 출력값인 0~255 범위의 값으로 변경하고자 할 때 즉, 입력값의 범위를 출력값의 범위에 맞춰야 할 때 자주 사용하는 함수입니다. 예를 들어 가변저항의 입력값(0~1023)에 따라 LED의 밝기를 조절하고자 할 때 LED의 출력값(0~255)으로 변환해야 하므로 map() 함수를 사용합니다.

- **입력값**: 매핑하고자 하는 값

- **입력 최솟값**: 현재 범위의 하한값
- **입력 최댓값**: 현재 범위의 상한값
- **출력 최솟값**: 매핑하고자 하는 범위의 하한값
- **출력 최댓값**: 매핑하고자 하는 범위의 상한값

【 예 】

```
int value = analogRead(A0);
```
-> 아날로그 입력값인 0~1023 범위의 값을 입력 받아 정수형 변수 value에 저장합니다.

```
map(value, 0, 1023, 0, 255);
```
-> 입력값(value)이 가질 수 있는 0~1023 범위의 값을 0~255 범위의 값으로 변환합니다. 만약 value 변숫값이 0이면 0을, 512이면 128을, 1023이면 255의 값을 반환합니다.

map(입력값, 입력 최솟값, 입력 최댓값, 출력 최솟값, 출력 최댓값)

아날로그 A0핀이 가질 수 있는 0~1023 범위의 값을 0~255 범위의 값으로 변환합니다.

(2) constrain (입력값, 최솟값, 최댓값)

입력값의 범위를 제한하는 함수로 최솟값 미만의 값이라면 최솟값을 반환하고, 최댓값을 초과하는 값이라면 최댓값을 반환합니다.

【 예 】

```
constrain(-100, 0, 100);
```
-> 입력값 -100은 최솟값 0보다 작은 값이므로 0을 반환합니다.

```
constrain(200, 0, 100);
```
-> 입력값 200은 최댓값 100보다 큰 값이므로 100을 반환합니다.

(3) random(최솟값, 최댓값)

범위를 정해서 그 범위 안의 임의의 정수(난수)를 반환하는 함수입니다. 난수의 생성 범위는 최솟값~최 댓값-1까지의 값입니다.

【 예 】

```
random(0, 100);
-> 0~99 범위 안의 임의의 정수(난수) 값을 반환합니다.
```

random(최솟값, 최댓값)

0~100 범위 안의 임의의 정수(난수)값을 반환합니다.

`0` 부터 `100` 사이의 무작위 수

random() 함수의 난수 생성 범위는 최솟값~최댓값-1이지만 엔트리에서 난수 생성 범위 는 최솟값~최댓값까지입니다.

7) Serial 함수

코드를 아두이노 보드에 업로드한 다음 결괏값을 확인하기 위해서 시리얼 모니터를 사용합니다. 스케치 는 디버깅 기능이 없기 때문에 Serial 함수를 사용해 문제가 있는 코드를 찾을 때 주로 사용합니다.

> TIP _ 디버깅?
> 프로그램의 잘못된 곳을 찾아내 수정하는 작업을 말합니다.

(1) Serial.begin(속도 값)

시리얼 통신의 속도를 설정합니다. 속도 값에는 9600, 19200, 38400, 57600 등이 있습니다.

【 예 】

```
Serial.begin(9600);
-> 초당 9600비트를 전송합니다.
```

(2) Serial.println (문자열)

문자열을 Serial 모니터 창에 출력한 뒤 줄 바꿈합니다.

【 예 】

```
Serial.println("아두이노는");
Serial.println("내 친구");
-> 문자열 "아두이노는 내 친구"를 시리얼 모니터 화면에 두 줄로 출력합니다.
```

【 예 】

```
void setup() {
  Serial.begin(9600);
}

void loop() {
  Serial.println("아두이노는");
  Serial.println("내 친구");
  Serial.end();
}
```

【 실행 결과 】

05

아두이노
프로젝트 준비

아두이노 프로젝트에는 3가지 구성 요소가 필요합니다. 첫 번째 아두이노 Uno 보드와 같은 하드웨어가 있어야 하고, 두 번째 하드웨어를 제어하기 위한 표준 라이브러리가 있어야 하며, 세 번째 표준 라이브러리를 사용해 소프트웨어를 개발하기 위한 도구가 있어야 합니다. 3장에서는 하드웨어에 관해 살펴봤고, 4장에서는 표준 라이브러리에 관해 살펴봤습니다. 이번 장에서는 아두이노 프로그램을 개발하는 데 필요한 개발 도구인 아두이노 개발 환경(IDE : Integrated Development Environment, 통합 개발 환경)을 구축해 보겠습니다.

아두이노 개발을 도와주는 도구로는 스케치(Sketch)라는 프로그램을 사용합니다. 스케치는 아두이노 소스(코드)를 작성하고, 컴파일, 업로드 기능을 제공합니다. 즉, 아두이노 코드를 작성하면 이를 컴파일해 기계어로 변환해 줍니다.

그리고 아두이노 보드에 업로드하면 아두이노는 아두이노 코드에 작성된 명령어대로 작동하여 센서와 액추에이터를 제어합니다. 작동 과정을 그림으로 나타내면 다음과 같습니다.

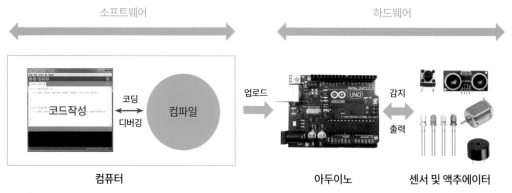

소프트웨어   하드웨어

코딩 ↔ 디버깅   컴파일   업로드   감지 ↔ 출력

컴퓨터   아두이노   센서 및 액추에이터

그림 5-1 아두이노의 작동 과정

5-1. 아두이노 프로그램(IDE) 설치

아두이노 소스 코드를 작성하려면 스케치(Sketch)를 설치해야 합니다. 이번 절에서는 스케치를 설치하는 과정을 살펴보겠습니다.

설치과정

1) 스케치(Sketch) 설치

01. 아두이노 홈페이지(http://www.arduino.cc/)에 접속합니다. 상단 메뉴에서 [SOFTWARE] → [DOWNLOADS] 메뉴를 선택해 내려받기 페이지로 이동합니다.

그림 5-2 아두이노 홈페이지

02. 내려받기 페이지(https://www.arduino.cc/en/main/software)에 접속하면 설치 파일을 선택할 수 있습니다. [Download the Arduino IDE]에서 각자 사용하는 OS 환경에 맞게 설치 프로그램을 내려받습니다. 윈도우 환경이라면 윈도우용을, MAC OS 환경이라면 MAC OS용 파일을 내려받습니다.

윈도우는 두 가지 설치 방법으로 나뉘는데 [Windows Installer, for Windows XP and up]을 선택하면 설치 파일 (.exe)을 내려받아 설치할 수 있고, [Windows ZIP file for non admin install]을 선택하면 압축 파일을 내려받은 다음 별도의 설치 없이 사용할 수 있습니다. 윈도우 환경이라면 두 가지 방법 중 하나를 선택해 내려받습니다.

이 책은 윈도우 환경에서 실습하므로 윈도우 환경의 설치 파일 중 [Windows Installer, for Windows XP and up]을 선택하겠습니다.

그림 5-3 아두이노 내려받기 페이지

03. 아두이노의 발전을 위해 기부를 하고 설치 파일을 받을 때는 [CONTRIBUTE & DOWNLOAD] 버튼을 클릭하고, 아니면 [JUST DOWNLOAD] 버튼을 클릭합니다.

그림 5-4 아두이노 설치 프로그램 내려받기

04. 설치 파일을 더블클릭해 실행합니다. 아두이노 IDE 설치 파일은 계속 버전업되어 제공될 수 있으므로 설치 파일명은 내려받는 시점에 따라 다를 수 있습니다.

그림 5-5 설치 파일

05. [License Agreement] 창이 나타나면 [I Agree] 버튼을 클릭합니다.

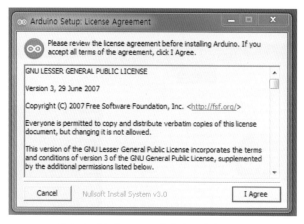

그림 5-6 아두이노 프로그램 설치 – 라이선스 동의

06. 이어서 설치하고자 하는 설치 항목을 선택하고 [NEXT] 버튼을 클릭합니다. 이 책에서는 소프트웨어, USB 드라이버, 시작 메뉴, 아이콘을 모두 선택했습니다.

그림 5-7 설치항목 선택

07. 설치 경로를 설정하는 화면입니다. 기본적으로 'Program Files' 폴더에 'Arduino' 폴더가 생성됩니다. 설치 경로는 변경할 수 있지만, 변경할 때 한글 이름으로 된 경로가 포함되면 아두이노가 제대로 실행되지 않을 수 있으니 한글 이름으로 된 경로는 피해야 하고 가능하면 설치 경로는 변경하지 않는 것이 좋습니다.

그림 5-8 설치 경로 설정

08. 설치가 완료되면 [Close] 버튼을 클릭합니다.

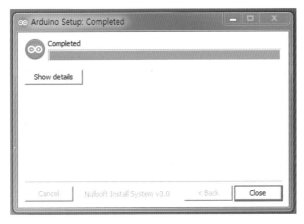

그림 5-9 설치 완료

09. 설치 과정 중 설치 항목을 선택하는 과정에서(**06**) 'Create Desktop Shortcut'을 선택했다면 바탕화면에 아두이 노 바로 가기 아이콘이 생성됩니다. 이 아이콘을 더블클릭하면 스케치가 실행돼 화면에 나타납니다.

그림 5-10 아두이노 실행 아이콘   그림 5-11 스케치 실행 화면

5-2. 아두이노 프로그램(IDE) 구조

이번 절에서는 아두이노 소스 코드를 입력하기 위한 스케치의 기본 환경을 설정하고, 스케치 프로그램의
구조를 살펴보겠습니다.

1) 환경 설정

01. 메뉴에서 [파일] → [환경설정]을 선택합니다. 환경설정 창이 열리면 '다음 동작 중 자세한 출력 보이기'에서 '컴파일',
'업로드'에 체크합니다. 컴파일과 업로드에 체크하면 컴파일과 업로드 과정을 메시지 영역에서 확인할 수 있습니다.

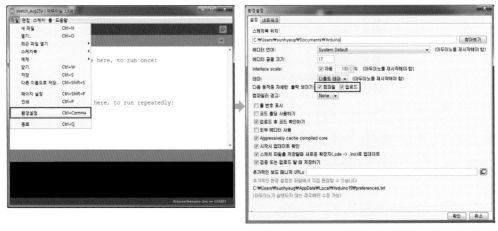

그림 5-12 스케치 환경 설정

02. 메뉴에서 [툴] → [보드] → [사용할 아두이노]를 선택합니다. 이 책에서는 아두이노 Uno R3를 사용하므로 [Arduino/Genuino Uno]를 선택합니다.

그림 5-13 아두이노 보드 선택

03. 메뉴에서 [툴] → [포트] → [현재 연결된 포트]를 선택합니다. 컴퓨터에 연결된 포트가 여러 개라면 반드시 [Arduino/Genuino Uno]가 쓰여 있는 포트를 선택해야 컴퓨터와 아두이노 보드가 제대로 통신할 수 있습니다.

그림 5-14 아두이노 연결 포트 선택

2) 화면 구성

스케치(Sketch) 개발 툴의 구성은 그림과 같이 메뉴바, 도구바, 탭바, 편집창, 메시지 영역으로 나눌 수 있습니다. 중요한 기능을 중심으로 살펴보겠습니다.

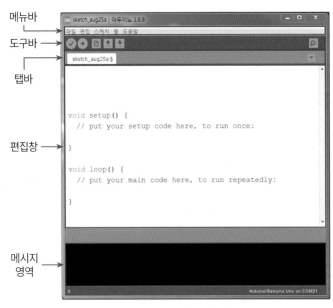

그림 5-15 스케치의 화면 구성

메뉴바

메뉴바에서는 파일 저장하기, 저장된 파일 불러오기, 예제 코드 불러오기, 소스 코드 입력 시 편집 기능, 아두이노 보드의 선택 및 포트 설정, 라이브러리 포함하기 등의 기능을 제공합니다.

도구바

그림 5-16 기본 문법 구조

- **확인**: 작성한 소스 코드의 문법과 구조에 에러가 없는지 확인한 후 컴파일합니다. 에러가 없다면 소스 코드를 기계어로 변환하며, 컴파일 결과는 메시지 영역에 나타납니다.
- **업로드**: 작성한 소스 코드를 컴파일한 다음 아두이노 보드에 업로드합니다. 컴파일 결과와 업로드할 때 아두이노와 USB 가 서로 통신한 결과도 메시지 영역에 나타납니다.
- **새 파일**: 새로운 스케치 입력 창이 나타납니다.
- **열기**: 이전에 작성한 소스 코드 또는 아두이노에서 제공하는 예제 파일을 불러옵니다.
- **저장**: 현재 작성 중인 소스 코드를 저장합니다.
- **시리얼 모니터**: 작성한 코드의 결과를 시리얼 모니터를 통해 확인할 수 있으며, 보통 디버깅 용도로 사용합니다.

탭바

탭을 추가해서 소스 코드를 작성할 수 있으며 탭 이름을 변경하거나 삭제할 수 있습니다.

편집 창

프로그램을 만들기 위한 코드를 입력하는 부분입니다.

메시지 영역

알림, 컴파일, 업로드 결과 등을 나타냅니다.

3) 기본 문법

아두이노는 C/C++ 언어를 기반으로 코드를 작성합니다. 소프트웨어 코드가 오픈 소스 형태로 모두 공개돼 있고, 아두이노에서 자체적으로 제공하는 함수가 많기 때문에 아주 기초적인 문법만 익힌다면 충분히 아두이노 스케치에서 코드를 작성할 수 있습니다. 먼저, 스케치의 기본 문법 구조를 살펴보겠습니다.

 전처리기

setup( ) 함수

loop( ) 함수

그림 5-16 기본 문법 구조

전처리기

컴파일하기 전에 미리 처리되는 문장을 말합니다. 아두이노가 시작될 때 포함해야 하는 라이브러리 함수
와 소스 코드에서 사용할 전역 변수를 선언합니다.

【 예 】

```
int led_red = 13; -> 빨간 LED를 디지털 13번 핀에 연결해 사용한다는 의미로 변수명 led_red에 13을
                     대입합니다. 전역 변수로 선언했기 때문에 void setup()과 void loop()에서
                     led_red 변수를 사용할 수 있습니다.
void setup() {

}

void loop() {

}
```

void setup()

아두이노가 시작될 때 한 번만 실행되는 영역으로 아두이노 보드의 초기 설정과 관련된 코드를 작성합니다.

[예]

```
int led_red = 13;

void setup() {
  pinMode(led_red, OUTPUT); -> 디지털 13번 핀을 출력으로 사용합니다.
}

void loop() {

}
```

void loop()

실제 보드를 동작시키는 코드를 작성하는 영역으로 loop() 함수 내에 작성한 코드는 무한 반복되어 실행됩니다.

[예]

```
int led_red = 13;

void setup() {
  pinMode(led_red, OUTPUT);
}

void loop() {
  digitalWrite(led_red, HIGH); -> 디지털 13번 핀에 연결된 LED를 켭니다.
  delay(1000);                 -> 1초 기다립니다.
  digitalWrite(led_red, LOW);  -> 디지털 13번 핀에 연결된 LED를 끕니다.
  delay(1000);                 -> 1초 기다립니다.
}
```

5-3. 아두이노 프로그램(IDE) 동작 테스트

지금까지 아두이노 IDE(스케치)의 설치 방법과 스케치의 화면 구성을 살펴봤습니다. 이번 절에서는 아두이노에서 제공하는 간단한 Blink 예제를 선택해 아두이노 IDE가 제대로 설치됐는지 확인해 보겠습니다. 다음과 같은 순서대로 예제를 실습해 보겠습니다.

01. 메뉴바에서 [파일] → [예제] → [01.Basics] → [Blink]를 선택해 아두이노 소스 코드를 불러옵니다.

그림 5-17 예제 코드 Blink 선택

02. 메뉴바에서 [툴] → [보드] → [Arduino/Genuino Uno]를 선택합니다.

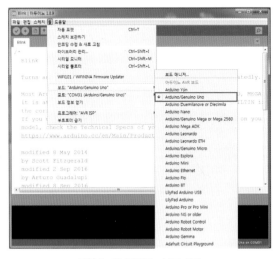

그림 5-18 아두이노 보드 선택

03. 메뉴바에서 [툴] → [포트] → [아두이노와 연결된 포트]를 선택합니다. 아두이노 보드가 연결된 경우 'COM31(Arduino/Genuino Uno)'라고 자동으로 나타납니다. 단, 사용하는 컴퓨터의 시리얼 포트는 COM31이 아닐 수 있으며 매번 바뀔 수도 있습니다.

그림 5-19 아두이노 연결 포트 선택

04. 도구바에서 확인 버튼 ✅을 눌러 컴파일합니다. 컴파일이 완료되면 업로드 버튼 ➡을 눌러 아두이노 보드에 업로드합니다.

05. 업로드에 성공하면 아두이노 Uno 보드에 내장된 13번 LED가 깜빡이는 모습을 볼 수 있습니다.

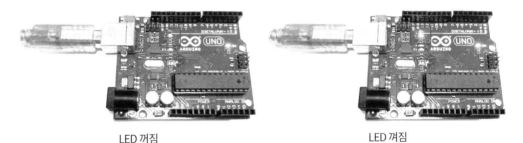

LED 꺼짐　　　　　　　　　　LED 꺼짐

그림 5-20 Blink 예제 결과

전자 부품

일상생활 속에는 우리가 의식하지 못하는 수많은 센서가 작동하고 있습니다. 이러한 센서들은 우리에게 어떠한 편리함을 제공하고 있을까요? 먼저 우리가 생활하고 있는 집 안을 살펴보겠습니다. 현관문을 열고 들어가면 사람의 움직임을 감지하는 인체 감지 센서에 의해 자동으로 불이 켜집니다. 실내 온도를 맞춰 놓으면 온도 센서에 의해 자동으로 온도를 측정하여 난방이 작동합니다. 열, 연기 감지 센서에 의해 화재로부터 보호를 받으며, 가스 감지 센서에 의해 가스가 누출되면 가스 누출 경보기가 작동합니다. 또한 IT 기술이 나날이 발전하면서 센서와 인터넷 네트워크가 연결되어 외부에서 집안 내부의 조명, 가스, 난방을 제어할 수 있으며, 집안에서 가스와 전기의 사용량을 확인하고 엘리베이터를 호출하거나 주차를 확인하고 외부 사람들의 출입을 관리합니다. TV, 냉장고, 세탁기, 전기밥솥, 청소기 등 가전제품에도 센서가 내장돼 많은 기능을 수행합니다.

외부 환경에서는 어떠한 센서들이 있는지 살펴보겠습니다. 건물 입구 현관문은 적외선 또는 초음파 센서에 의해 가까이 가면 자동으로 문이 열립니다. 주차장이나 건물에 진입할 때에는 초음파 센서와 모터에 의해 차단기가 작동하며, 엘리베이터는 무게 감지 센서가 무게를 감지해 탑승 인원이 많으면(무거우면) 작동하지 않습니다. 또한 지하철이나 식당, 영화관에는 터치 센서에 의해 작동하는 터치 스크린(키오스크)을 이용해 티켓을 구매 할 수 있고, 그 외에도 빛을 감지하여 자동으로 켜지고 꺼지는 가로등과 간판, 모션 센서에 의한 VR의 게임 동작 인식, 진동 감지 센서에 의한 놀이기구의 안전바, 여러 센서가 내장돼 작동하는 자율주행 자동차 등 우리 주변에는 수많은 센서가 작동되고 있습니다

이 모든 편리함은 인간의 감각을 기술적으로 구현한 센서와 명령에 따라 작동하는 액추에이터들이 있기 때문에 가능한 것입니다.

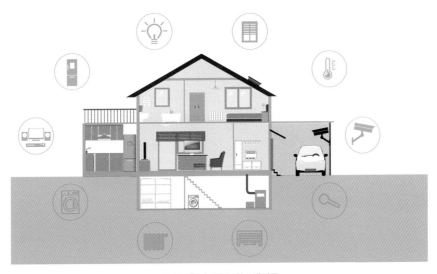

일상생활 속 작동하는 센서들

3부에서 다루는 전자 부품은 다음과 같은 구성으로 살펴보도록 하겠습니다.

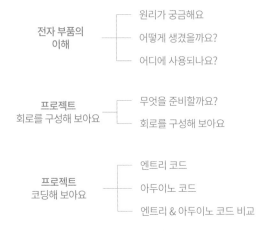

전자 부품의 이해	원리가 궁금해요
	어떻게 생겼을까요?
	어디에 사용되나요?
프로젝트 회로를 구성해 보아요	무엇을 준비할까요?
	회로를 구성해 보아요
프로젝트 코딩해 보아요	엔트리 코드
	아두이노 코드
	엔트리 & 아두이노 코드 비교

엔트리 블록코드와 아두이노 코드를 비교할 수 있습니다. 아두이노 코드의 왼쪽에 표기한
숫자에 있는 명령문은 엔트리에서 같거나 비슷한 기능을 하는 블록에 표시를 하였습니다.

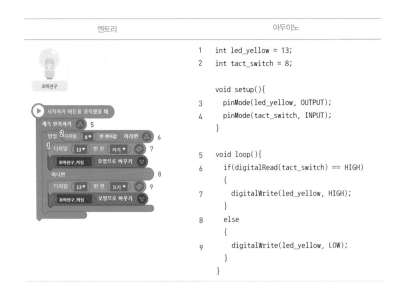

엔트리	아두이노
| | ```
1  int led_yellow = 13;
2  int tact_switch = 8;

   void setup(){
3    pinMode(led_yellow, OUTPUT);
4    pinMode(tact_switch, INPUT);
   }

5  void loop(){
6    if(digitalRead(tact_switch) == HIGH)
     {
7      digitalWrite(led_yellow, HIGH);
     }
8    else
     {
9      digitalWrite(led_yellow, LOW);
     }
   }
``` |
```

06

입력

입력이란 외부의 정보를 받아들이는 것을 의미하며 아두이노에서는 밖에서 안으로 전기가 들어오는 것으로 주위 환경에 대한 정보를 전기적인 신호로 바꾸어 알려주는 센서를 말합니다. 이 전기적 신호는 디지털과 아날로그 두 가지 입력값으로 나누어집니다.

0V와 5V 두 가지 입력값을 가지는 디지털 신호는 아두이노 Uno 보드의 디지털 핀인 0~13번에 연결하며 digitalRead() 함수를 사용해 HIGH 또는 LOW 값으로 변환하여 입력받습니다. 또한 pinMode() 함수를 사용하여 INPUT 모드로 설정합니다.

0~5V의 범위의 값을 ADC(아날로그 디지털 변환기)를 통해 0~1023 사이의 값으로 변환한 입력값을 가지는 아날로그 신호는 아두이노 Uno 보드의 아날로그 핀인 A0~A5 핀에 연결하며, analogRead() 함수를 사용해 값을 입력받습니다.

이번 장에서는 주위 환경에 대한 정보를 전기적인 신호(디지털 신호, 아날로그 신호)로 바꾸어 알려주는 센서에 대해 살펴보겠습니다.

이번 장에서 살펴볼 센서는 다음과 같습니다.

신호	입력값	회로 구성 아두이노 Uno	코드 작성 아두이노 함수	센서	기능
디지털	HIGH / LOW	0~13번 핀	`digitalRead()`	스위치	ON, OFF 상태값 감지
				인체 감지 센서	적외선을 띈 물체(사람, 동물)의 움직임 감지
				터치 센서	터치 여부 감지
				자석 감지 센서	자석이 닿았는지 여부 감지
			`pulseIn()`	초음파 센서	거리 측정
아날로그	0~1023	A0~A5 핀	`analogRead()`	조도 센서	빛의 밝기 감지
				온도 센서	온도 측정
				가변저항	저항값 변경
				조이스틱	축을 이용하여 값 변경
				소리 감지 센서	큰소리 유무 감지
				빗물 감지 센서	센서에 묻은 빗물 양 측정
				수위 센서	물의 높이 측정
				토양 수분 감지 센서	토양 속 수분의 정도 측정
				알코올 센서	공기 중 알코올 및 에탄올 감지

6-1. 스위치

일상생활 속에서 수많은 스위치를 볼 수 있습니다. 스위치는 전등, 게임 조종기, TV, 컴퓨터, 키보드, 스마트 폰 등 거의 모든 전자 제품에 필수로 들어가는 부품으로 주로 전원이나 사용하고자 하는 기능을 켜거나/끌 때 쓰입니다.

스위치의 종류에는 버튼을 누르고 있을 때만 ON/OFF 상태가 유지되는 택트 스위치(Tact Switch), 버튼을 누를 때마다 ON/OFF 상태가 변경되는 푸쉬 버튼 스위치(Push Button Switch), 레버를 움직여 ON/OFF 상태를 변경할 수 있는 토글 스위치(Toggle Switch), 밀어서 움직이는 방식의 버튼인 슬라이드 스위치(Slide Switch) 등이 있습니다.

| 택트 스위치 | 푸쉬 버튼 스위치 | 토글 스위치 | 슬라이드 스위치 |

그림 6-1 스위치의 종류

이 책에서는 버튼을 누르고 있을 때만 ON 또는 OFF 상태가 유지되는 택트 스위치를 사용해 실습해 보 겠습니다.

6-1-1. 센서의 이해

1) 원리가 궁금해요

택트 스위치는 떨어져 있는 두 개의 금속 조각을 연결해 전기를 흐르게 하는 부품입니다. 버튼을 누르면 떨어져 있던 금속 조각 이 연결돼 전기가 흐르고, 버튼을 떼면 금속이 떨어져 전기가 흐 르지 않습니다.

그러므로 버튼을 누르고 있을 때만 상태가 변경됩니다.

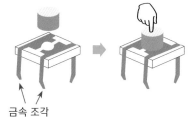

금속 조각

그림 6-2 택트 스위치 원리

✋ 중요해요   **플로팅 현상(Floating)이란?**

디지털 값은 HIGH(또는 1)와 LOW(또는 0) 두 가지 값으로 표현됩니다. 그러나 HIGH도 아니고 LOW도 아닌 상태가 되 는 경우가 있는데 이 상태를 붕 떠 있다는 뜻으로 플로팅 상태라고 합니다.

스위치를 누르면 전류가 흘러 HIGH 값을 출력하고 누르지 않을 경우 전류가 차단되어 LOW 값을 출력해야 합니다. 하지만 실제 스위치를 누르지 않은 경우에도 아두이노 보드 주변의 전기장 상태에 따라 일정하지 않은 입력값이 전달돼 정확한 전압 을 인식하지 못하는 상황이 생깁니다.

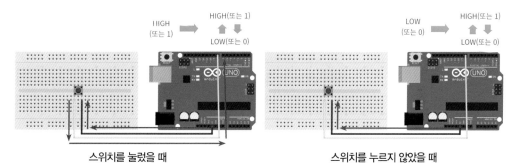

스위치를 눌렀을 때   스위치를 누르지 않았을 때

이러한 현상을 플로팅 현상이라고 하며, 플로팅 현상을 해결하기 위한 방법으로 스위치에 저항을 연결합니다. 이때 저항을 연결한 위치에 따라서 풀업(Pull-Up) 저항과 풀다운(Pull-Down) 저항 두 가지 방식으로 나눠집니다.

[풀업(Pull-Up) 저항]

스위치를 누르지 않았을 때

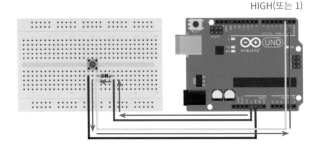

HIGH(또는 1)

5V에서 나오는 전류는 저항을 거쳐 스위치를 만나게 되지만 스위치를 누른 상태가 아니므로 디지털 2번 핀으로 흘러 들어갑니다.

따라서 스위치를 누르지 않으면 디지털 2번 핀은 HIGH(또는 1) 값을 가지게 됩니다.

스위치를 눌렀을 때

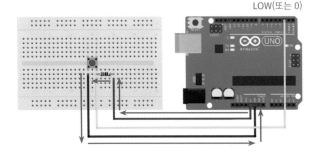

LOW(또는 0)

5V에서 나오는 전류는 저항을 거쳐 스위치를 만나게 됩니다. 이때 스위치를 누른 상태이면 전류는 디지털 2번 핀으로 흐르지 않고 스위치를 거쳐 GND로 흘러 들어갑니다. 전류는 전압이 높은 곳에서 낮은 곳으로 흐르는 성질이 있으므로 디지털 2번 핀 방향이 아닌 0V인 GND 방향으로 흐르게 됩니다.

따라서 디지털 2번 핀에는 전류가 흐르지 않아 LOW(또는 0) 값을 가지게 됩니다.

[풀다운(Pull-Down) 저항]

스위치를 누르지 않았을 때

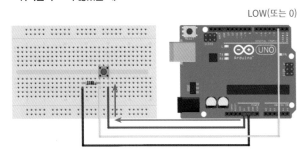

LOW(또는 0)

5V에서 나오는 전류는 스위치를 만나게 되지만 스위치를 누른 상태가 아니므로 전류는 더 이상 흐르지 않아서 디지털 2번 핀은 LOW(또는 0) 값을 가지게 됩니다.

스위치를 눌렀을 때

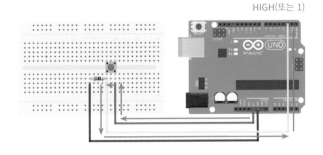

HIGH(또는 1)

5V에서 나오는 전류는 스위치를 거쳐 저항을 만나게 됩니다. 이때 전류가 흐르는 것을 방해하는 저항의 성질 때문에 저항을 거쳐 GND 방향으로 흐르지 않고 디지털 2번 핀 쪽으로 흐르게 됩니다.

따라서 디지털 2번 핀은 HIGH(또는 1) 값을 가지게 됩니다.

2) 어떻게 생겼을까요?

택트 스위치는 4개의 리드선과 1개의 버튼으로 구성돼 있습니다.

택트 스위치의 리드선 A와 C, B와 D는 항상 연결돼 있습니다. 그러므로 회로를 구성할 때 A와 C 또는 B와 D를 서로 연결하지 않도록 주의합니다. 극성이 없으므로 회로를 구성할 때 (+)극과 (−)극을 맞춰서 꽂을 필요는 없습니다.

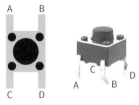

그림 6-3 택트 스위치의 생김새

3) 어디에 사용되나요?

| 전등 스위치 | 게임기 | 컴퓨터 | 엘리베이터 버튼 |

6-1-2. 프로젝트 – 회로를 구성해 보아요

스위치를 누르면 LED가 켜지고 눌렀던 스위치를 떼면 LED가 꺼지는 프로그램을 만들어 봅시다.

1) 무엇을 준비할까요?

아두이노 Uno	브레드보드	택트 스위치	LED	점퍼선(수수)	저항(220Ω)
X 1	X 1	X 1	X 1	X 6	X 2

2) 회로를 구성해 보아요

명칭	아두이노 연결 위치
스위치 왼쪽 리드선	디지털 8번 핀
스위치 오른쪽 리드선	5V
노란색 LED +극	디지털 13번 핀
노란색 LED −극	GND

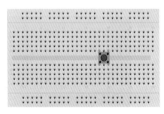
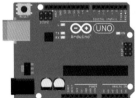

01. 택트 스위치를 브레드보드의 중앙선 사이로 꽂습니다.

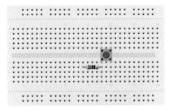

02. 택트 스위치와 연결되도록 저항을 꽂습니다. 스위치를 눌렀을 때 ON 상태가 되도록 풀다운 저항으로 회로를 구성합니다.

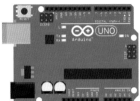

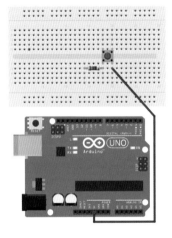

03. 택트 스위치의 오른쪽 리드선과 아두이노 보드의 5V를 점퍼선으로 연결합니다.

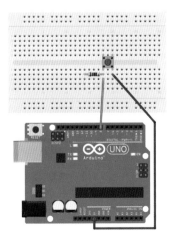

04. 택트 스위치의 왼쪽 리드선과 아두이노 보드의 디지털 8번 핀을 점퍼선으로 연결합니다.

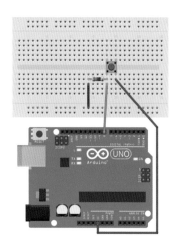

05. 스위치와 연결된 저항의 다른 한쪽 리드선과 브레드보드의 버스띠 영역을 점퍼선으로 연결합니다.

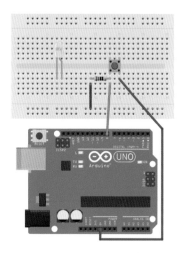

06. 브레드보드에 노란색 LED를 가로 방향으로 꽂습니다.

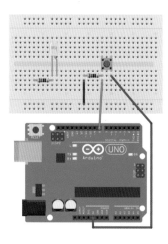

07. 브레드보드에 저항을 꽂습니다. 저항은 LED의 리드선 길이가 긴 쪽(+)과 짧은 쪽(−) 중 한 곳과 연결해 꽂아야 합니다.

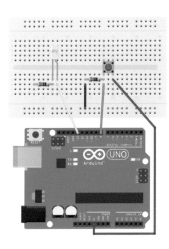

08. 노란색 LED의 (+)극과 아두이노 보드의 디지털 13번 핀을 점퍼선으로
연결합니다.

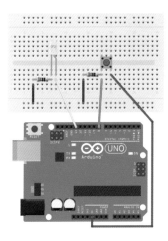

09. 노란색 LED의 (−)극과 연결된 저항의 다른 한쪽 리드선과 브레드보드
의 버스띠 영역을 점퍼선으로 연결합니다.

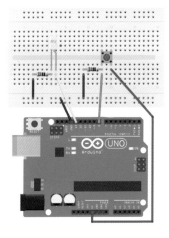

10. 브레드보드의 버스 띠 영역과 아두이노 보드의 GND를 점퍼선으로 연결
합니다.

그림 6-4 회로 완성 사진

6-1-3. 프로젝트 – 코딩해 보아요

스위치는 상태(눌렀다, 뗐다)에 따라 디지털 신호(0V 또는 5V)를 보내므로 회로를 구성할 때는 디지털 핀인 0~13번에 연결합니다. 코드를 작성할 때는 digitalRead() 함수를 사용해 스위치의 입력값을 HIGH 또는 LOW 값으로 입력받습니다. 풀다운 저항으로 회로를 구성하면 스위치를 눌렀을 때 HIGH 값을, 누르고 있던 스위치를 뗐을 때 LOW 값을 반환합니다. 풀업 저항은 이와 반대 값을 반환합니다.

LED는 스위치의 입력값에 따라 켜고 끄는 디지털 출력을 해야 하므로 회로를 구성할 때는 디지털 핀인 0~13번에 연결하고 digitalWrite() 함수를 사용해 코드를 작성합니다.

프로젝트 미리 보기: http://bit.ly/2VQM91G

코드 보기: http://bit.ly/2qel6jP

작동 영상 보기

불을 켜요 - 엔트리 코딩

스위치를 누르고 있는 동안 노란색 LED가 켜지고 스위치가 켜짐 모양으로 바뀝니다. 누르고 있던 스위치를 떼면 노란색 LED가 꺼지고 스위치가 꺼짐 모양으로 바뀝니다.

1) 오브젝트 추가

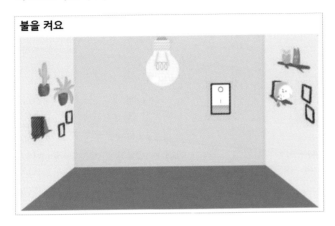

01. 오브젝트 추가하기 탭에서 '꼬마전구', '스위치(2)', '초록 방' 배경을 선택해 불러옵니다.

2) 엔트리 코드 블록 조립하기

[/chapter06/불을 켜요.ent]

오브젝트	코드	설명
		1. 스위치의 상태를 계속 감지해야 하므로 계속 반복합니다. 2. 스위치가 눌러졌다면 '스위치(2)_켜짐' 모양으로 바꾸고, 스위치를 누른 상태가 아니라면 '스위치(2)_꺼짐' 모양으로 바꿉니다.

꼬마전구

크기   65.2
방향(°)   180
이동 방향(°) 90

1. 스위치의 상태를 계속 감지해야 하므로 계속 반복합니다.

2. 스위치가 눌러졌다면 디지털 13번 핀에 연결된 노란색 LED를 켜고, '꼬마전구_켜짐' 모양으로 바꿉니다.

3. 스위치를 누른 상태가 아니라면 디지털 13번 핀에 연결된 노란색 LED를 끄고, '꼬마전구_꺼짐' 모양으로 바꿉니다.

불을 켜요 - 아두이노 코딩

스위치를 누르고 있는 동안 노란색 LED가 켜지고, 누르고 있던 스위치를 떼면 노란색 LED가 꺼집니다.

[예제 1]은 조건문을 사용해 구현한 예제이고, [예제 2]는 반복문을 사용해 구현한 예제입니다. 택트 스위치는 버튼을 누르고 있는 동안만 ON 또는 OFF 상태가 유지되기 때문에 반복문을 사용해 코드를 작성할 수 있습니다. 두 개의 코드는 같은 동작을 합니다.

【 예제 1. 조건문(if문) 사용 】

[/chapter06/switch_ex01.ino]

코드	설명

1 `int led_yellow = 13;`
2 `int tact_switch = 8;`
 	
`void setup(){`
3 `  pinMode(led_yellow, OUTPUT);`
4 `  pinMode(tact_switch, INPUT);`
`}`
 	
5 `void loop(){`
6 `  if(digitalRead(tact_switch) == HIGH)`
`  {`
	1. 노란색 LED를 디지털 13번 핀으로 정합니다.
	2. 스위치를 디지털 8번 핀으로 정합니다.
	
	3. 노란색 LED를 출력 모드로 정합니다.
	4. 스위치를 입력 모드로 정합니다.
	
	5. 반복합니다.
	6. 스위치를 누른 상태라면

```
7      digitalWrite(led_yellow, HIGH);          7. 노란색 LED를 켭니다.
    }
8    else                                       8. 스위치를 누른 상태가 아니라면
    {
9      digitalWrite(led_yellow, LOW);           9. 노란색 LED를 끕니다.
    }
  }
```

【 예제 2. 반복문(while문)을 사용 】

[/chapter06/switch_ex02.ino]

코드	설명
1 `int led_yellow = 13;`	1. 노란색 LED를 디지털 13번 핀으로 정합니다.
2 `int tact_switch = 8;`	2. 스위치를 디지털 8번 핀으로 정합니다.

```
    void setup() {
3      pinMode(led_yellow, OUTPUT);             3. 노란색 LED를 출력 모드로 정합니다.
4      pinMode(tact_switch, INPUT);             4. 스위치를 입력 모드로 정합니다.
    }

5    void loop() {                              5. 반복합니다.
6      while(digitalRead(tact_switch) == HIGH)  6. 스위치를 누른 상태인 동안은
      {
7        digitalWrite(led_yellow, HIGH);        7. 노란색 LED를 켭니다.
      }
8      digitalWrite(led_yellow, LOW);           8. 노란색 LED를 끕니다.
    }
```

불을 켜요 – 엔트리 vs. 아두이노

엔트리	아두이노

꼬마전구

```
1    int led_yellow = 13;
2    int tact_switch = 8;

     void setup(){
3      pinMode(led_yellow, OUTPUT);
4      pinMode(tact_switch, INPUT);
     }

5    void loop(){
6      if(digitalRead(tact_switch) == HIGH)
       {
7        digitalWrite(led_yellow, HIGH);
       }
8      else
       {
9        digitalWrite(led_yellow, LOW);
       }
     }
```

6-2. 조도 센서(밝기 센서)

길을 밝혀주는 가로등은 주위에서 흔히 볼 수 있습니다. 어두워지는 저녁이 되면 가로등이 켜지고, 아침이 오면 가로등이 꺼집니다. 가게의 간판도 주위의 밝기에 따라 켜지거나 꺼집니다.

또한 밝은 곳에서 어두운 곳으로 이동하면 저절로 스마트폰의 액정이 밝아집니다. 카메라는 주위 밝기에 따라 플래시를 터뜨려 줍니다. 이는 사람이 제어하는 것도 아니고, 정해진 시간에 맞춰서 켜지거나 꺼지는 것도 아닙니다. 모두 빛의 양을 감지하는 조도 센서에 의해 작동하는 예이며, 조도 센서는 일상생활 속에서 쉽게 찾아볼 수 있는 센서입니다.

6-2-1. 센서의 이해

1) 원리가 궁금해요

황화카드뮴(CdS)은 황과 카드뮴의 화합물로써 주변의 빛에 의해 전기 저항이 변하는 성질이 있습니다. 조도 센서는 이러한 성질을 이용해 빛의 양을 측정합니다. 빛의 양이 많아지면 조도 센서의 저항값이 줄어들면서 전류가 잘 흐르고, 빛의 양이 적어지면 저항값이 늘어나면서 전류가 잘 흐르지 않게 됩니다. 즉, 조도 센서는 저항값의 변화에 따라 빛의 양을 측정할 수 있습니다.

그림 6-5 조도 센서의 원리

2) 어떻게 생겼을까요?

조도 센서의 위쪽에는 빛의 양을 측정하는 주황색 황화카드뮴(CdS)이 지그재그 모양으로 있으며, 아래쪽에는 두 개의 리드선이 있습니다.

극성이 없으므로 회로를 구성할 때 두 개의 리드선은 5V, GND 아무 곳에나 연결해도 됩니다. 밝은 환경에서는 저항값이 작아져 과전류가 흐를 수 있으므로 저항을 함께 사용합니다.

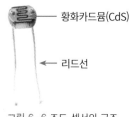

그림 6-6 조도 센서의 구조

3) 어디에 사용되나요?

가로등	자동차 헤드라이트	핸드폰 화면	카메라 노출계

6-2-2. 프로젝트 – 회로를 구성해 보아요

조도 센서값에 따라 LED가 켜지고 꺼지는 프로그램을 만들어 봅시다.

1) 무엇을 준비할까요?

아두이노 Uno	브레드보드	조도 센서	LED	점퍼선(수수)	저항(10kΩ)	저항(220Ω)
X 1	X 1	X 1	X 1	X 6	X 1	X 1

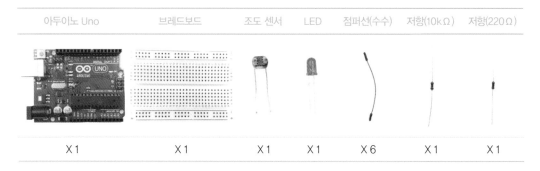

2) 회로를 구성해 보아요

명칭	아두이노 연결 위치
조도 센서 리드선	5V
조도 센서 리드선	아날로그 A0 핀
	GND
빨간색 LED +극	디지털 11번 핀
빨간색 LED −극	GND

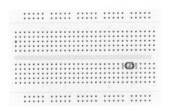

01. 브레드보드에 조도 센서를 가로 방향으로 꽂습니다.

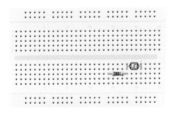

02. 브레드보드에 10kΩ 저항을 꽂습니다.

조도 센서는 극성이 없으므로 양쪽 리드선 중 한 곳과 연결해 꽂습니다.

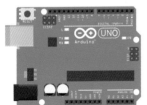

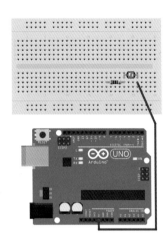

03. 조도 센서의 한쪽 리드선과 아두이노 보드의 5V를 점퍼선으로 연결합니다.

04. 조도 센서의 다른 한쪽 리드선과 아두이노 보드의 아날로그 A0 핀을 점퍼선으로 연결합니다.

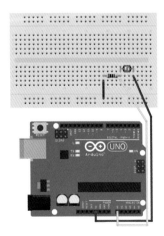

05. 조도 센서와 연결된 저항의 다른 한쪽 리드선과 브레드보드의 버스띠 영역을 점퍼선으로 연결합니다.

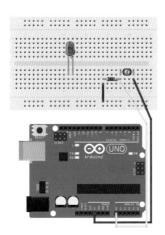

06. 브레드보드에 빨간색 LED를 가로 방향으로 꽂습니다.

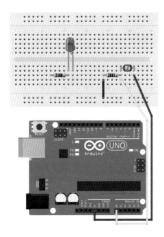

07. 브레드보드에 저항을 꽂습니다. 저항은 LED의 리드선 길이가 긴 쪽(+)
과 짧은 쪽(−) 중 한 곳과 연결해 꽂아야 합니다.

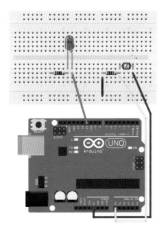

08. 빨간색 LED의 (+)극과 아두이노 보드의 디지털 11번 핀을 점퍼선으로
연결합니다.

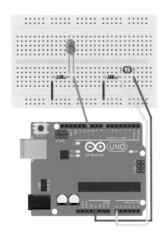

09. 빨간색 LED의 (−)극과 연결된 저항의 다른 한쪽 리드선과 브레드보드의 버스띠 영역을 점퍼선으로 연결합니다.

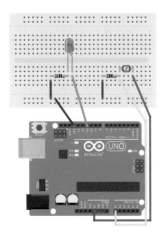

10. 브레드보드의 버스띠 영역과 아두이노 보드의 GND를 점퍼선으로 연결합니다.

그림 6-7 회로 완성 사진

6-2-3. 프로젝트 - 코딩해 보아요

아두이노는 조도 센서로부터 빛의 양(밝기)을 0~5V 값으로 입력받으므로 회로를 구성할 때는 아날로그 핀인 A0~A5 핀에 연결합니다. 코드를 작성할 때는 analogRead() 함수를 사용해 빛의 양(밝기)을 0~1023 범위의 값으로 변환하여 입력받습니다. 조도 센서값은 0에 가까울수록 어둡고 1023에 가까울수록 밝은 것을 의미합니다.

 전등 - 엔트리 코딩

조도 센서값에 따라 LED를 켜고 끄는 디지털 출력을 해야 하므로 회로를 구성할 때는 디지털 핀인 0~13번에 연결하고 digitalWrite() 함수를 사용해 코드를 작성합니다.

프로젝트 미리 보기: http://bit.ly/2MhUvvS

코드 보기: http://bit.ly/35GSsZZ

작동 영상 보기

주위가 어두우면 전등이 켜지고 빨간색 LED가 켜집니다. 주위가 밝으면 전등이 꺼지고 빨간색 LED가 꺼집니다.

1] 오브젝트 추가

01. 오브젝트 추가하기 탭에서 '전등1'을 선택해 불러옵니다.

2) 변수 만들기

조도 센서값을 기억하는 변수를 만들어 보겠습니다.

01. [속성] 탭에서 변수를 선택합니다.

02. [변수 추가하기] 버튼을 누른 다음 변수 이름을 '조도센서값'으로 입력합니다.

03. [확인] 버튼을 선택합니다. 생성된 변수는 다음과 같습니다.

#	변수 이름	사용가능 오브젝트	기본값	최솟값	최댓값	변수 노출
1	조도센서값	전체	0			보이기

3) 엔트리 코드 블록 조립하기

[/chapter06/전등.ent]

오브젝트	코드	설명
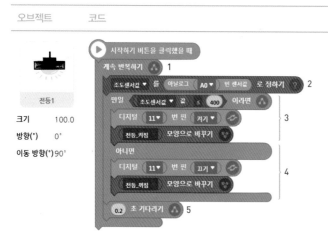 전등1 크기 100.0 방향(°) 0° 이동 방향(°) 90°		1. 조도 센서값은 빛의 양(밝기)에 따라 계속 변하므로 변경된 값을 입력받기 위해 계속 반복합니다. 2. 아날로그 A0 핀의 입력값을 '조도센서값' 변수에 저장합니다. 3. '조도센서값' 변숫값이 400보다 작거나 같으면(어두운 경우) 디지털 11번 핀에 연결된 빨간색 LED를 켜고 '전등_켜짐' 모양으로 바꿉니다.

4. '조도센서값' 변숫값이 400보다 크면(밝은 경우) 디지털 11번 핀에 연결된 빨간색 LED를 끄고 '전등_꺼짐' 모양으로 바꿉니다.

테스트 환경에 따라 밝기가 다르므로 숫자를 적절히 변경합니다.

5. 조도 센서값을 0.2초 간격으로 읽어오기 위해 0.2초 기다립니다.

전등 – 아두이노 코딩

조도 센서값이 작으면(어두우면) 빨간 LED가 켜지고, 크면(밝으면) 빨간 LED가 꺼집니다.

[/chapter06/cds_ex01.ino]

코드	설명
1　`int led_red = 11;`	1. 빨간색 LED를 디지털 11번 핀으로 정합니다.

2　`void setup() {`
　`  pinMode(led_red, OUTPUT);`
　`}`
	2. 빨간색 LED를 출력 모드로 정합니다.

3　`void loop() {`	3. 반복합니다.
4　`  int cds_val = analogRead(A0);`	4. 아날로그 A0 핀에 연결된 조도 센서값을 cds_val 변수에 저장합니다.
5　`  if(cds_val <= 400)` 　`  {`	5. cds_val 변숫값이 400보다 작거나 같다면(어두운 경우)
6　`    digitalWrite(led_red, HIGH);` 　`  }`	6. 빨간색 LED를 켭니다.
7　`  else` 　`  {`	7. cds_val 변숫값이 400보다 크다면(밝은 경우)
8　`    digitalWrite(led_red, LOW );` 　`  }`	8. 빨간색 LED를 끕니다.
9　`  delay(200);` 　`}`	9. 0.2초 기다립니다.

엔트리	아두이노

<table>
<tr><td></td><td>1</td><td>int led_red = 11;</td></tr>
</table>

전등1

시작하기 버튼을 클릭했을 때

```
1   int led_red = 11;

2   void setup() {
3     pinMode(led_red, OUTPUT);
    }

4   void loop() {
5     int cds_val = analogRead(A0);

6     if(cds_val <= 400)
      {
7       digitalWrite(led_red, HIGH);
      }
8     else
      {
9       digitalWrite(led_red, LOW);
      }
10    delay(200);
    }
```

- 계속 반복하기 ... 4
- 조도센서값 ▼ 를 아날로그 A0 ▼ 번 센서값 로 정하기 ... 5
- 만일 조도센서값 ▼ 값 ≤ 400 이라면 ... 6
- 디지털 11 ▼ 번 핀 켜기 ▼ ... 7
- 전등_켜짐 모양으로 바꾸기
- 아니면 ... 8
- 디지털 11 ▼ 번 핀 끄기 ▼ ... 9
- 전등_꺼짐 모양으로 바꾸기
- 0.2 초 기다리기 ... 10

해와 달 – 엔트리 코딩

LED의 밝기를 조도 센서값에 따라 점점 더 어둡게, 점점 더 밝게 표현하기 위해 아날로그 출력을 해야 하므로 아두이노 보드의 디지털 핀 중 PWM 기능을 제어하는 핀(~표시가 되어 있는 핀)에 연결하며 analogWrite() 함수를 사용해 코드를 작성합니다.

프로젝트 미리 보기: http://bit.ly/2pkAdZL

코드 보기: http://bit.ly/33zIfg7

작동 영상 보기

주위의 밝기가 어두우면 배경의 밝기도 어두워지고, 달 모양이 나타납니다. 주위의 밝기가 밝으면 배경의 밝기도 밝아지고, 해 모양이 나타납니다. 주위의 밝기가 밝으면 LED의 밝기도 점점 밝아지고, 어두워지면 LED의 밝기도 점점 어두워집니다.

1) 오브젝트 추가

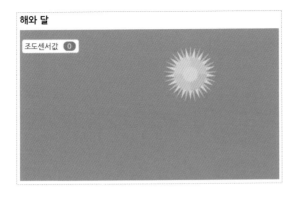

01. 오브젝트 추가하기 탭에서 '해', '투명배경' 배경을 선택해 불러옵니다.

2) 변수 만들기

조도 센서값을 기억하는 변수를 만들어 보겠습니다.

01. 속성 탭에서 변수를 선택합니다.

02. [변수 추가하기] 버튼을 누른 다음 변수 이름을 '조도센서값'으로 입력합니다.

03. [확인] 버튼을 선택합니다. 생성된 변수는 다음과 같습니다.

#	변수 이름	사용가능 오브젝트	기본값	최솟값	최댓값	변수 노출
1	조도센서값	전체	0			보이기

3) 엔트리 코드 블록 조립하기

[/chapter06/해와달.ent]

오브젝트	코드	설명

해

크기 100.0
방향(°) 0°
이동 방향 90°
(°)

1. 조도 센서값은 빛의 양(밝기)에 따라 계속 변하므로 변경된 값을 입력받기 위해 계속 반복합니다.

2. 아날로그 A0 핀의 입력값을 '조도센서값' 변수에 저장합니다.

3. 조도 센서에서 입력받은 아날로그 입력값(0~1023 범위의 값)을 0~255 사이의 값으로 변환해 빨 간색 LED의 밝기를 조절합니다. 아두이노의 아날로그 출력값의 범위는 0~255이므로 LED 밝기 를 0~255 사이의 값으로 조절할 수 있습니다.

4. '조도센서값' 변숫값이 400보다 작거나 같으면(어두우므로) 오브젝트의 모양을 '달님_1' 모양으로 바꿉니다.

5. '조도센서값' 변숫값이 400보다 크다면(밝으므로) '해_1' 모양으로 바꿉니다.

투명배경

크기 375.0
방향(°) 0°
이동 방향 90°
(°)

1. 조도 센서값은 빛의 양(밝기)에 따라 계속 변하므로 계속 반복합니다.

2. 조도 센서의 아날로그 입력값(0~1023 범위의 값)을 밝기 효과 입력 범위인 0~100 사이의 값으 로 변환해 밝기 효과를 줍니다.

해와 달 - 아두이노 코딩

조도 센서값에 의해 빨간색 LED가 점점 어두워지거나 밝아집니다.

[/chapter06/cds_ex02.ino]

	코드	설명
1	`int led_red = 11;`	1. 빨간색 LED를 디지털 11번 핀으로 정합니다.

2	`void setup() {`
	`  pinMode(led_red, OUTPUT);`
	`}`
		2. 빨간색 LED를 출력 모드로 정합니다.

3
4
5
6
	`void loop() {`
	`  int cds_val = map(analogRead(A0), 0, 1023, 0, 255);`
	`  cds_val = constrain(cds_val, 0, 255);`
	`  analogWrite(led_red, cds_val);`
	`}`
		3. 반복합니다.
		4. 아날로그 A0 핀에 연결된 조도 센서값 (0~1023 범위의 값)을 0~255 사이의 값으로 변환해 cds_val 변수에 저장합니다.
		5. cds_val 변숫값의 최댓값을 255로 한정합니다.
		6. 빨간색 LED의 밝기를 cds_val 변수의 값으로 조절합니다.

해와 달 - 엔트리 vs. 아두이노

엔트리

시작하기 버튼을 클릭했을 때
계속 반복하기 4
조도센서값▼ 를 아날로그 A0▼ 번 센서값 로 정하기
디지털 11▼ 번 핀을 조도센서값▼ 값 의 범위를 0 ~ 1023 에서 0 ~ 255 로 바꾼값 (으)로 정하기   5,7
만일 조도센서값▼ 값 ≤ 400 이라면
달님_1 모양으로 바꾸기
아니면
해_1 모양으로 바꾸기

```
1    int led_red = 11;

2    void setup() {
3      pinMode(led_red, OUTPUT);
     }

4    void loop() {
5      int cds_val = map(analogRead(A0), 0, 1023, 0, 255);
6      cds_val = constrain(cds_val, 0, 255);
7      analogWrite(led_red, cds_val);
     }
```

6-3. 온도 센서

'날씨가 춥다, 덥다', '물체를 만졌을 때 차갑다, 뜨겁다'와 같은 느낌을 수치로 나타낸 것이 온도입니다. 그리고 온도를 측정해 전기 신호를 보내는 센서가 온도 센서입니다. 주로 체온을 재거나 실·내외 온도를 측정할 때 사용하지만, 일상생활 속에서는 온도의 변화를 감지하여 자동화하는 데 활용되고 있습니다. 전기장판, 전기난로, 다리미 등 전열 기구의 과열을 방지하기 위해 온도 센서를 사용하며, 에어컨과 냉장고에서는 원하는 온도를 설정해 유지하기 위해 온도 센서를 사용합니다. 또한 열이 발생하는 컴퓨터나 가전제품에서 열을 식히기 위해 팬이 가동되는 모습을 볼 수 있는데, 이 역시 온도 센서가 장착돼 항상 온도를 측정하고 있기 때문입니다. 이처럼 온도 센서는 생활의 안전과 자동화에 유용하게 활용되고 있습니다.

6-3-1. 센서의 이해

1) 원리가 궁금해요

금속이나 도체는 고유의 전기 저항값을 가지고 있으며, 이 전기 저항값은 온도에 따라 변화하는 성질이 있습니다. 도체에 열을 가하면 원자의 운동이 활발해져서 서로 충돌하여 전기 저항이 커집니다. 즉 온도가 높을수록 저항값이 커지고 온도가 낮을수록 저항값이 작아집니다. 이러한 저항값의 변화로 온도를 측정할 수 있습니다.

저항

전기저항

그림 6-8 온도와 도체의 전기 저항

온도 센서는 종류에 따라 측정 원리가 다르지만, 이번 실습에서 사용하는 TMP36 온도 센서는 전압의
변화량을 이용해 온도를 측정합니다. 온도가 1℃씩 변할 때마다 온도 값이 10mV(0.01V)씩 변하고, 영
하의 온도도 측정할 수 있으므로 전압이 500mV일 때 섭씨 0℃가 되도록 만들어져 있습니다. TMP36
온도 센서의 전압을 온도로 변환하는 공식은 다음과 같습니다.

온도℃ = [(전압(mV)) - 500] / 10

예를 들어, 전압 출력이 1V이면 온도가 ((1000mV − 500) / 10) = 50℃임을 의미합니다.

온도 센서는 측정 방법에 따라 접촉식과 비접촉식으로 나누어집니다.

접촉식 온도 센서는 측정해야 하는 대상에 직접 접촉해서 온도 값을 측정하는
방식입니다. 비교적 정확하게 온도를 측정할 수 있습니다.

비접촉식은 측정해야 하는 대상으로부터 방사되는
열에너지를 측정하는 방식입니다. 물체의 온도가

그림 6-9 접촉식 온도계

높을수록 방사되는 열에너지가 크다는 점을 이용한 것으로 접촉식 온도 센서
보다 측정 정확도가 떨어진다는 단점이 있습니다.

그림 6-10 비접촉식 온도계

2) 어떻게 생겼을까요?

TMP36   DHT11

그림 6-11 온도 센서의 종류

아두이노 실습에서 사용되는 온도 센서에는 여러 종류가 있습니다. 온도의 측정 범위나 정확도가 다를 뿐 큰 차이는 없습니다. 다만 LM35, TMP36은 온도만 측정할 수 있고, DHT11, DHT22는 온도와 습도 둘 다 측정할 수 있습니다.

이 책에서는 TMP36을 사용해 실습해 보겠습니다.

TMP35, TMP37 온도 센서는 영상 온도만 측정할 수 있지만, TMP36 온도 센서의 측정 범위는 $-40℃$ $\sim125℃$로 영하의 온도를 측정할 수 있으며, ($\pm2℃$)의 측정 오차 범위가 있습니다.

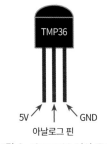

5V   GND

아날로그 핀

그림 6-12 TMP36 핀의 구조

생김새를 살펴보면 원기둥 모양을 세로 방향으로 반을 자른 모양의 머리 부분과 5V, 아날로그 핀, GND 핀으로 3개의 리드선이 있습니다.

TMP36 온도 센서는 역전류에 대한 처리가 되어 있지 않습니다. 따라서 5V와 GND를 반대로 연결하면 엄청난 열이 발생해 화상을 입을 수 있으니 회로를 구성할 때는 반대로 연결하지 않도록 반드시 주의해야 합니다.

3) 어디에 사용되나요?

냉장고	에어컨	전기난로	다리미

6-3-2. 프로젝트 - 회로를 구성해 보아요

온도가 낮으면 빨간색 LED가 켜지고 온도가 높으면 파란색 LED가 켜지는 프로그램을 만들어 봅시다.

1) 무엇을 준비할까요?

아두이노 Uno	브레드보드	온도 센서	LED	점퍼선(수수)	저항(220Ω)
X 1	X 1	X 1	X 2	X 8	X 2

2) 회로를 구성해 보아요

명칭	아두이노 연결 위치
온도 센서 왼쪽 리드선	5V
온도 센서 가운데 쪽 리드선	아날로그 A0 핀
온도 센서 오른쪽 리드선	GND
파란색 LED +극	디지털 13번 핀
파란색 LED −극	GND
빨간색 LED +극	디지털 12번 핀
빨간색 LED −극	GND

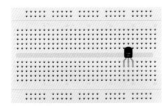

01. 브레드보드에 온도 센서를 그림과 같이(머리 방향 주의) 가로 방향으로 꽂습니다.

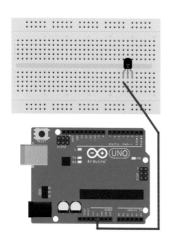

02. 온도 센서의 왼쪽 리드선과 아두이노 보드의 5V를 점퍼선으로 연결합니다.

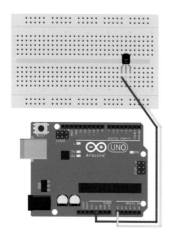

03. 온도 센서의 가운데 리드선과 아두이노 보드의 아날로그 A0 핀을 점퍼선으로 연결합니다.

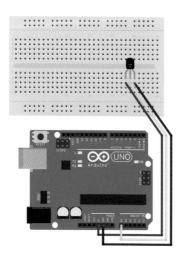

04. 온도 센서의 오른쪽 리드선과 아두이노 보드의 GND를 점퍼선으로 연결합니다.

05. 브레드보드에 빨간색 LED를 가로 방향으로 꽂습니다.

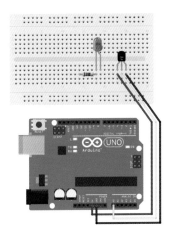

06. 브레드보드에 저항을 꽂습니다.

저항은 LED의 리드선 길이가 긴 쪽(+)과 짧은 쪽(−) 중 한 곳과 연결해 꽂아야 합니다.

07. 빨간색 LED의 (+)극과 아두이노 보드의 디지털 12번 핀을 점퍼선으로 연결합니다.

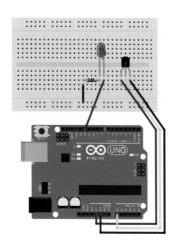

08. 빨간색 LED의 (−)극과 연결된 저항의 다른 한쪽 리드선과 브레드보드의 버스띠 영역을 점퍼선으로 연결합니다.

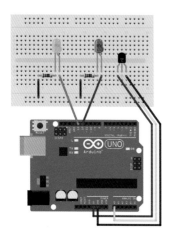

09. 05~08번 순서대로 파란색 LED를 디지털 13번 핀에 연결합니다.

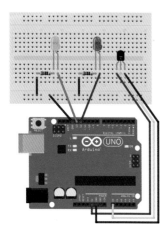

10. 브레드보드의 버스띠 영역과 아두이노 보드의 GND를 점퍼선으로 연결합니다.

그림 6-13 회로 완성 사진

6-3-3. 프로젝트 - 코딩해 보아요

아두이노는 온도 센서로부터 주위의 온도를 0~5V 값으로 입력받으므로 회로를 구성할 때는 아날로그 핀인 A0~A5 핀에 연결합니다. 코드를 작성할 때는 analogRead() 함수를 사용해 온도 센서값을 0~1023 범위의 값으로 변환하여 입력받습니다.

TMP36 온도 센서는 전압의 변화량을 이용해 온도를 측정합니다.

입력 전압 5V 기준으로 아날로그 값과 전압의 관계를 살펴보면 아날로그 입력값이 0이면 입력 전압이 0V, 중간값인 512는 2.5V, 1023이면 5V를 의미합니다.

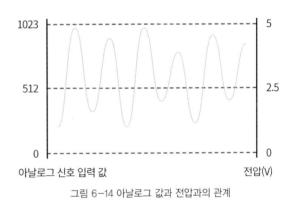

그림 6-14 아날로그 값과 전압과의 관계

analogRead() 함수로 입력받은 아날로그 값을 0~5V의 값으로 구하기 위해 5를 곱한 후 1024로 나누어 mV 단위로 환산을 하면 입력 전압값을 산출할 수 있습니다.

【입력 전압 계산】

입력 전압(V) : 5V = 아날로그 입력값 : 1024

입력 전압(V) X 1024 = 아날로그 입력값 X 5V

입력 전압(mV) = (아날로그 입력값 x 5) /1024 x 1000

산출된 TMP36 온도 센서의 전압값을 온도로 변환하는 공식에 적용해(온도℃ = [(전압(mV)) − 500] / 10) 온도 값을 산출합니다.

LED는 온도 센서값에 따라 켜고 끄는 디지털 출력을 해야 하므로 회로를 구성할 때는 디지털 핀인 0~13번에 연결하고 digitalWrite() 함수를 사용해 코드를 작성합니다.

프로젝트 미리 보기: http://bit.ly/2IYaUDL

코드 보기: http://bit.ly/2BjzpqR

작동 영상 보기

🐝 온도 측정 - 엔트리 코딩

현재 온도가 낮으면 히터가 켜지고 빨간색 LED가 켜집니다. 현재 온도가 높으면 에어컨이 켜지고 파란색 LED가 켜집니다. 추가로 현재 온도를 화면에 나타냅니다.

1) 오브젝트 추가

01. 오브젝트 추가하기 탭에서 글상자를 선택하고 '온도표시'라고 입력해 글상자 오브젝트를 만듭니다.

02. 오브젝트 추가하기 탭에서 '히터', '에어컨', '거실(2)' 배경을 선택해 불러옵니다.

2) 변수 만들기

온도 센서값을 기억하는 변수(전압값)와 온도 센서값을 사용하여 섭씨 온도값으로 변환한 값을 기억하는 변수(현재온도)를 만들어 보겠습니다.

01. [속성] 탭에서 변수를 선택합니다.

02. [변수 추가하기] 버튼을 누른 다음 변수 이름을 '전압값'으로 입력합니다.

03. [확인] 버튼을 선택합니다.

04. 같은 방법으로 '현재온도' 변수를 생성합니다. 생성된 변수는 다음과 같습니다.

#	변수 이름	사용가능 오브젝트	기본값	최솟값	최댓값	변수 노출
1	전압값	전체	0			보이기
2	현재온도	전체	0			보이기

3) 엔트리 코드 블록 조립하기

[/chapter06/온도측정.ent]

오브젝트	코드	설명

거실(2)

크기 375.0
방향(°) 0°
이동 방향(°) 90°

1. 변수 '전압값'을 화면에 보이지 않게 하기 위해 숨깁니다.

2. 변수 '현재온도'를 화면에 보이지 않게 하기 위해 숨깁니다.

3. 온도 센서값은 주위 환경에 따라 변하므로 계속 반복합니다.

4. 입력받은 온도 센서값을 전압값으로 변환합니다.

[입력 전압(mV) = (아날로그 입력값 x 5) / 1024 x 1000]

5. 변환한 전압값을 섭씨온도 값으로 변환해 반올림한 다음 '현재온도' 변수에 저장합니다.

[온도℃ = [(전압(mV)) - 500] / 10]

6. 0.5초 간격으로 온도 센서값을 읽어오기 위해 0.5초 기다립니다.

1. 온도 센서값은 주위 환경에 따라 변하므로 계속 반복합니다.

2. 현재 온도 값을 글상자를 통해 화면에 나타냅니다.

온도표시

크기 77.2
방향(°) 0°
이동 방향 (°) 90°

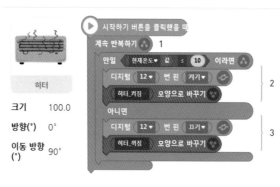

1. 온도 센서값은 주위 환경에 따라 변하므로 계속 반복합니다.

2. '현재온도' 변숫값이 10보다 작거나 같으면 (온도가 낮은 경우) 디지털 12번 핀에 연결된 빨간색 LED를 켜고, '히터_켜짐' 모양으로 바꿉니다.

3. '현재온도' 변숫값이 10보다 크면 디지털 12번 핀에 연결된 빨간색 LED를 끄고, '히터_꺼짐' 모양으로 바꿉니다.

히터

크기 100.0
방향(°) 0°
이동 방향 (°) 90°

1. 온도 센서값은 주위 환경에 따라 변하므로 계속 반복합니다.

2. '현재온도' 변숫값이 30보다 크거나 같으면 (온도가 높은 경우) 디지털 13번 핀에 연결된 파란색 LED를 켜고, '에어컨_켜짐' 모양으로 바꿉니다.

3. '현재온도' 변숫값이 30보다 작으면 디지털 13번 핀에 연결된 파란색 LED를 끄고, '에어컨_꺼짐' 모양으로 바꿉니다.

에어컨

크기 100.0
방향(°) 0°
이동 방향 (°) 90°

온도 측정 – 아두이노 코딩

온도 센서값이 낮으면 빨간색 LED가 켜지고, 온도 센서값이 높으면 파란색 LED가 켜집니다.

[/chapter06/tmp_ex01.ino]

코드	설명
1 `int led_red = 12;`	1. 빨간색 LED를 디지털 12번 핀으로 정합니다.
2 `int led_blue = 13;`	2. 파란색 LED를 디지털 13번 핀으로 정합니다.
`void setup() {`	
3 `pinMode(led_red, OUTPUT);`	3. 빨간색 LED를 출력 모드로 정합니다.
4 `pinMode(led_blue, OUTPUT);`	4. 파란색 LED를 출력 모드로 정합니다.
5 `Serial.begin(9600);`	5. 시리얼 입출력의 통신 속도를 9600으로 정합니다.
`}`	
6 `void loop() {`	6. 반복합니다.
7 `int value = analogRead(A0);`	7. 아날로그 A0 핀에 연결된 온도 센서값을 value 변수에 저장합니다.
8 `float voltage = (value * 5.0) / 1024.0 * 1000.0;`	8. 입력받은 온도 센서값을 전압값으로 변환합니다.
9 `float tmp = ceil((voltage - 500.0) / 10.0);`	입력 전압(mV) = (아날로그 입력값 x 5) /1024 x 1000
10 `Serial.print("현재 온도는 ");` `Serial.println(tmp);`	9. 변환한 전압값을 섭씨온도 값으로 변환하고 반올림한 다음 tmp 변수에 저장합니다. ceil( ) 함수는 반올림 함수입니다.
11 `if(tmp <= 10)` `{`	온도 ℃ = [(전압(mV)) - 500] / 10
12 `digitalWrite(led_red, HIGH);` `}`	10. 현재 온도를 시리얼 모니터에 출력합니다. 11. 현재 온도 값이 10보다 작거나 같으면(온도가 낮은 경우)
13 `else` `{`	12. 빨간색 LED를 켭니다. 13. 현재 온도 값이 10보다 크면
14 `digitalWrite(led_red, LOW);` `}`	14. 빨간색 LED를 끕니다.
15 `if(tmp >= 30)` `{`	15. 현재 온도 값이 30보다 크거나 같으면(온도가 높은 경우)
16 `digitalWrite(led_blue, HIGH);` `}`	16. 파란색 LED를 켭니다.
17 `else` `{`	17. 현재 온도 값이 30보다 작으면

입력 전압(mV) = (아날로그 입력값 x 5) /1024 x 1000

온도 ℃ = [(전압(mV)) - 500] / 10

```
18      digitalWrite(led_blue, LOW);
   }
19      delay(500);
   }
```

18. 파란색 LED를 끕니다.

19. 0.5초 간격으로 온도 센서값을 읽어오기 위해 0.5초
    기다립니다.

 ∞ **온도 측정 – 엔트리 vs. 아두이노**

ARDUINO

엔트리

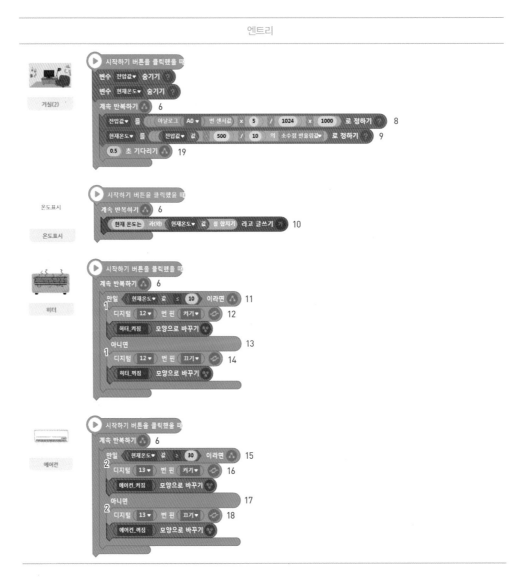

```
1    int led_red = 12;
2    int led_blue = 13;

     void setup() {
3      pinMode(led_red, OUTPUT);
4      pinMode(led_blue, OUTPUT);
5      Serial.begin(9600);
     }

6    void loop() {
7      int value = analogRead(A0);

8      float voltage = (value * 5.0) / 1024.0 * 1000.0;
9      float tmp = ceil((voltage - 500.0) / 10.0);

10     Serial.print("현재 온도는 ");
       Serial.println(tmp);

11     if(tmp <= 10)
       {
12       digitalWrite(led_red, HIGH);
       }
13     else
       {
14       digitalWrite(led_red, LOW);
       }

15     if(tmp >= 30)
       {
16       digitalWrite(led_blue, HIGH);
       }
17     else
       {
18       digitalWrite(led_blue, LOW);
       }
19     delay(500);
     }
```

6-4. 초음파 센서

집안을 자동으로 청소해주는 로봇 청소기는 장애물을 만나면 회전하여 충돌을 최소화하면서 사각지대 없이 구석구석 청소를 합니다. 대형 마트의 주차장에 가면 주차가 된 곳은 빨간색 불이 켜져 있고 주차가 안 된 곳은 초록색 불이 켜져 있어 빈 자리를 쉽게 찾아 주차를 할 수 있도록 도와줍니다. 아파트 입구나 주차장에 진입할 때 자동차가 다가가면 내려와 있던 차단기가 자동으로 올라갑니다. 또한 자동차를 후진할 때 주위에 장애물이 있으면 경고음을 울려주고, 자동문은 가까이 가면 닫혀 있던 문이 자동으로 열립니다.

이와 같은 것들은 어떤 원리에 의해 작동하는 것일까요? 이는 가까운 거리에 사람 또는 물체가 있는지 없는지 측정할 수 있는 초음파 센서에 의한 것으로 일상생활 속에서 편리함을 제공하고 더 나아가 의료용, 산업용에 이르기까지 매우 다양한 분야에서 활용되고 있습니다.

6-4-1. 센서의 이해

1) 원리가 궁금해요

산 정상에 올라 '야호!'라고 외치면 잠시 후 다시 '야호!'라는 소리가 되돌아옵니다. 어떻게 이 소리가 되돌아오는 것일까요? 소리는 물체에 부딪히면 반사되는 성질이 있습니다. 초음파 역시 마찬가지입니다. 초음파란 사람이 청각을 통해 들을 수 없는 약 20kHz 이상의 소리를 말합니다. 이 초음파를 일정한 간격으로 공기 중으로 전파하면 물체에 충돌하고 다시 반사파가 되어 되돌아오게 됩니다. 이러한 성질을 이용하면 초음파를 전파하고 다시 돌아오는 시간을 측정해 물체까지의 거리를 알 수 있게 됩니다. 비 오는 날 번개가 친 후 천둥소리가 나는 시간을 계산하면 얼마나 먼 곳에서 번개가 친 것인지 알 수 있는 것과 같은 원리입니다.

그림 6-15 초음파의 원리

2) 어떻게 생겼을까요?

이 책에서는 HC-SR04 초음파 센서를 사용해 실습해 보겠습니다. 이 센서는 최대 4m까지 거리를 측정할 수 있고, 측정 각도는 약 15도입니다.

초음파 센서는 거리 측정을 위한 발신부(trig)와 수신부(echo)로 나누어져 있습니다. T라고 적혀있는 곳이 발신부로 초음파를 보내는 역할을 하고, R이라고 적혀있는 곳이 수신부로 반사되어 되돌아오는 초음파를 받아들이는 역할을 합니다.

발신부
(trig)

수신부
(echo)

그림 6-16 초음파 센서

초음파 센서는 vcc, trig, echo, gnd 핀으로 4개의 리드선이 있습니다.

3) 어디에 사용되나요?

자동차 후방 감지기	자동문	수심 측정기	로봇 청소기

6-4-2. 프로젝트 – 회로를 구성해 보아요

초음파 센서값(거릿값)에 따라 파란색 LED, 초록색 LED, 빨간색 LED, 노란색 LED가 순서대로 켜지고 꺼지는 프로그램을 만들어 봅시다.

1) 무엇을 준비할까요?

아두이노 Uno	브레드보드	초음파 센서	LED	점퍼선 (수수)	점퍼선 (암수)	저항 (220Ω)
X 1	X 1	X 1	X 4	X 9	X 4	X 4

2) 회로를 구성해 보아요

명칭	아두이노 연결 위치
초음파 vcc	5V
초음파 trig	디지털 2번 핀
초음파 echo	디지털 4번 핀
초음파 gnd	GND
파란색 LED +극	디지털 13번 핀
초록색 LED +극	디지털 12번 핀
빨간색 LED +극	디지털 11번 핀
노란색 LED +극	디지털 10번 핀
각 LED −극	GND

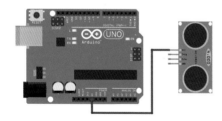

01. 초음파 센서에서 vcc로 표기된 리드선과 아두이노 보드의 5V를 (암수)점퍼선으로 연결합니다.

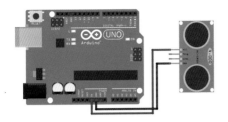

02. 초음파 센서에서 gnd로 표기된 리드선과 아두이노 보드의 GND를 (암수)점퍼선으로 연결합니다.

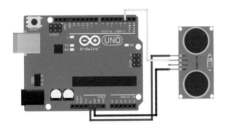

03. 초음파 센서에서 trig로 표기된 리드선과 아두이노 보드의 디지털 2번 핀을 (암수)점퍼선으로 연결합니다.

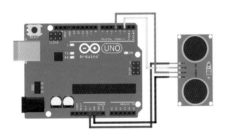

04. 초음파 센서에서 echo로 표기된 리드선과 아두이노 보드의 디지털 4번 핀을 (암수)점퍼선으로 연결합니다.

05. 브레드보드에 파란색 LED를 가로 방향으로 꽂습니다.

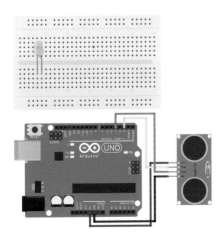

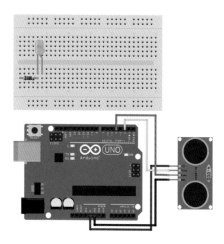

06. 브레드보드에 저항을 꽂습니다. 저항은 LED의 리드선 길이가 긴 쪽(+)과 짧은 쪽(-) 중 한 곳과 연결해 꽂아야 합니다.

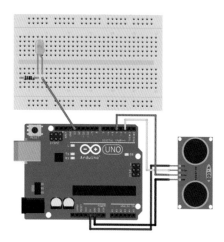

07. 파란색 LED의 (+)극과 아두이노 보드의 디지털 13번 핀을 점퍼선으로 연결합니다.

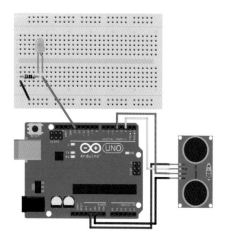

08. 파란색 LED의 (-)극과 연결된 저항의 다른 한쪽 리드선과 브레드보드의 버스띠 영역을 점퍼선으로 연결합니다.

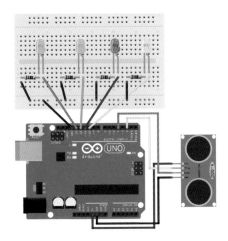

09. 05~08번 순서대로 초록색 LED를 디지털 12번 핀, 빨간색 LED를 디지털 11번 핀, 노란색 LED를 디지털 10번 핀에 연결한 후 브레드보드의 버스 띠 영역과 아두이노 보드의 GND를 점퍼선으로 연결합니다.

그림 6-17 회로 완성 사진

6-4-3. 프로젝트 - 코딩해 보아요

초음파 센서를 사용해 거리를 구해보겠습니다. 거리와 속도, 시간과의 관계는 다음과 같은 관계식이 성립합니다.

[거리 = 시간 x 속도]

거리를 구하기 위해 먼저 속도를 구해보겠습니다. 전파되는 초음파의 속도는 1초당 340m를 갈 수 있습니다(340m/s). 또한 초음파가 되돌아온 시간은 왕복이므로 2로 나눕니다.

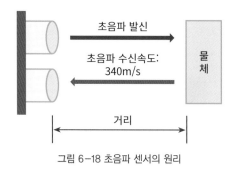

그림 6-18 초음파 센서의 원리

[거리 = 초음파가 되돌아온 시간 x 340 / 2]

초음파 센서의 거리 결괏값 단위가 마이크로초(μs)이므로 cm 단위로 변환된 결괏값을 받도록 다음과 같이 계산해야 합니다.

[거리 = (초음파가 되돌아온 시간 x 34000 / 1000000) / 2]

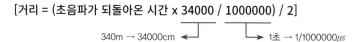

340m → 34000cm   1초 → 1/1000000μs

이어서 초음파가 되돌아오는 시간을 구해보겠습니다. 아두이노 기본 함수에는 시간을 측정해주는 pulseIn() 함수가 있습니다. pulseIn() 함수는 해당 핀의 입력이 LOW에서 HIGH로 변하는 시점에서 다시 LOW가 되는 시점까지의 시간을 마이크로초(μs)로 계산해 반환합니다. 아두이노는 초음파 센서로부터 0V와 5V 값을 입력 받으므로 회로를 구성할 때는 디지털 핀인 0~13번에 연결합니다.

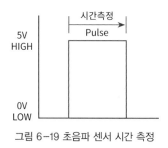

그림 6-19 초음파 센서 시간 측정

LED는 초음파 센서의 거릿값에 따라 켜고 끄는 디지털 출력을 해야 하므로 회로를 구성할 때는 디지털 핀인 0~13번에 연결하고 digitalWrite() 함수를 사용해 코드를 작성합니다.

프로젝트 미리 보기: http://bit.ly/2VMFYvr

코드 보기: http://bit.ly/31jLZRA

작동 영상 보기

가까이 오면 LED가 켜져요 – 엔트리 코딩

초음파 센서값(거릿값)에 따라 파란색 LED, 초록색 LED, 빨간색 LED, 노란색 LED가 순서대로 켜지고 꺼집니다.

각 LED는 일정한 거리에 있으면 LED 켜짐 모양으로 바뀌고, 멀어지면 LED 꺼짐 모양으로 바뀝니다.

1] 오브젝트 추가

01. 오브젝트 추가하기 탭에서 '파란LED', '초록LED', '빨간LED', '노란LED', '그라데이션' 배경을 선택해 불러옵니다.

2] 변수 만들기

초음파 센서값을 기억하는 변수를 만들어 보겠습니다.

01. [속성] 탭에서 변수를 선택합니다.

02. [변수 추가하기] 버튼을 누른 다음 변수 이름을 '거리'로 입력합니다.

03. [확인] 버튼을 선택합니다. 생성된 변수는 다음과 같습니다.

#	변수 이름	사용가능 오브젝트	기본값	최솟값	최댓값	변수 노출
1	거리	전체	0			보이기

3) 엔트리 코드 블록 조립하기

[/chapter06/가까이 오면 LED가 켜져요.ent]

오브젝트	코드	설명
 그라데이션 크기 375.0 방향(°) 0° 이동 방향(°) 90°	시작하기 버튼을 클릭했을 때 계속 반복하기 ① 1 거리▼ 를 울트라소닉 Tng 2▼ Echo 4▼ 센서값 로 정하기 2 0.5 초 기다리기 ① 3	1. 초음파 센서값은 실시간으로 변경되므로 계속 반복합니다. 2. '거리' 변수에 초음파 센서값을 저장합니다. 3. 초음파 센서값을 0.5초 간격으로 읽어오기 위해 0.5초 기다립니다.
파란LED 크기 56.5 방향(°) 0° 이동 방향(°) 90°	시작하기 버튼을 클릭했을 때 계속 반복하기 ① 1 만일 거리▼ 값 < 15 이라면 ① 디지털 13▼ 번 핀 켜기▼ 2 파란LED_켜짐 모양으로 바꾸기 아니면 디지털 13▼ 번 핀 끄기▼ 3 파란LED_꺼짐 모양으로 바꾸기	1. 초음파 센서값은 실시간으로 변경되므로 계속 반복합니다. 2. '거리' 변숫값이 15보다 작으면 디지털 13번 핀에 연결된 파란색 LED를 켜고 '파란LED_켜짐' 모양으로 바꿉니다. 3. '거리' 변숫값이 15보다 크거나 같으면 디지털 13번 핀에 연결된 파란색 LED를 끄고 '파란LED_꺼짐' 모양으로 바꿉니다.

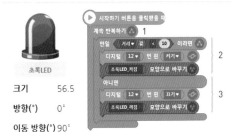

1. 초음파 센서값은 실시간으로 변경되므로 계속 반복합니다.
2. '거리' 변숫값이 10보다 작으면 디지털 12번 핀에 연결된 초록색 LED를 켜고 '초록LED_켜짐' 모양으로 바꿉니다.
3. '거리' 변숫값이 10보다 크거나 같으면 디지털 12번 핀에 연결된 초록색 LED를 끄고 '초록LED_꺼짐' 모양으로 바꿉니다.

1. 초음파 센서값은 실시간으로 변경되므로 계속 반복합니다.
2. '거리' 변숫값이 7보다 작으면 디지털 11번 핀에 연결된 빨간색 LED를 켜고 '빨간LED_켜짐' 모양으로 바꿉니다.
3. '거리' 변숫값이 7보다 크거나 같으면 디지털 11번 핀에 연결된 빨간색 LED를 끄고 '빨간LED_꺼짐' 모양으로 바꿉니다.

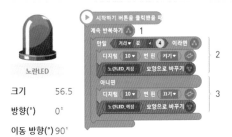

1. 초음파 센서값은 실시간으로 변경되므로 계속 반복합니다.
2. '거리' 변숫값이 4보다 작으면 디지털 10번 핀에 연결된 노란색 LED를 켜고 '노란LED_켜짐' 모양으로 바꿉니다.
3. '거리' 변숫값이 4보다 크거나 같으면 디지털 10번 핀에 연결된 노란색 LED를 끄고 '노란LED_꺼짐' 모양으로 바꿉니다.

가까이 오면 LED가 켜져요 - 아두이노 코딩

초음파 센서값(거릿값)에 따라 파란색 LED, 초록색 LED, 빨간색 LED, 노란색 LED가 순서대로
켜지고 꺼집니다.

[/chapter06/ultrasonic_ex01.ino]

	코드	설명
1	`int trigPin = 2;`	1. 초음파 센서의 trig 핀을 디지털 2번 핀으로 정합니다.
2	`int echoPin = 4;`	2. 초음파 센서의 echo 핀을 디지털 4번 핀으로 정합니다.
3	`int led_blue = 13;`	3. 파란색 LED를 디지털 13번 핀으로 정합니다.
4	`int led_green = 12;`	4. 초록색 LED를 디지털 12번 핀으로 정합니다.
5	`int led_red = 11;`	5. 빨간색 LED를 디지털 11번 핀으로 정합니다.
6	`int led_yellow = 10;`	6. 노란색 LED를 디지털 10번 핀으로 정합니다.
	`void setup() {`	
7	`    pinMode(trigPin, OUTPUT);`	7. 초음파 센서의 trig를 출력 모드로 정합니다.
8	`    pinMode(echoPin, INPUT);`	8. 초음파 센서의 echo를 입력 모드로 정합니다.
9	`    pinMode(led_blue, OUTPUT);`	9. 파란색 LED를 출력 모드로 정합니다.
10	`    pinMode(led_green, OUTPUT);`	10. 초록색 LED를 출력 모드로 정합니다.
11	`    pinMode(led_red, OUTPUT);`	11. 빨간색 LED를 출력 모드로 정합니다.
12	`    pinMode(led_yellow, OUTPUT);`	12. 노란색 LED를 출력 모드로 정합니다.
13	`    Serial.begin(9600);` `}`	13. 시리얼 입출력의 통신 속도를 9600으로 정합니다.
14	`void loop() {`	14. 반복합니다.
15	`    digitalWrite(trigPin, LOW);`	15. Trig를 끕니다(0V 출력).
16	`    delayMicroseconds(1);`	16. $1\mu s$ 기다립니다.
17	`    digitalWrite(trigPin, HIGH);`	17. Trig를 켭니다(5V 출력).
18	`    delayMicroseconds(10);`	18. $10\mu s$ 기다립니다.
19	`    digitalWrite(trigPin, LOW);`	19. Trig를 끕니다(0V 출력). 15~19는 끄고 켜기를 반복해 초음파 센서를 초기화합니다.
20	`    unsigned long  distance = (pulseIn(` `echoPin, HIGH) * 34000 / 1000000 ) / 2;`	20. 초음파 센서의 거릿값을 계산해 distance 변숫값에 저장합니다 (실습 시 초음파 센서의 거릿값 계산 코드(20번)는 한줄로 작성합 니다).
21	`    Serial.println(distance);`	21. 시리얼 모니터에 distance 변숫값을 나타냅니다.
22	`    if(distance < 15)` `    {`	22. distance 변숫값이 15보다 작으면 (15cm 거리 안에 물체가 있다면)

```
23      digitalWrite(led_blue, HIGH);
      }
24      else
      {
25        digitalWrite(led_blue, LOW);
      }

26      if(distance < 10)
      {
27        digitalWrite(led_green, HIGH);
      }
28      else
      {
29        digitalWrite(led_green, LOW);
      }

30      if(distance < 7)
      {
31        digitalWrite(led_red, HIGH);
      }
32      else
      {
33        digitalWrite(led_red, LOW);
      }

34      if(distance < 4)
      {
35        digitalWrite(led_yellow, HIGH);
      }
36      else
      {
37        digitalWrite(led_yellow, LOW);
      }

38      delay(500);
    }
```

23. 파란색 LED를 켭니다.

24. distance 변숫값이 15보다 크거나 같으면

25. 파란색 LED를 끕니다.

26. distance 변숫값이 10보다 작으면
    (10cm 거리 안에 물체가 있다면)
27. 초록색 LED를 켭니다.

28. distance 변숫값이 10보다 크거나 같으면

29. 초록색 LED를 끕니다.

30. distance 변숫값이 7보다 작으면
    (7cm 거리 안에 물체가 있다면)
31. 빨간색 LED를 켭니다.

32. distance 변숫값이 7보다 크거나 같으면

33. 빨간색 LED를 끕니다.

34. distance 변숫값이 4보다 작으면
    (4cm 거리 안에 물체가 있다면)
35. 노란색 LED를 켭니다.

36. distance 변숫값이 4보다 크거나 같으면

37. 노란색 LED를 끕니다.

38. 0.5초 기다립니다.

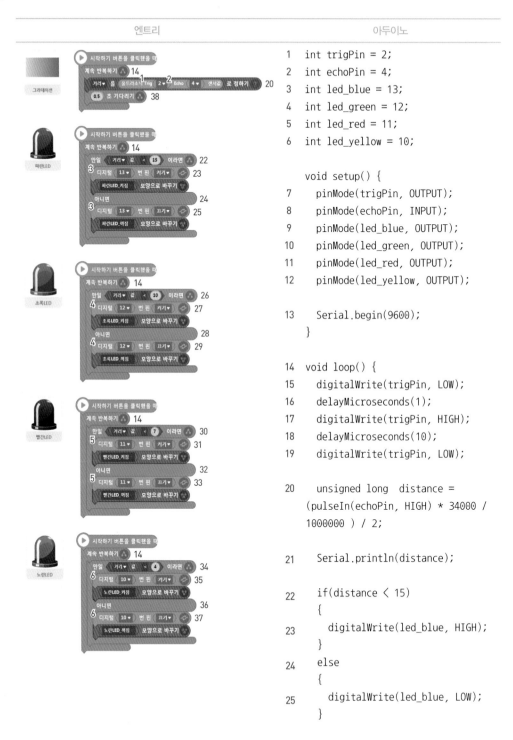

가까이 오면 LED가 켜져요 - 엔트리 vs. 아두이노

엔트리	아두이노

```
1   int trigPin = 2;
2   int echoPin = 4;
3   int led_blue = 13;
4   int led_green = 12;
5   int led_red = 11;
6   int led_yellow = 10;

    void setup() {
7     pinMode(trigPin, OUTPUT);
8     pinMode(echoPin, INPUT);
9     pinMode(led_blue, OUTPUT);
10    pinMode(led_green, OUTPUT);
11    pinMode(led_red, OUTPUT);
12    pinMode(led_yellow, OUTPUT);

13    Serial.begin(9600);
    }

14  void loop() {
15    digitalWrite(trigPin, LOW);
16    delayMicroseconds(1);
17    digitalWrite(trigPin, HIGH);
18    delayMicroseconds(10);
19    digitalWrite(trigPin, LOW);

20    unsigned long  distance =
      (pulseIn(echoPin, HIGH) * 34000 /
      1000000 ) / 2;

21    Serial.println(distance);

22    if(distance < 15)
      {
23      digitalWrite(led_blue, HIGH);
      }
24    else
      {
25      digitalWrite(led_blue, LOW);
      }
```

```
26    if(distance < 10)
      {
27      digitalWrite(led_green, HIGH);
      }
28    else
      {
29      digitalWrite(led_green, LOW);
      }

30    if(distance < 7)
      {
31      digitalWrite(led_red, HIGH);
      }
32    else
      {
33      digitalWrite(led_red, LOW);
      }

34    if(distance < 4)
      {
35      digitalWrite(led_yellow, HIGH);
      }
36    else
      {
37      digitalWrite(led_yellow, LOW);
      }

38    delay(500);
      }
```

6-5. 가변저항

가변저항은 조절 슬라이더를 이동하거나 손잡이를 회전시켜서 값을 변경할 수 있는 전자 부품으로 조명의 밝기 조절 장치나 음향기기의 볼륨 조절 장치 등 실생활에 쓰이는 전자제품에서 쉽게 찾아볼 수 있습니다.

6-5-1. 센서의 이해

1) 원리가 궁금해요

저항은 전기의 흐름을 방해하는 역할을 합니다. 전기의 흐름을 방해하면 전류(또는 전압)의 크기가 달라집니다. 전자회로에서 전류의 크기를 임의로 바꿀 수 있는 저항을 가변저항이라고 합니다. 그럼 어떻게 저항값을 변경할까요?

가변저항의 내부에는 카본(탄소)띠로 구성된 저항 물질이 둥근 모양을 하고 있습니다. 양쪽 끝의 두 리드선은 5V와 GND로 연결되고, 가운데 리드선은 저항 물질의 길이를 조절하는 다이얼 와이퍼와 연결되어 있습니다.

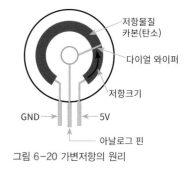

그림 6-20 가변저항의 원리

다이얼 와이퍼를 돌려 저항 물질의 길이가 짧아지면 저항이 감소하고, 저항 물질의 길이가 길어지면 저항이 증가하게 됩니다. 저항은 극성이 없습니다. 따라서 5V와 GND가 서로 바뀌어도 상관없지만, 위치가 바뀌면 저항값이 커지는 방향이 달라집니다. 가변저항값은 5V 방향으로 돌리면 1023의 값에 가까운 숫자로 증가하고, GND 방향으로 돌리면 0에 가까운 숫자로 감소합니다. 가변저항값이 1023에 가까울수록 입력 핀에 공급되는 전압이 높아집니다.

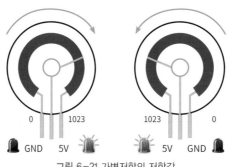

그림 6-21 가변저항의 저항값

2) 어떻게 생겼을까요?

가변저항은 저항값을 조절하는 스위퍼(Sweeper)와 5V, 아날로그
핀, GND 핀으로 3개의 리드선이 있습니다. 극성이 없으므로 5V와
GND를 바꿔서 연결해도 상관없습니다. 다만 가운데 리드선은 아날
로그 신호를 보내는 곳이므로 반드시 아두이노 보드의 A0~A5 핀 중
하나에 연결해야 합니다.

스위퍼

5V(또는 GND)

아날로그 핀

GND(또는 5V)

그림 6-22 가변저항의 구조

3) 어디에 사용되나요?

오디오 볼륨 조절기	온도 조절기	기타 노브

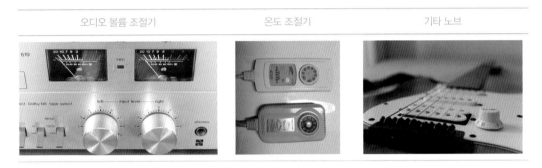

6-5-2. 프로젝트 - 회로를 구성해 보아요

가변저항값에 따라 LED 밝기를 조절하는 프로그램을 만들어 봅시다.

1) 무엇을 준비할까요?

아두이노 Uno	브레드보드	가변저항	LED	점퍼선(수수)	저항(220Ω)

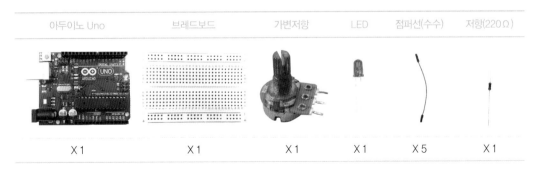

| X 1 | X 1 | X 1 | X 1 | X 5 | X 1 |

2) 회로를 구성해 보아요

명칭	아두이노 연결 위치
가변저항 오른쪽 리드선	5V
가변저항 가운데 리드선	아날로그 A0 핀
가변저항 왼쪽 리드선	GND
빨간색 LED +극	디지털 11번 핀
빨간색 LED −극	GND

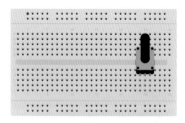
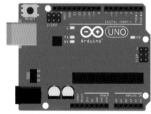

01. 브레드보드에 가변저항을 가로 방향으로 꽂습니다.

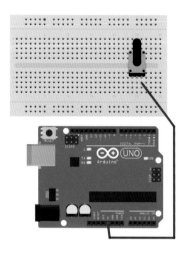

02. 가변저항의 오른쪽 리드선과 아두이노 보드의 5V를 점 퍼선으로 연결합니다.

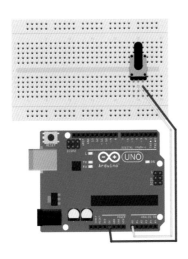

03. 가변저항의 가운데 리드선과 아두이노 보드의 아날로
그 A0 핀을 점퍼선으로 연결합니다.

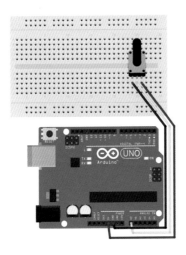

04. 가변저항의 왼쪽 리드선과 아두이노 보드의 GND를 점
퍼선으로 연결합니다.

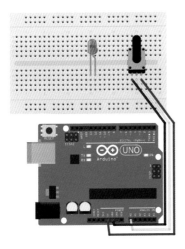

05. 브레드보드에 빨간색 LED를 가로 방향으로 꽂습니다.

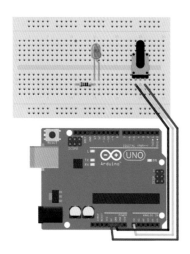

06. 브레드보드에 저항을 꽂습니다. 저항은 LED의 리드선 길이가 긴 쪽(+)과 짧은 쪽(−) 중 한 곳과 연결해 꽂아야 합니다.

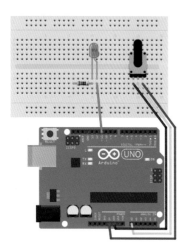

07. 빨간색 LED의 (+)극과 아두이노의 디지털 11번 핀을 점퍼선으로 연결합니다.

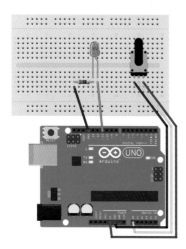

08. 빨간색 LED의 (−)극과 연결된 저항의 다른 한쪽 리드선과 아두이노 보드의 GND를 점퍼선으로 연결합니다.

그림 6-23 회로 완성 사진

6-5-3. 프로젝트 – 코딩해 보아요

[밝기 조절] 예제는 가변저항의 아날로그 값을 입력받아 LED의 밝기를 아날로그 출력값으로 제어합니다. 아날로그 입력값은 analogRead() 함수를 사용해 0~1023의 범위로 입력받으며, 아날로그 출력은 analogWrite() 함수를 사용해 0~255의 범위의 값으로 출력합니다. 따라서 0~1023 범위의 값을 0~255 범위의 값으로 변환해야 하는데 이는 map() 함수(아두이노 기초 문법, 105 페이지 참고)를 사용해 변환합니다.

LED의 밝기는 가변저항값에 따라 점점 더 어둡게, 점점 더 밝게 표현하기 위해 디지털 핀 중 아날로그 출력이 가능한 PWM 기능을 제어하는 핀(~표시가 되어 있는 핀)에 연결합니다.

프로젝트 미리 보기: http://bit.ly/35DVyxT

코드 보기: http://bit.ly/2MSQrRS

작동 영상 보기

 **밝기조절 - 엔트리 코딩**

가변저항값을 입력받아 빨간색 LED의 밝기를 조절합니다.

가변저항값이 클수록 빨간색 LED의 밝기가 밝아지며 배경도 밝아집니다. 가변저항값이 작을수록 빨간색 LED의 밝기가 어두워지며 배경도 어두워집니다.

1) 오브젝트 추가

01. 오브젝트 추가하기 탭에서 '빨간LED', '별 헤는 밤' 배경을 선택해 불러옵니다.

2) 변수 만들기

가변저항값을 아날로그 출력값으로 변환한 값을 기억하는 변수를 만들어 보겠습니다.

01. [속성] 탭에서 변수를 선택합니다.

02. [변수 추가하기] 버튼을 누른 다음 변수 이름을 '밝기'로 입력합니다.

03. [확인] 버튼을 선택합니다. 생성된 변수는 다음과 같습니다.

#	변수 이름	사용가능 오브젝트	기본값	최솟값	최댓값	변수 노출
1	밝기	전체	0			보이기

3) 엔트리 코드 블록 조립하기

[/chapter06/밝기조절.ent]

오브젝트	코드	설명

빨간LED

크기 100.0

방향(°) 0°

이동 방향 (°) 90°

1. 변하는 가변저항값을 입력받기 위해 계속 반복합니다.

2. 아날로그의 입력값의 범위는 0~1023이며, 아날로그 출력값의 범위는 0~255입니다.

   아날로그 A0 핀에 연결된 가변저항값을 출력값으로 변경해 '밝기' 변수에 저장합니다.

3. PWM 출력 핀 11번에 연결된 빨간색 LED의 밝기를 '밝기' 변숫값으로 조절합니다.

4. '밝기' 변숫값이 150보다 크다면(밝다면) '빨간LED_켜짐' 모양으로 바꾸고, 아니면 '빨간LED_꺼짐' 모양으로 바꿉니다.

크기 375.0

방향(°) 0°

이동 방향
(°) 90°

1. 변하는 가변저항값을 입력받기 위해 계속 반복합니다.

2. 아날로그의 입력값의 범위는 0~1023이며 밝기 효과 입력값의 범위는 0~100입니다.

   아날로그 A0 핀에 연결된 가변저항값을 밝기 효과 값으로 변경해 밝기 효과를 냅니다.

⊙⊙ 밝기조절 – 아두이노 코딩
ARDUINO

가변저항값을 입력받아 LED의 밝기를 조절합니다.

가변저항값이 1023에 가까울수록 LED의 밝기가 밝아지고, 0에 가까울수록 LED의 밝기가 어두워집니다.

[/chapter06/pot_ex01.ino]

	코드	설명
1	`int led_red = 11;`	1. 빨간색 LED를 디지털 11번 핀으로 정합니다.

2	`void setup() {`
	`  pinMode(led_red, OUTPUT);`
	`}`
		2. 빨간색 LED를 출력 모드로 정합니다.

3
4
5
	`void loop() {`
	`  int pot_val = map(analogRead(A0), 0, 1023, 0, 255);`
	`  analogWrite(led_red, pot_val);`
	`}`
		3. 반복합니다.
		4. 아날로그 A0 핀에 연결된 가변저항값(0~1023 범위의 값)을 출력값(0~255 범위의 값)으로 변환해 pot_val 변수에 저장합니다.
		5. PWM 출력 핀 11번에 연결된 빨간색 LED의 밝기를 pot_val 변숫값으로 조절합니다.

밝기조절 - 엔트리 vs. 아두이노

엔트리

시작하기 버튼을 클릭했을 때
계속 반복하기 ③
밝기▼ 를 (아날로그 (A0 ▼) 번 센서값 의 범위를 (0) ~ (1023) 에서 (0) ~ (255) 로 바꾼값) 로 정하기 ④
디지털 (11 ▼) 번 핀을 (밝기▼ 값) (으)로 정하기 ⑤
만일 (밝기▼ 값) > (150) 이라면
빨간LED_켜짐 모양으로 바꾸기
아니면
빨간LED_꺼짐 모양으로 바꾸기

빨간LED

아두이노

```
1    int led_red = 11;

     void setup() {
2      pinMode(led_red, OUTPUT);
     }

3    void loop() {
4      int pot_val = map(analogRead(A0), 0, 1023, 0, 255);
5      analogWrite(led_red, pot_val);
     }
```

6-6. 인체 감지 센서

아파트 현관이나 복도, 건물의 비상계단을 지날 때 스위치를 누르지 않았는데도 전등이 자동으로 켜졌다가 일정 시간이 지나면 자동으로 꺼지는 모습을 볼 수 있습니다. 이는 사람의 움직임을 감지하는 인체 감지 센서에 의한 것으로 일상생활 속에서 에너지를 절약할 수 있는 인공지능 시스템에 주로 사용되고 있습니다.

밤에 TV를 보다가 잠들면 아침까지 TV가 켜져 있는 경우가 있습니다. TV에 인체 감지 센서를 부착해 사람의 움직임이 없을 때 자동으로 전기를 차단하면 전기 에너지를 절약할 수 있습니다.

에어컨에도 인체 감지 센서 기능이 있어서 실내 공간에 사람이 있는지와 어디에 있는지 위치를 파악해 효율적인 냉방을 제공합니다. 또한 실내 온도를 유지해주는 난방 시스템에서도 인체 감지 센서를 추가해 실내에 사람이 있을 때만 작동합니다.

에너지 절약 외에도 인체 감지 센서를 이용해 보행자를 감지하여 신호등이 빨간 불일 때 차단봉이 작동하는 스마트 횡단보도가 운영되어 실생활의 안전에도 활용되고 있습니다.

6-6-1. 센서의 이해

1) 원리가 궁금해요

사람은 36.5도의 열을 가지고 있어서 적은 양의 적외선을 방출합니다. 이 적외선이 인체 감지 센서에 있는 적외선 센서 부분에 닿으면 센서에 닿은 적외선이 전압으로 출력되어 인식하게 됩니다.

즉, 인체 감지 센서는 적외선을 띈 물체(사람, 동물)의 움직임을 감지해 전압을 디지털 값으로 출력하게 됩니다.

조명

적외선 센서

편광 필터

적외선 방출

인체온도 36.5°

그림 6-24 인체 감지 센서의 원리

2) 어떻게 생겼을까요?

인체 감지 센서의 전면부에는 축구공 모양의 감지부가 있으며 안에는 적외선 감지 센서가 있습니다. 축구공 모양의 흰색 플라스틱은 편광필터로 사방에서 들어온 정보를 한군데로 모아주는 역할을 하고, 이 흰색 커버를 제거하면 측면을 감지하는 기능의 성능이 낮아집니다.

VCC(5V)

출력 신호

GND

출력 시간 조절 가변저항

센서 감도 조절 가변저항

그림 6-25 인체 감지 센서 구조

뒷면에는 GND, OUT, VCC 핀으로 3개의 리드선이 있으며
센서의 감도를 조절할 수 있는 가변저항과 인체의 움직임이 감
지됐을 때 센서에서 출력되는 신호의 길이를 조절할 수 있는
출력 시간 조절 가변저항이 있습니다. 출력 시간 조절 가변저
항은 감지가 끝났더라도 일정 시간 동안 신호를 보내줍니다.
이로써 복도를 지나가면 불이 켜졌다가 사람이 사라지더라도
바로 불이 꺼지지 않고 잠시 뒤에 꺼지게 됩니다.

그림 6-26 인체 감지 센서의 가변저항

3) 어디에 사용되나요?

건물 복도, 현관문 천장에 있는 조명, 자동으로 조명을 켜주는 시스템

6-6-2. 프로젝트 – 회로를 구성해 보아요

인체 감지 센서값에 따라 LED가 켜지고 꺼지는 프로그램을 만들어 봅시다.

1) 무엇을 준비할까요?

아두이노 Uno	브레드보드	인체 감지 센서	LED	점퍼선 (수수)	점퍼선 (암수)	저항 (220Ω)
X 1	X 1	X 1	X 1	X 2	X 3	X 1

2) 회로를 구성해 보아요

명칭	아두이노 연결 위치
인체 감지 센서 VCC	5V
인체 감지 센서 GND	GND
인체 감지 센서 OUT	디지털 8번 핀
빨간색 LED +극	디지털 13번 핀
빨간색 LED −극	GND

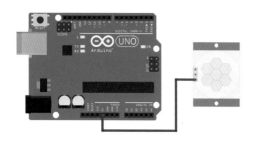

01. 인체 감지 센서의 VCC로 표기된 리드선과 아두이노 보드의 5V를 (암수)점퍼선으로 연결합니다.

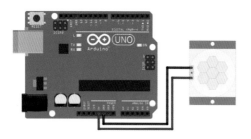

02. 인체 감지 센서의 GND로 표기된 리드선과 아두이노 보드의 GND를 (암수)점퍼선으로 연결합니다.

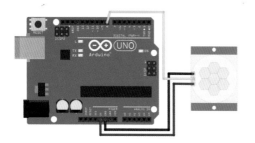

03. 인체 감지 센서의 OUT으로 표기된 리드선(가운데 리드선)과 아두이노 보드의 디지털 8번 핀을 (암수)점퍼선으로 연결합니다.

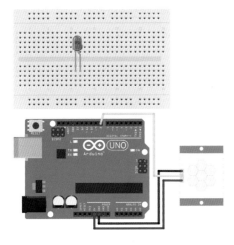

04. 브레드보드에 빨간색 LED를 가로 방향으로 꽂습니다.

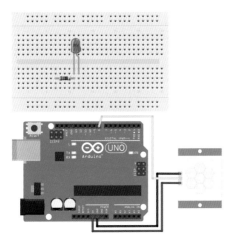

05. 브레드보드에 저항을 꽂습니다. 저항은 LED의 리드선 길이가 긴 쪽(+)과 짧은 쪽(−) 중 한 곳과 연결해 꽂 아야 합니다.

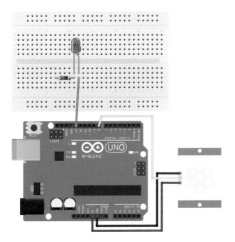

06. 빨간색 LED의 (+)극과 아두이노 보드의 디지털 13번 핀을 점퍼선으로 연결합니다.

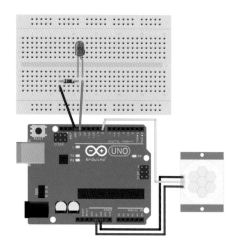

07. 빨간색 LED의 (−)극과 연결된 저항의 다른 한쪽 리드
선과 아두이노 보드의 GND를 점퍼선으로 연결합니다.

그림 6-27 회로 완성 사진

6-6-3. 프로젝트 – 코딩해 보아요

아두이노는 인체 감지 센서로부터 움직임을 감지해 움직임의 여부를 디지털 값(0V 또는 5V)으로 입력
받으므로 회로를 구성할 때는 디지털 핀인 0~13번 핀에 연결합니다. 코드를 작성할 때는 digitalRead()
함수를 사용해 HIGH 또는 LOW 값으로 변환하여 입력받습니다. 움직임이 감지되면 HIGH 값을 반환
하고, 감지되지 않으면 LOW 값을 반환합니다.

LED는 인체 감지 센서값에 따라 켜고 끄는 디지털 출력을 해야 하므로 회로를 구성할 때는 디지털 핀인
0~13번 핀에 연결하고, digitalWrite() 함수를 사용해 코드를 작성합니다.

프로젝트 미리 보기: http://bit.ly/33H4KzP

코드 보기: http://bit.ly/2Bnle44

전등 – 엔트리 코딩

사람의 움직임이 감지되면 전등이 켜지고, 빨간색 LED가 켜집니다. 사람의 움직임이 없어지면 잠시 후 전등이 꺼지고, 빨간색 LED가 꺼집니다.

1) 오브젝트 추가

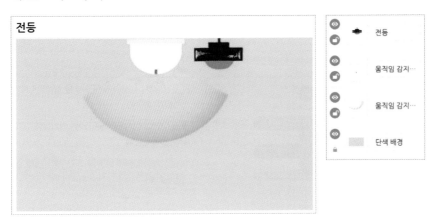

01. 오브젝트 추가하기 탭에서 '전등', '움직임 감지센서', '움직임 감지_영역', '단색 배경' 배경을 선택해 불러옵니다.

2) 신호 만들기

인체 감지 센서값에 따라 '전등' 오브젝트의 모양이 바뀌므로 '전등' 오브젝트에 보낼 신호를 만들어 보겠습니다.

01. [속성] 탭에서 신호를 선택합니다.

02. [신호 추가하기] 버튼을 누른 다음 신호 이름을 '감지'로 입력합니다.

03. [확인] 버튼을 선택합니다.

04. 같은 방법으로 '해제' 신호를 생성합니다. 생성된 신호는 다음과 같습니다.

#	신호 이름
1	해제
2	감지

3) 엔트리 코드 블록 조립하기

[/chapter06/전등(인체감지센서).ent]

오브젝트	코드	설명

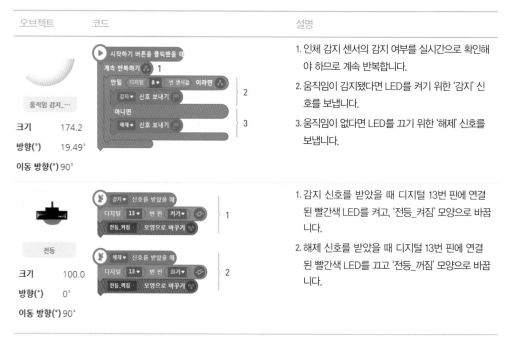

오브젝트	움직임 감지… 크기 174.2 방향(°) 19.49° 이동 방향(°) 90°
설명	1. 인체 감지 센서의 감지 여부를 실시간으로 확인해야 하므로 계속 반복합니다. 2. 움직임이 감지됐다면 LED를 켜기 위한 '감지' 신호를 보냅니다. 3. 움직임이 없다면 LED를 끄기 위한 '해제' 신호를 보냅니다.
오브젝트	전등 크기 100.0 방향(°) 0° 이동 방향(°) 90°
설명	1. 감지 신호를 받았을 때 디지털 13번 핀에 연결된 빨간색 LED를 켜고, '전등_켜짐' 모양으로 바꿉니다. 2. 해제 신호를 받았을 때 디지털 13번 핀에 연결된 빨간색 LED를 끄고 '전등_꺼짐' 모양으로 바꿉니다.

⧜ 전등 - 아두이노 코딩

사람의 움직임이 감지되면 빨간색 LED가 켜지고, 사람의 움직임이 없어지면 잠시 후 빨간색 LED가 꺼집니다.

[/chapter06/pir_ex01.ino]

코드	설명
1 `int led_red = 13;`	1. 빨간색 LED를 디지털 13번 핀으로 정합니다.
2 `int pirPin = 8;`	2. 인체 감지 센서를 디지털 8번 핀으로 정합니다.
`void setup() {`	
3 `  pinMode(led_red, OUTPUT);`	3. 빨간색 LED를 출력 모드로 정합니다.
4 `  pinMode(pirPin, INPUT);`	4. 인체 감지 센서를 입력 모드로 정합니다.
`}`	
5 `void loop() {`	5. 반복합니다.
6 `  int pir_val = digitalRead(pirPin);`	6. 인체 감지 센서값을 pir_val 변수에 저장합니다.
7 `  if(pir_val == HIGH)`	7. 움직임이 감지됐다면
`  {`	
8 `    digitalWrite(led_red, HIGH);`	8. 빨간색 LED를 켭니다.
`  }`	
9 `  else`	9. 움직임의 감지가 없다면
`  {`	
10 `    digitalWrite(led_red, LOW);`	10. 빨간색 LED를 끕니다.
`  }`	
`}`	

엔트리	아두이노

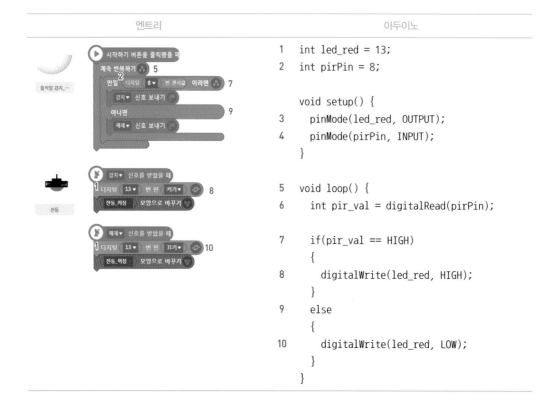

```
1   int led_red = 13;
2   int pirPin = 8;

    void setup() {
3     pinMode(led_red, OUTPUT);
4     pinMode(pirPin, INPUT);
    }

5   void loop() {
6     int pir_val = digitalRead(pirPin);

7     if(pir_val == HIGH)
      {
8       digitalWrite(led_red, HIGH);
      }
9     else
      {
10      digitalWrite(led_red, LOW);
      }
    }
```

6-7. 조이스틱

조이스틱은 축을 사용해 방향을 제어하는 곳에 입력 장치로 사용됩니다. 주로 게임기에서 손잡이를 움직여 방향을 조절하는 기능으로 사용되며 그 외에도 항공기, 드론 조종이나 산업 현장의 장비 시스템을 움직이는 컨트롤러로도 사용되고 있습니다.

6-7-1. 센서의 이해

1) 원리가 궁금해요

조이스틱은 축을 회전시키면 내부에 있는 저항 물체의 길이가 조절되어 저항값이 바뀌는 가변저항의 원리를 이용한 센서입니다. 조이스틱의 내부에는 2개의 가변저항이 X축, Y축으로 맞춰져 있고, 이 두 축의 움직임으로 저항의 값이 바뀌면서 출력 전압값(0~5V)이 바뀌게 됩니다.

X축 가변저항을 움직이면 X축에 대한 전압값이 바뀌고, Y축 가변저항을 움직이면 Y축에 대한 전압값이 바뀝니다. 따라서 조이스틱의 출력 전압값으로 조이스틱의 위치를 알 수 있습니다.

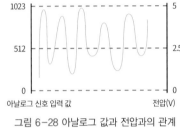

그림 6-28 아날로그 값과 전압과의 관계

2) 어떻게 생겼을까요?

조이스틱은 GND, +5V, VRx, VRy, SW로 5개의 리드선으로 구성돼 있습니다. VRx, VRy은 아날로그 출력 핀으로 방향 좌표 X축, Y축을 의미하며, SW는 푸쉬 스위치로 디지털 출력 핀입니다.

GND   5V   x축 y축 스위치
그림 6-29 조이스틱의 구조

3) 어디에 사용되나요?

게임기	인형 뽑기	제어 장치

6-7-2. 프로젝트 – 회로를 구성해 보아요

조이스틱의 움직이는 위치에 따라 각각의 색상 LED를 켜고 끄는 프로그램을 만들어 봅시다.

1) 무엇을 준비할까요?

아두이노 Uno	브레드보드	조이스틱	LED	점퍼선 (수수)	점퍼선 (암수)	저항 (220Ω)
X 1	X 1	X 1	X 4	X 9	X 5	X 4

2) 회로를 구성해 보아요

명칭	아두이노 연결 위치
조이스틱 GND	GND
조이스틱 +5V	5V
조이스틱 VRx	아날로그 A0 핀
조이스틱 VRy	아날로그 A1 핀
조이스틱 SW	디지털 7번 핀
파란색 LED +극	디지털 13번 핀
초록색 LED +극	디지털 12번 핀
빨간색 LED +극	디지털 11번 핀
노란색 LED +극	디지털 10번 핀
각 LED −극	GND

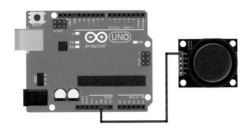

01. 조이스틱의 GND로 표기된 리드선과 아두이노 보드의
    GND를 (암수)점퍼선으로 연결합니다.

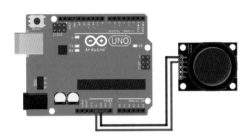

02. 조이스틱의 +5V로 표기된 리드선과 아두이노 보드의
    5V를 (암수)점퍼선으로 연결합니다.

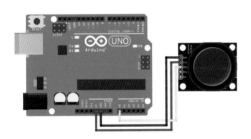

03. 조이스틱의 VRx로 표기된 리드선과 아두이노 보드의
    아날로그 A0 핀을 (암수)점퍼선으로 연결합니다.

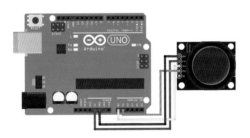

04. 조이스틱의 VRy로 표기된 리드선과 아두이노 보드의
    아날로그 A1 핀을 (암수)점퍼선으로 연결합니다.

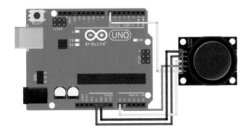

05. 조이스틱의 SW로 표기된 리드선과 아두이노 보드의
    디지털 7번 핀을 (암수)점퍼선으로 연결합니다.

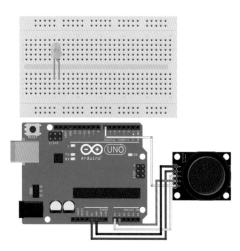

06. 브레드보드에 파란색 LED를 가로 방향으로 꽂습니다.

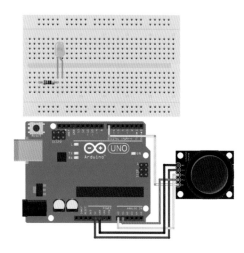

07. 브레드보드에 저항을 꽂습니다. 저항은 LED의 리드선
    길이가 긴 쪽(+)과 짧은 쪽(−) 중 한 곳과 연결해 꽂
    아야 합니다.

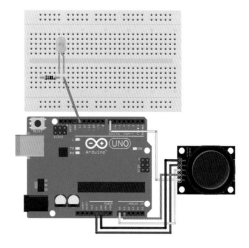

08. 파란색 LED의 (+)극과 아두이노 보드의 디지털 13번
    핀을 점퍼선으로 연결합니다.

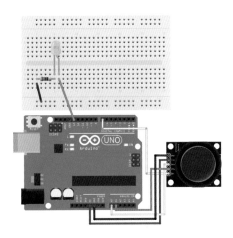

09. 파란색 LED의 (−)극과 연결된 저항의 다른 한쪽 리드
선과 브레드보드의 버스띠 영역을 점퍼선으로 연결합
니다.

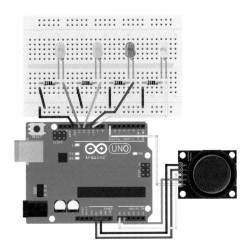

10. 06~09번 순서대로 초록색 LED를 디지털 12번 핀, 빨간
색 LED를 디지털 11번 핀, 노란색 LED를 디지털 10번
핀에 연결한 후 브레드보드의 버스띠 영역과 아두이노
보드의 GND를 점퍼선으로 연결합니다.

그림 6-30 회로 완성 사진

6-7-3. 프로젝트 - 코딩해 보아요

아두이노는 조이스틱 손잡이의 움직임에 따라 아날로그
값(0~5V)을 입력받으므로 회로를 구성할 때는 아날로
그 핀인 A0~A5 핀에 연결합니다. 코드를 작성할 때는
analogRead() 함수를 사용해 축의 값을 0~1023 범위
의 값으로 변환하여 입력받습니다.

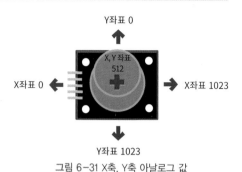

그림 6-31 X축, Y축 아날로그 값

손잡이를 움직이지 않았을 경우 X축, Y축은 0~1023의
중간값인 512의 값을 가집니다. 그러므로 아날로그 신호
값이 512일 때의 위치가 중심이 되며, 왼쪽/위쪽은 신호값이 0~512 사이의 값이고, 오른쪽/아래쪽은
512~1023 사이의 값을 가지게 됩니다.

LED는 조이스틱 입력값에 따라 켜고 끄는 디지털 출력을 해야 하므로 회로 구성할 때는 디지털 핀인
0~13번에 연결하고, digitalWrite() 함수를 사용해 코드를 작성합니다.

프로젝트 미리 보기: http://bit.ly/2ByxQpf

코드 보기: http://bit.ly/2Bp9LkC

작동 영상 보기

 나비가 움직여요 - 엔트리 코딩

조이스틱을 왼쪽으로 움직이면 빨간색 LED가 켜지고 LED 켜짐 모양으로 바뀝니다. 조이스틱을
오른쪽으로 움직이면 노란색 LED가 켜지고 LED 켜짐 모양으로 바뀝니다. 조이스틱을 위쪽으로
움직이면 파란색 LED가 켜지고 LED 켜짐 모양으로 바뀝니다. 조이스틱을 아래쪽으로 움직이면
초록색 LED가 켜지고 LED 켜짐 모양으로 바뀝니다.

추가로 조이스틱 방향에 따라 나비의 위치가 바뀝니다.

1) 오브젝트 추가

나비가 움직여요

- 나비(1)
- 파란LED
- 초록LED
- 빨간LED
- 노란LED

01. 오브젝트 추가하기 탭에서 '나비(1)', '파란LED', '초록LED', '빨간LED', '노란LED'를 선택해 불러옵니다.

2) 엔트리 코드 블록 조립하기

[/chapter06/나비가 움직여요.ent]

오브젝트	코드	설명

나비(1)

크기 65.1
방향(°) 0°
이동 방향(°) 90°

1. 조이스틱 상태를 계속 감지해야 하므로 계속 반복합니다.

2. 아날로그의 입력값의 범위는 0~1023이고, 엔트리 무대의 X 좌표 범위는 −240~240입니다.
   아날로그 A0 핀의 입력값을 엔트리 무대의 X 좌푯값으로 변환한 위치로 이동합니다.

3. 아날로그의 입력값의 범위는 0~1023이며 엔트리 무대의 Y 좌표 범위는 −135~135입니다.
   아날로그 A1 핀의 입력값을 엔트리 무대 [Y 좌푯값 x −1]로 변환한 위치로 이동합니다.
   조이스틱을 위아래 움직였을 때 방향이 반대로 움직이므로 무대의 Y 좌푯값에 −1을 곱합니다.

4. 나비(1) 오브젝트 모양이 계속 바뀌도록 반복합니다.

5. 다음 모양으로 바꿉니다.

6. 0.3초 간격으로 모양을 바꾸기 위해 0.3초 기다립니다.

파란LED

크기 56.5

방향(°) 0°

이동 방향(°) 90°

1. 조이스틱 상태를 계속 감지해야 하므로 계속 반복합니다.

2. 아날로그 A1 핀에 연결된 조이스틱의 Y축 입력값이 300보다 작으면 디지털 13번 핀에 연결된 파란색 LED를 켜고, '파란LED_켜짐' 모양으로 바꿉니다.

3. 아날로그 A1 핀에 연결된 조이스틱의 Y축 입력값이 300보다 크거나 같다면 디지털 13번 핀에 연결된 파란색 LED를 끄고, '파란LED_꺼짐' 모양으로 바꿉니다.

초록LED

크기 56.5

방향(°) 0°

이동 방향(°) 90°

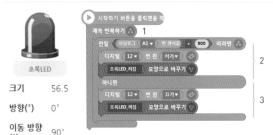

1. 조이스틱 상태를 계속 감지해야 하므로 계속 반복합니다.

2. 아날로그 A1 핀에 연결된 조이스틱의 Y축 입력값이 900보다 크면 디지털 12번 핀에 연결된 초록색 LED를 켜고, '초록LED_켜짐' 모양으로 바꿉니다.

3. 아날로그 A1 핀에 연결된 조이스틱의 Y축 입력값이 900보다 작거나 같다면 디지털 12번 핀에 연결된 초록색 LED를 끄고, '초록LED_꺼짐' 모양으로 바꿉니다.

빨간LED

크기 56.5

방향(°) 0°

이동 방향(°) 90°

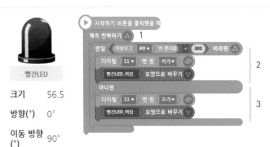

1. 조이스틱 상태를 계속 감지해야 하므로 계속 반복합니다.

2. 아날로그 A0 핀에 연결된 조이스틱의 X축 입력값이 300보다 작다면 디지털 11번 핀에 연결된 빨간색 LED를 켜고, '빨간LED_켜짐' 모양으로 바꿉니다.

3. 아날로그 A0 핀에 연결된 조이스틱의 X축 입력값이 300보다 크거나 같다면 디지털 11번 핀에 연결된 빨간색 LED를 끄고, '빨간LED_꺼짐' 모양으로 바꿉니다.

노란LED

크기 56.5

방향(°) 0°

이동 방향(°) 90°

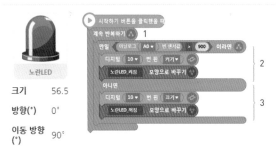

1. 조이스틱 상태를 계속 감지해야 하므로 반복합니다.

2. 아날로그 A0 핀에 연결된 조이스틱의 X축 입력값이 900보다 크면 디지털 10번 핀에 연결된 노란색 LED를 켜고, '노란LED_켜짐' 모양으로 바꿉니다.

3. 아날로그 A0 핀에 연결된 조이스틱의 X축 입력값이 900보다 작거나 같다면 디지털 10번 핀에 연결된 노란색 LED를 끄고, '노란LED_꺼짐' 모양으로 바꿉니다.

나비가 움직여요 – 아두이노 코딩

조이스틱을 왼쪽으로 움직이면 빨간색 LED가 켜집니다. 조이스틱을 오른쪽으로 움직이면 노란색 LED가 켜집니다. 조이스틱을 위쪽으로 움직이면 파란색 LED가 켜집니다. 조이스틱을 아래쪽으로 움직이면 초록색 LED가 켜집니다.

스위치를 누르면 빨간색 LED, 노란색 LED, 파란색 LED, 초록색 LED가 전부 켜지고 스위치를 떼면 전부 꺼집니다.

[/chapter06/joystick_ex01.ino]

	코드	설명
1	`int joystick_x = A0;`	1. 조이스틱의 X축을 아날로그 A0 핀으로 정합니다.
2	`int joystick_y = A1;`	2. 조이스틱의 Y축을 아날로그 A1 핀으로 정합니다.
3	`int joystick_sw = 7;`	3. 조이스틱의 스위치를 디지털 7번 핀으로 정합니다.
4	`int led_blue = 13;`	4. 파란색 LED를 디지털 13번 핀으로 정합니다.
5	`int led_green = 12;`	5. 초록색 LED를 디지털 12번 핀으로 정합니다.
6	`int led_red = 11;`	6. 빨간색 LED를 디지털 11번 핀으로 정합니다.
7	`int led_yellow = 10;`	7. 노란색 LED를 디지털 10번 핀으로 정합니다.
	`void setup() {`	
8	`  pinMode(joystick_sw, INPUT_PULLUP);`	8. 조이스틱의 스위치를 풀업 입력 모드로 정합니다.
9	`  pinMode(led_blue, OUTPUT);`	9. 파란색 LED를 출력 모드로 정합니다.
10	`  pinMode(led_green, OUTPUT);`	10. 초록색 LED를 출력 모드로 정합니다.
11	`  pinMode(led_red, OUTPUT);`	11. 빨간색 LED를 출력 모드로 정합니다.
12	`  pinMode(led_yellow, OUTPUT);`	12. 노란색 LED를 출력 모드로 정합니다.
	`}`	
13	`void loop() {`	13. 반복합니다.
14	`  int x = analogRead(joystick_x);`	14. 조이스틱의 X축 입력값을 x 변수에 저장합니다.
15	`  int y = analogRead(joystick_y);`	15. 조이스틱의 Y축 입력값을 y 변수에 저장합니다.
16	`  int sw = digitalRead(joystick_sw);`	16. 조이스틱의 스위치 입력값을 sw 변수에 저장합니다.
17	`  if(x < 300)` `  {`	17. 조이스틱의 X축 입력값이 300보다 작으면
18	`    digitalWrite(led_red, HIGH);` `  }`	18. 빨간색 LED를 켭니다.
19	`  else` `  {`	19. 조이스틱의 X축 입력값이 300보다 크거나 같으면
20	`    digitalWrite(led_red, LOW);` `  }`	20. 빨간색 LED를 끕니다.

```
21    if(x > 900)
      {
22      digitalWrite(led_yellow, HIGH);
      }
23    else
      {
24      digitalWrite(led_yellow, LOW);
      }

25    if(y < 300)
      {
26      digitalWrite(led_blue, HIGH);
      }
27    else
      {
28      digitalWrite(led_blue, LOW);
      }

29    if(y > 900)
      {
30      digitalWrite(led_green, HIGH);
      }
31    else
      {
32      digitalWrite(led_green, LOW);
      }

33    if(sw == HIGH)
      {
34      digitalWrite(led_red, LOW);
35      digitalWrite(led_yellow, LOW);
36      digitalWrite(led_green, LOW);
37      digitalWrite(led_blue, LOW);
      }
38    else
      {
39      digitalWrite(led_red, HIGH);
40      digitalWrite(led_yellow, HIGH);
41      digitalWrite(led_green, HIGH);
42      digitalWrite(led_blue, HIGH);
      }
    }
```

21. 조이스틱의 X축 입력값이 900보다 크면

22. 노란색 LED를 켭니다.

23. 조이스틱의 X축 입력값이 900보다 작거나 같으면

24. 노란색 LED를 끕니다.

25. 조이스틱의 Y축 입력값이 300보다 작으면

26. 파란색 LED를 켭니다.

27. 조이스틱의 Y축 입력값이 300보다 크거나 같으면

28. 파란색 LED를 끕니다.

29. 조이스틱의 Y축 입력값이 900보다 크면

30. 초록색 LED를 켭니다.

31. 조이스틱의 Y축 입력값이 900보다 작거나 같으면

32. 초록색 LED를 끕니다.

33. 조이스틱의 스위치가 누른 상태가 아니라면

34. 빨간색 LED를 끕니다.
35. 노란색 LED를 끕니다.
36. 초록색 LED를 끕니다.
37. 파란색 LED를 끕니다.

38. 조이스틱의 스위치를 누르면

39. 빨간색 LED를 켭니다.
40. 노란색 LED를 켭니다.
41. 초록색 LED를 켭니다.
42. 파란색 LED를 켭니다.

8번에 조이스틱의 스위치를 풀업 입력으로 정했기 때문에 버튼을 눌렀을 때 LOW 값을 가집니다(플로팅 현상, 127 페이지 참고)

엔트리	아두이노

빨간LED

```
시작하기 버튼을 클릭했을 때
계속 반복하기 ⟳  13
만일  아날로그  A0 ▼  번 센서값  <  300  이라면 ⟳  17
   디지털  11 ▼  번 핀  켜기 ▼  ⟳  18
   빨간LED_켜짐  모양으로 바꾸기
아니면  19
   디지털  11 ▼  번 핀  끄기 ▼  ⟳  20
   빨간LED_꺼짐  모양으로 바꾸기
```

노란LED

```
시작하기 버튼을 클릭했을 때
계속 반복하기 ⟳  13
만일  아날로그  A0 ▼  번 센서값  <  900  이라면 ⟳  21
   디지털  10 ▼  번 핀  켜기 ▼  ⟳  22
   노란LED_켜짐  모양으로 바꾸기
아니면  23
   디지털  10 ▼  번 핀  끄기 ▼  ⟳  24
   노란LED_꺼짐  모양으로 바꾸기
```

파란LED

```
시작하기 버튼을 클릭했을 때
계속 반복하기 ⟳  13
만일  아날로그  A1 ▼  번 센서값  <  300  이라면 ⟳  25
   디지털  13 ▼  번 핀  켜기 ▼  ⟳  26
   파란LED_켜짐  모양으로 바꾸기
아니면  27
   디지털  13 ▼  번 핀  끄기 ▼  ⟳  28
   파란LED_꺼짐  모양으로 바꾸기
```

초록LED

```
시작하기 버튼을 클릭했을 때
계속 반복하기 ⟳  13
만일  아날로그  A1 ▼  번 센서값  >  900  이라면 ⟳  29
   디지털  12 ▼  번 핀  켜기 ▼  ⟳  30
   초록LED_켜짐  모양으로 바꾸기
아니면  31
   디지털  12 ▼  번 핀  끄기 ▼  ⟳  32
   초록LED_꺼짐  모양으로 바꾸기
```

```
1   int joystick_x = A0;
2   int joystick_y = A1;
3   int joystick_sw = 7;
4   int led_blue = 13;
5   int led_green = 12;
6   int led_red = 11;
7   int led_yellow = 10;

    void setup() {
8     pinMode(joystick_sw, INPUT_PULLUP);
9     pinMode(led_blue, OUTPUT);
10    pinMode(led_green, OUTPUT);
11    pinMode(led_red, OUTPUT);
12    pinMode(led_yellow, OUTPUT);
    }

13  void loop() {
14    int x = analogRead(joystick_x);
15    int y = analogRead(joystick_y);
16    int sw = digitalRead(joystick_sw);

17    if(x < 300)
      {
18      digitalWrite(led_red, HIGH);
      }
19    else
      {
20      digitalWrite(led_red, LOW);
      }

21    if(x > 900)
      {
22      digitalWrite(led_yellow, HIGH);
      }
23    else
      {
24      digitalWrite(led_yellow, LOW);
      }
```

```
25    if(y < 300)
      {
26      digitalWrite(led_blue, HIGH);
      }
27    else
      {
28      digitalWrite(led_blue, LOW);
      }

29    if(y > 900)
      {
30      digitalWrite(led_green, HIGH);
      }
31    else
      {
32      digitalWrite(led_green, LOW);
      }

33    if(sw == HIGH)
      {
34     digitalWrite(led_red, LOW);
35     digitalWrite(led_yellow, LOW);
36     digitalWrite(led_green, LOW);
37     digitalWrite(led_blue, LOW);
      }
38    else
      {
39     digitalWrite(led_red, HIGH);
40     digitalWrite(led_yellow, HIGH);
41     digitalWrite(led_green, HIGH);
42     digitalWrite(led_blue, HIGH);
      }
    }
```

6-8. 소리 감지 센서

실생활 속에서 소리의 크기를 감지하여 자동으로 동작하는 시스템들이 있습니다. 음악 소리에 반응하는 화려한 조명과 미러볼, 박수 소리에 동작하는 자동차 로봇, 소음 측정기, 영상 및 소리 녹화 기기 등 소리 감지 센서는 소리를 감지해야 하는 다양한 전자제품에서 사용되고 있습니다.

6-8-1. 센서의 이해

1) 원리가 궁금해요

소리 감지 센서는 주변의 소리를 마이크로 모아 소리의 크기를 측정하는 센서입니다. 마이크로 소리가 입력될 때 소리의 정보를 전기적 신호로 변환하여 입력받는 원리를 이용한 것으로 이 책에서 사용하는 소리 감지 센서는 음의 높낮이의 정보가 아니라 소리의 크기를 의미합니다.

소리 → 마이크 → 전기신호

그림 6-32 소리 감지 센서의 원리

2) 어떻게 생겼을까요?

소리 감지 센서는 VCC, GND, OUT 핀으로 3개의 리드선이 있으며, 소리 감지 센서 부분과 소리 감도를 조절하기 위한 가변저항으로 구성돼 있습니다.

소리 감지 센서는 OUT 단자가 하나인 모듈도 있고 디지털 출력 단자 (DO)와 아날로그 출력 단자(AO) 두 개로 나누어져 있는 센서도 있습니다. 이 책에서는 OUT 단자가 하나인 소리 감지 센서를 사용해 실습해 보겠습니다.

큰 소리가 났는지 여부의 정보만 측정하므로 소리가 잘 감지되지 않을 경우 감도 조절 가변저항을 이용해 감도를 조절할 수 있습니다.

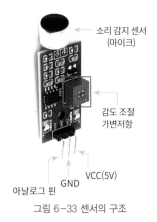

소리 감지 센서
(마이크)

감도 조절
가변저항

아날로그 핀   GND   VCC(5V)

그림 6-33 센서의 구조

3) 어디에 사용되나요?

마이크	소음 측정기	영상 및 소리 녹화 기기

6-8-2. 프로젝트 – 회로를 구성해 보아요

소리 감지 센서값에 따라 각각의 색상 LED가 순서대로 켜지고 꺼지는 프로그램을 만들어 봅시다.

1) 무엇을 준비할까요?

아두이노 Uno	브레드보드	소리 감지 센서	LED	점퍼선 (수수)	점퍼선 (암수)	저항 (220Ω)

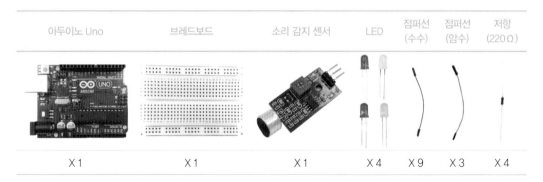

X 1	X 1	X 1	X 4	X 9	X 3	X 4

2) 회로를 구성해 보아요

명칭	아두이노 연결 위치
소리 감지 센서 VCC	5V
소리 감지 센서 GND	GND
소리 감지 센서 OUT	아날로그 A0 핀
파란색 LED +극	디지털 13번 핀

명칭	아두이노 연결 위치
초록색 LED +극	디지털 12번 핀
빨간색 LED +극	디지털 11번 핀
노란색 LED +극	디지털 10번 핀
각 LED −극	GND

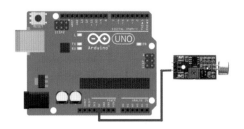

01. 소리 감지 센서의 VCC로 표기된 리드선과 아두이노 보드의 5V를 (암수)점퍼선으로 연결합니다.

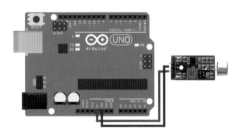

02. 소리 감지 센서의 GND로 표기된 리드선과 아두이노 보드의 GND를 (암수)점퍼선으로 연결합니다.

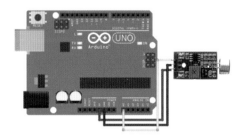

03. 소리 감지 센서의 OUT으로 표기된 리드선과 아두이노 보드의 아날로그 A0 핀을 (암수)점퍼선으로 연결합니다.

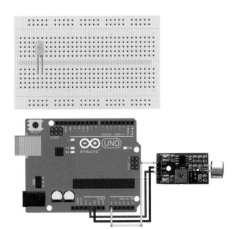

04. 브레드보드에 파란색 LED를 가로 방향으로 꽂습니다.

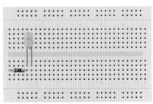

05. 브레드보드에 저항을 꽂습니다. 저항은 LED의 리드선 길이가 긴 쪽(+)과 짧은 쪽(−) 중 한 곳과 연결해 꽂아야 합니다.

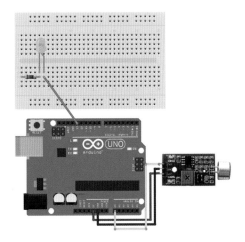

06. 파란색 LED의 (+)극과 아두이노 보드의 디지털 13번 핀을 점퍼선으로 연결합니다.

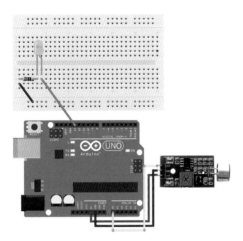

07. 파란색 LED의 (−)극과 연결된 저항의 다른 한쪽 리드
선과 브레드보드의 버스띠 영역을 점퍼선으로 연결합
니다.

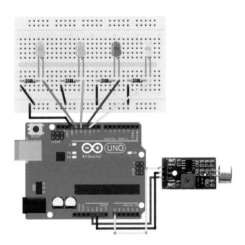

08. 04~07번 순서대로 초록색 LED를 디지털 12번 핀, 빨간
색 LED를 디지털 11번 핀, 노란색 LED를 디지털 10번
핀에 연결한 후 브레드보드의 버스띠 영역과 아두이노
보드의 GND를 점퍼선으로 연결합니다.

그림 6-34 회로 완성 사진

6-8-3. 프로젝트 - 코딩해 보아요

소리는 아날로그 신호값을 가지지만 큰 소리가 났는지 여부의 정보만 측정되므로 회로를 구성할 때 디지털 핀에 연결하여 소리 정보를 HIGH 또는 LOW 값으로 입력받을 수 있습니다.

또한 아날로그 핀에 연결하면 큰 소리가 났는지 기준이 되는 값(임계값)으로 analogRead() 함수를 사용해 0~1023 범위의 값으로 입력받습니다.

이 책에서는 소리의 크기를 아날로그 핀에 연결하여 실습해 보겠습니다.

LED는 소리 감지 센서값에 따라 켜고 끄는 디지털 출력을 해야 하므로 회로를 구성할 때는 디지털 핀인 0~13번에 연결하고 digitalWrite() 함수를 사용해 코드를 작성합니다.

프로젝트 미리 보기: http://bit.ly/33J2Lel

코드 보기: http://bit.ly/31s7uQf

작동 영상 보기

소리로 LED 켜기 - 엔트리 코딩

큰 소리가 감지될 때마다 카운트를 셉니다.

첫 번째 소리를 감지하면 켜져 있던 LED가 꺼지고, 파란색 LED가 켜집니다. 두 번째 소리를 감지하면 켜져 있던 LED가 꺼지고, 초록색 LED가 켜집니다. 세 번째 소리를 감지하면 켜져 있던 LED가 꺼지고, 빨간색 LED가 켜집니다. 네 번째 소리를 감지하면 켜져 있던 LED가 꺼지고 노란색 LED가 켜집니다.

즉 큰 소리가 감지될 때마다 파란색 LED, 초록색 LED, 빨간색 LED, 노란색 LED가 순서대로 켜지고 꺼지는 것을 반복합니다. LED 상태에 따라 LED 모양도 켜짐 모양 또는 꺼짐 모양으로 바뀝니다.

1) 오브젝트 추가

01. 오브젝트 추가하기 탭에서 '파란LED', '초록LED', '빨간LED', '노란LED', '그라데이션'을 선택해 불러옵니다.

2) 변수 만들기

소리 감지 센서값을 기억하는 변수(소리센서값)와 큰 소리가 감지될 때마다 카운트를 세어 카운트 값을 기억하는 변수(박수횟수)를 만들어 보겠습니다.

01. [속성] 탭에서 변수를 선택합니다.

02. [변수 추가하기] 버튼을 누른 다음 변수 이름을 '박수횟수'로 입력합니다.

03. [확인] 버튼을 선택합니다.

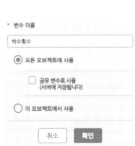

04. 같은 방법으로 '소리센서값' 변수를 생성합니다. 생성된 변수는 다음과 같습니다.

#	변수 이름	사용가능 오브젝트	기본값	최솟값	최댓값	변수 노출
1	박수횟수	전체	0			보이기
2	소리센서값	전체	0			보이기

3) 엔트리 코드 블록 조립하기

[/chapter06/소리로 LED 켜기.ent]

오브젝트	코드	설명

그라데이션

크기 375.0
방향(°) 0°
이동 방향(°) 90°

1. 주변의 소리에 의해 소리 감지 센서값이 계속 변하므로 계속 반복합니다.

2. 아날로그 A0 핀의 입력값을 '소리센서값' 변수에 저장합니다.

3. '소리센서값' 변숫값이 500보다 크다면(소리가 클 경우)

4. '박수횟수' 변숫값이 4라면 '박수횟수' 변숫값에 1을 저장합니다.

   '박수횟수' 변수는 4개의 LED를 순서대로 켜기 위한 변수로, 현재 네 번째 LED가 켜져 있다면 다시 첫 번째 LED를 켜기 위한 코드입니다.

5. '박수횟수' 변숫값이 4가 아니라면 '박수횟수' 변숫값에 1만큼 더합니다.

6. 소리 감지 센서를 0.5초 간격으로 읽어오기 위해 0.5초 기다립니다.

파란LED

크기 56.5
방향(°) 0°
이동 방향(°) 90°

1. 주변의 소리에 의해 소리 감지 센서값이 계속 변하므로 계속 반복합니다.

2. '박수횟수' 변숫값이 1이라면 디지털 13번 핀에 연결된 파란색 LED를 켜고, '파란LED_켜짐' 모양으로 바꿉니다.

3. '박수횟수' 변숫값이 1이 아니라면 디지털 13번 핀에 연결된 파란색 LED를 끄고, '파란LED_꺼짐' 모양으로 바꿉니다.

초록LED

크기 56.5

방향(°) 0°

이동 방향(°) 90°

1. 주변의 소리에 의해 소리 감지 센서값은 계속 변하므로 계속 반복합니다.

2. '박수횟수' 변숫값이 2라면 디지털 12번 핀에 연결된 초록색 LED를 켜고, '초록LED_켜짐' 모양으로 바꿉니다.

3. '박수횟수' 변숫값이 2가 아니라면 디지털 12번 핀에 연결된 초록색 LED를 끄고, '초록LED_꺼짐' 모양으로 바꿉니다.

빨간LED

크기 56.5

방향(°) 0°

이동 방향(°) 90°

1. 주변의 소리에 의해 소리 감지 센서값은 계속 변하므로 계속 반복합니다.

2. '박수횟수' 변숫값이 3이라면 디지털 11번 핀에 연결된 빨간색 LED를 켜고, '빨간LED_켜짐' 모양으로 바꿉니다.

3. '박수횟수' 변숫값이 3이 아니라면 디지털 11번 핀에 연결된 빨간색 LED를 끄고, '빨간LED_꺼짐' 모양으로 바꿉니다.

노란LED

크기 56.5

방향(°) 0°

이동 방향(°) 90°

1. 주변의 소리에 의해 소리 감지 센서값은 계속 변하므로 계속 반복합니다.

2. '박수횟수' 변숫값이 4라면 디지털 10번 핀에 연결된 노란색 LED를 켜고, '노란LED_켜짐' 모양으로 바꿉니다.

3. '박수횟수' 변숫값이 4가 아니라면 디지털 10번 핀에 연결된 노란색 LED를 끄고, '노란LED_꺼짐' 모양으로 바꿉니다.

∞ ARDUINO 소리로 LED 켜기 - 아두이노 코딩

큰 소리가 감지될 때마다 카운트를 셉니다.

첫 번째 소리를 감지하면 켜져 있던 LED가 꺼지고 파란색 LED가 켜집니다. 두 번째 소리를 감지하면 켜져 있던 LED가 꺼지고 초록색 LED가 켜집니다. 세 번째 소리를 감지하면 켜져 있던 LED가 꺼지고 빨간색 LED가 켜집니다. 네 번째 소리를 감지하면 켜져 있던 LED가 꺼지고 노란색 LED가 켜집니다.

큰 소리가 감지될 때마다 파란색 LED, 초록색 LED, 빨간색 LED, 노란색 LED가 순서대로 켜지고 꺼지기를 반복합니다.

[예제 1]은 조건문을 사용하여 소리 감지 횟수에 따라 LED가 켜지고 꺼지는 예제이며 [예제 2]는 반복문을 사용하여 소리 감지 횟수에 따라 LED가 켜지고 꺼지는 예제입니다. 두 개의 코드는 같은 동작을 합니다.

다만 제어해야 하는 LED의 개수가 많다면 조건문보다는 반복문이 좀 더 효율적입니다. 예를 들어 LED의 개수가 10개라면 [예제 1] 코드는 조건문을 10개 추가해야 하지만 [예제 2] 코드는 반복횟수만 변경하면 되기 때문입니다.

【 예제 1. 조건문(if문) 사용 】

[/chapter06/sound_ex01.ino]

코드	설명
1 int led_blue = 13;	1. 파란색 LED를 디지털 13번 핀으로 정합니다.
2 int led_green = 12;	2. 초록색 LED를 디지털 12번 핀으로 정합니다.
3 int led_red = 11;	3. 빨간색 LED를 디지털 11번 핀으로 정합니다.
4 int led_yellow = 10;	4. 노란색 LED를 디지털 10번 핀으로 정합니다.
5 int count = 0;	5. 큰 소리가 감지될 때마다 횟수를 세기 위한 변수를 만듭니다.
void setup() {	
6 pinMode(led_blue, OUTPUT);	6. 파란색 LED를 출력 모드로 정합니다.
7 pinMode(led_green, OUTPUT);	7. 초록색 LED를 출력 모드로 정합니다.
8 pinMode(led_red, OUTPUT);	8. 빨간색 LED를 출력 모드로 정합니다.
9 pinMode(led_yellow, OUTPUT);	9. 노란색 LED를 출력 모드로 정합니다.
}	
10 void loop() {	10. 반복합니다.
11 int sound_val = analogRead(A0);	11. 아날로그 A0 핀에 연결된 소리 감지 센서값을 sound_val 변수에 저장합니다.
12 if(sound_val > 500) {	12. sound_val 변숫값이 500보다 크다면(소리 크기가 큰 경우)
13 if(count == 4) {	13. 큰소리 감지 횟수가 4이면
14 count = 1; }	14. count 변수에 1을 저장합니다. 4개의 LED를 순서대로 켜기 위한 것으로 현재 네 번째 LED가 켜져 있다면 다시 첫 번째 LED를 켜기 위한 코드입니다.
15 else {	15. 큰소리 감지 횟수가 4가 아니면
16 count = count + 1; }	16. count 변수에 1만큼 더합니다.

```
17      if(count ==  1)
        {
18          digitalWrite(led_blue, HIGH);
        }
19      else
        {
20          digitalWrite(led_blue, LOW);
        }

21      if(count ==  2)
        {
22          digitalWrite(led_green, HIGH);
        }
23      else
        {
24          digitalWrite(led_green, LOW);
        }

25      if(count ==  3)
        {
26          digitalWrite(led_red, HIGH);
        }
27      else
        {
28          digitalWrite(led_red, LOW);
        }

29      if(count ==  4)
        {
30          digitalWrite(led_yellow, HIGH);
        }
31      else
        {
32          digitalWrite(led_yellow, LOW);
        }

33      delay(500);
    }
}
```

17. 큰소리 감지 횟수가 1이면

18. 파란색 LED를 켭니다.

19. 큰소리 감지 횟수가 1이 아니라면

20. 파란색 LED를 끕니다.

21. 큰소리 감지 횟수가 2이면

22. 초록색 LED를 켭니다.

23. 큰소리 감지 횟수가 2가 아니라면

24. 초록색 LED를 끕니다.

25. 큰소리 감지 횟수가 3이면

26. 빨간색 LED를 켭니다.

27. 큰소리 감지 횟수가 3이 아니라면

28. 빨간색 LED를 끕니다.

29. 큰소리 감지 횟수가 4이면

30. 노란색 LED를 켭니다.

31. 큰소리 감지 횟수가 4가 아니라면

32. 노란색 LED를 끕니다.

33. 0.5초 기다립니다.

【 예제 2. 반복문(for문)과 배열 사용 】

[/chapter06/sound_ex02.ino]

코드	설명

1 `int led[4] = {13, 12, 11, 10};`
2 `int count = 0;`
 	
`void setup() {`
3   `for(int i = 0; i < 4; i++)`
    `pinMode(led[i], OUTPUT);`
`}`
	1. LED를 연결한 디지털 13, 12, 11, 10번 핀을 배열에 저장합니다.
	2. 큰 소리가 감지될 때마다 횟수를 세기 위한 변수를 만듭니다.
	3. LED를 연결한 디지털 13, 12, 11, 10번 핀을 출력 모드로 정합니다.

4 `void loop() {`
5   `int sound_val = analogRead(A0);`
 	
6   `if(sound_val > 500)`
  `{`
7   `if(count == 4)`
   `{`
8   `count = 1;`
   `}`
9   `else`
   `{`
10   `count = count + 1;`
   `}`
	4. 반복합니다.
	5. 아날로그 A0 핀에 연결된 소리 감지 센서값을 sound_val 변수에 저장합니다.
	6. sound_val 변숫값이 500보다 크다면(소리 크기가 큰 경우)
	7. 큰소리 감지 횟수가 4이면
	8. count 변수에 1을 저장합니다.
	  4개의 LED를 순서대로 켜기 위한 것으로, 현재 네 번째 LED가 켜져 있다면 다시 첫 번째 LED를 켜기 위한 코드입니다.
	9. 큰소리 감지 횟수가 4가 아니면
	10. count 변수에 1만큼 더합니다.

11   `for(int i = 1; i <= 4; i++)`
  `{`
12   `if(i == count)`
   `{`
13   `digitalWrite(led[i-1], HIGH);`
   `}`
14   `else`
   `{`
15   `digitalWrite(led[i-1], LOW);`
   `}`
  `}`
16   `delay(500);`
  `}`
`}`
	11. 4개의 LED를 제어하기 위해서 1부터 4까지 1만큼 더하면서 반복합니다.
	12. 반복되는 횟수와 큰소리 감지 횟수와 같다면
	13. LED를 연결한 디지털 13, 12, 11, 10번(배열) 핀 중 [큰소리 감지 횟수 −1] 위치에 있는 디지털 핀의 LED를 켭니다. 반복은 1부터 시작하고 배열은 0부터 시작하므로 −1을 합니다.
	14. 반복되는 횟수와 큰소리 감지 횟수와 같지 않다면
	15. LED를 끕니다.
	
	16. 0.5초 기다립니다.

엔트리	아두이노

그라데이션

```
시작하기 버튼을 클릭했을 때
계속 반복하기 ⟳ 10
  소리센서값▼ 를 아날로그 A0▼ 변환센서값 로 정하기 ⟳   11
  만일 소리센서값▼ 값 > 500 이라면 ⟳             12
  만일 박수횟수▼ 값 = 4 이라면 ⟳                   13
    박수횟수▼ 를 1 로 정하기                         14
  아니면                                          15
    박수횟수▼ 에 1 만큼 더하기                        16
  0.5 초 기다리기 ⟳                                33
```

파란LED

```
시작하기 버튼을 클릭했을 때
계속 반복하기 ⟳ 10
  만일 박수횟수▼ 값 = 1 이라면 ⟳                    17
    디지털 13▼ 번 핀 커기▼ ⟳                       18
    파란LED_켜짐 모양으로 바꾸기 ⟳
  아니면                                          19
    디지털 13▼ 번 핀 끄기▼ ⟳                        20
    파란LED_꺼짐 모양으로 바꾸기 ⟳
```

초록LED

```
시작하기 버튼을 클릭했을 때
계속 반복하기 ⟳ 10
  만일 박수횟수▼ 값 = 2 이라면 ⟳                    21
    디지털 12▼ 번 핀 커기▼ ⟳                       22
    초록LED_켜짐 모양으로 바꾸기 ⟳
  아니면                                          23
    디지털 12▼ 번 핀 끄기▼ ⟳                        24
    초록LED_꺼짐 모양으로 바꾸기 ⟳
```

빨간LED

```
시작하기 버튼을 클릭했을 때
계속 반복하기 ⟳ 10
  만일 박수횟수▼ 값 = 3 이라면 ⟳                    25
    디지털 11▼ 번 핀 커기▼ ⟳                       26
    빨간LED_켜짐 모양으로 바꾸기 ⟳
  아니면                                          27
    디지털 11▼ 번 핀 끄기▼ ⟳                        28
    빨간LED_꺼짐 모양으로 바꾸기 ⟳
```

노란LED

```
시작하기 버튼을 클릭했을 때
계속 반복하기 ⟳ 10
  만일 박수횟수▼ 값 = 4 이라면 ⟳                    29
    디지털 10▼ 번 핀 커기▼ ⟳                       30
    노란LED_켜짐 모양으로 바꾸기 ⟳
  아니면                                          31
    디지털 10▼ 번 핀 끄기▼ ⟳                        32
    노란LED_꺼짐 모양으로 바꾸기 ⟳
```

```
1   int led_blue = 13;
2   int led_green = 12;
3   int led_red = 11;
4   int led_yellow = 10;
5   int count = 0;

    void setup() {
6     pinMode(led_blue, OUTPUT);
7     pinMode(led_green, OUTPUT);
8     pinMode(led_red, OUTPUT);
9     pinMode(led_yellow, OUTPUT);
    }

10  void loop() {
11    int sound_val = analogRead(A0);

12    if(sound_val > 500)
      {
13      if(count == 4)
        {
14        count = 1;
        }
15      else
        {
16        count  = count + 1;
        }

17      if(count ==  1)
        {
18        digitalWrite(led_blue, HIGH);
        }
19      else
        {
20        digitalWrite(led_blue, LOW);
        }

21      if(count ==  2)
        {
22        digitalWrite(led_green, HIGH);
        }
```

```
23        else
          {
24          digitalWrite(led_green, LOW);
          }

25        if(count ==  3)
          {
26          digitalWrite(led_red, HIGH);
          }
27        else
          {
28          digitalWrite(led_red, LOW);
          }

29        if(count ==  4)
          {
30          digitalWrite(led_yellow, HIGH);
          }
31        else
          {
32          digitalWrite(led_yellow, LOW);
          }

33        delay(500);
        }
      }
```

6-9. 빗물 감지 센서(우적 센서)

비가 오는 날 운전할 때는 강우량에 따라 자동차의 와이퍼 속도를 조절해야 합니다. 운전하면서 와이퍼의 움직임이나 속도를 조절해야 한다면 불편할 수도 있고, 위험할 수도 있습니다. 빗물 감지 센서는 이런 문제점을 보완하여 운전자가 별도로 조작하지 않더라도 빗물의 양을 감지해서 와이퍼의 속도나 작동 시간을 자동으로 제어하는 데 활용되고 있습니다.

또한 농작물을 재배하기 위한 비닐하우스에서도 빗물 감지 센서를 활용해 날씨에 따라 자동으로 비닐하우스 문을 여닫는 데 활용하고 있습니다.

6-9-1. 센서의 이해

1) 원리가 궁금해요

빗물 감지 센서(우적 센서)는 빗물을 감지해 센서에 빗물이 묻은 양을 측정하는 센서입니다. 니켈로 도금된 센서의 기판에서 빗물을 감지합니다. 물은 전기가 잘 통하는 전도체입니다. 빗물이 없을 때는 니켈로 구성된 판이 떨어져 있어서 전류가 흐르지 않다가 빗물이 기판에 떨어지면 전류가 흐르게 됩니다. 이때 빗물과 접한 면적이 클수록 전류량이 많아지며 저항값은 작아집니다. 즉, 전류량(전압) 값의 변화는 저항값의 변화를 의미하는데 물이 얼마나 묻었는지를 알 수 있는 아날로그 값과 물이 일정량 이상 묻었는지 안 묻었는지를 판단하는 디지털 값으로 측정됩니다.

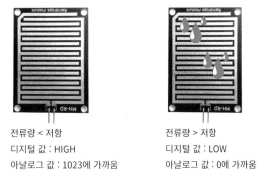

전류량 < 저항
디지털 값 : HIGH
아날로그 값 : 1023에 가까움

전류량 > 저항
디지털 값 : LOW
아날로그 값 : 0에 가까움

그림 6-35 빗물 감지 센서의 원리

2) 어떻게 생겼을까요?

빗물 감지 센서는 센서부와 센서 모듈로 분리돼 있습니다. 센서부는 빗물이 닿는 곳으로 센서에 빗물이 묻은 양을 감지하는 부분입니다.

센서 모듈에는 센서부와 연결하는 2개의 리드선과 AO, DO, VCC, GND 핀으로 4개의 리드선이 있습니다. AO는 빗물 양을 측정하여 아날로그 신호값으로 출력하고 DO는 빗물이 일정량 이상 묻었는지 여부를 디지털 신호값으로 출력합니다. 그러므로 알고자 하는 정보에 따라 두 곳 또는 한 곳의 리드선에만 연결하여 사용할 수 있습니다. 또한 감도 조절 가변저항이 있어서 센서부의 감도를 조절할 수 있습니다.

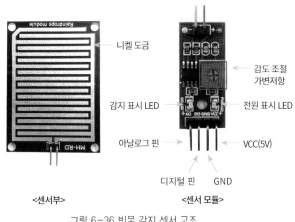

니켈 도금

감도 조절 가변저항

감지 표시 LED

전원 표시 LED

아날로그 핀

VCC(5V)

디지털 핀   GND

<센서부>   <센서 모듈>

그림 6-36 빗물 감지 센서 구조

빗물 감지 센서는 빗물이 닿은 후 마르기 전까지는 묻어 있는 빗물 때문에 계속 비가 오는 것으로 인식하므로 물이 흐르도록 비스듬히 기울여 놓고 테스트를 해야 정확한 값을 입력받을 수 있습니다.

3) 어디에 사용되나요?

자동차 와이퍼	비닐하우스	건조 관련 기기	날씨 예보

6-9-2. 프로젝트 – 회로를 구성해 보아요

빗물 감지 센서값에 따라 빨간색 LED를 켜고 끄는 프로그램을 만들어 봅시다.

1) 무엇을 준비할까요?

아두이노 Uno	브레드보드	빗물 감지 센서	LED	점퍼선 (수수)	점퍼선 (암수)	점퍼선 (암암)	저항 (220Ω)
X 1	X 1	X 1	X 1	X 2	X 3	X 2	X 1

2) 회로를 구성해 보아요

명칭	아두이노 연결 위치
빗물 감지 센서 VCC	5V
빗물 감지 센서 GND	GND
빗물 감지 센서 A0	아날로그 A0 핀
빨간색 LED +극	디지털 13번 핀
빨간색 LED −극	GND

01. 빗물 감지 센서의 센서부와 센서 모듈을 (암 암)점퍼선으로 연결합니다.

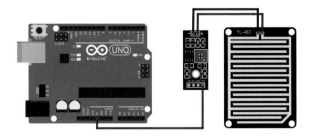

02. 센서 모듈의 VCC로 표기된 리드선과 아두 이노 보드의 5V를 (암수)점퍼선으로 연결 합니다.

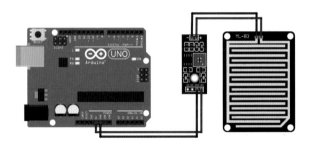

03. 센서 모듈의 GND로 표기된 리드선과 아두 이노 보드의 GND를 (암수)점퍼선으로 연 결합니다.

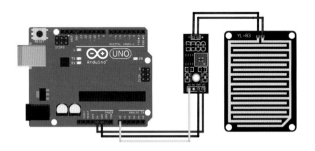

04. 센서 모듈의 AO로 표기된 리드선과 아두이 노 보드의 아날로그 A0 핀을 (암수)점퍼선 으로 연결합니다.

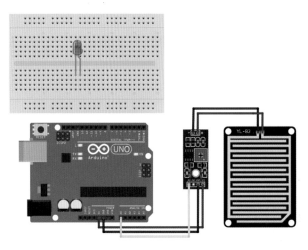

05. 브레드보드에 빨간색 LED를 가로 방향으로 꽂습니다.

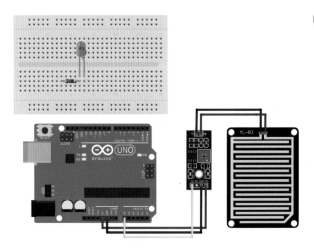

06. 브레드보드에 저항을 꽂습니다.

저항은 LED의 리드선 길이가 긴 쪽(+)과 짧은 쪽(−) 중 한 곳과 연결해 꽂아야 합니다.

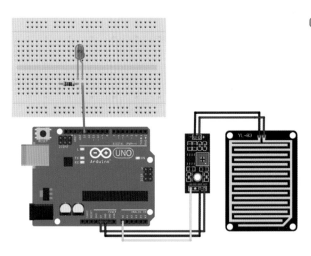

07. 빨간색 LED의 (+)극과 아두이노 보드의 디지털 13번 핀을 점퍼선으로 연결합니다.

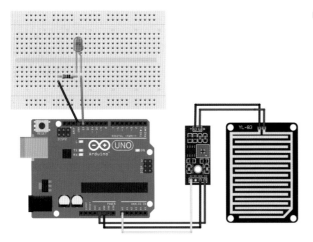

08. 빨간색 LED의 (−)극과 연결된 저항의 다른 한쪽 리드선과 아두이노 보드의 GND를 점퍼선으로 연결합니다.

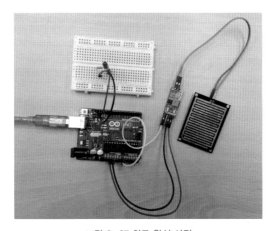

그림 6−37 회로 완성 사진

6-9-3. 프로젝트 − 코딩해 보아요

아두이노는 빗물 감지 센서로부터 빗물이 묻은 정도를 아날로그 값(0~5V)으로 입력받으므로 회로를 구성할 때는 아날로그 핀인 A0~A5 핀에 연결합니다. 코드를 작성할 때는 analogRead() 함수를 사용해 빗물 감지 센서값을 0~1023 범위의 값으로 변환하여 입력받습니다. 빗물 감지 센서값은 0에 가까울수록 빗물이 많은 것을 의미하고, 1023에 가까울수록 빗물이 적은 것을 의미합니다.

LED는 빗물 감지 센서값에 따라 켜고 *끄*는 디지털 출력을 해야 하므로 회로를 구성할 때는 디지털 핀인 0~13번에 연결하고 digitalWrite() 함수를 사용해 코드를 작성합니다.

프로젝트 미리 보기: http://bit.ly/2pzSLFs

코드 보기: http://bit.ly/2o4tfrC

작동 영상 보기

 ## 비가 오면 창문을 닫아요 - 엔트리 코딩

빗물의 양이 많으면 비 오는 날씨 배경으로 바뀌고, 창문이 닫히며 빨간색 LED가 깜빡거립니다. 빗물의 양이 적거나 없으면 맑은 날씨 배경으로 바뀌고, 창문이 열리며 빨간색 LED가 꺼집니다.

1) 오브젝트 추가

01. 오브젝트 추가하기 탭에서 '빨간LED', '창문', '비(1)', '날씨' 배경을 선택해 불러옵니다.

2) 변수 만들기

빗물 감지 센서값을 기억하는 변수를 만들어 보겠습니다.

01. [속성] 탭에서 변수를 선택합니다.

02. [변수 추가하기] 버튼을 누른 다음 변수 이름을 '빗물감지센서값'으로 입력합니다.

03. [확인] 버튼을 선택합니다. 생성된 변수는 다음과 같습니다.

#	변수 이름	사용가능 오브젝트	기본값	최솟값	최댓값	변수 노출
1	빗물감지센서값	전체	0			보이기

3) 엔트리 코드 블록 조립하기

[/chapter06/비가 오면 창문을 닫아요.ent]

오브젝트	코드	설명
날씨 크기 375.0 방향(°) 0˚ 이동 방향(°) 90˚		1. 빗물 감지 센서값은 빗물의 양에 따라 계속 변하므로 계속 반복하기를 합니다. 2. 아날로그 A0 핀의 입력값을 '빗물감지센서값' 변수에 저장합니다. 3. '빗물감지센서값' 변숫값이 500보다 작으면 '날씨_비옴' 모양으로 바꿉니다. 4. '빗물감지센서값' 변숫값이 500보다 크거나 같으면 '날씨_맑음' 모양으로 바꿉니다.
빨간LED 크기 63.1 방향(°) 0˚ 이동 방향(°) 90˚	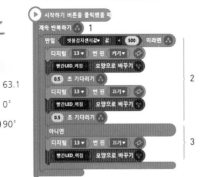	1. 빗물 감지 센서값은 빗물 양에 따라 계속 변하므로 계속 반복하기를 합니다. 2. '빗물감지센서값' 변숫값이 500보다 작으면 디지털 13번 핀에 연결된 빨간색 LED를 켜고, '빨간LED_켜짐' 모양으로 바꿉니다. 0.5초 후에 켜져 있는 빨간색 LED를 끄고, '빨간LED_꺼짐' 모양으로 바꿉니다. 즉, 빗물이 많으면 빨간색 LED가 깜빡깜빡합니다. 3. '빗물 감지 센서값' 변숫값이 500보다 크거나 같으면 디지털 13번 핀에 연결된 빨간색 LED를 끄고, '빨간LED_꺼짐' 모양으로 바꿉니다.

창문	1. 빗물 감지 센서값은 빗물의 양에 따라 계속 변하므로 계속 반복하기를 합니다. 2. '빗물감지센서값' 변숫값이 500보다 작으면 '창문_닫힘' 모양으로 바꿉니다. 3. '빗물감지센서값' 변숫값이 500보다 크거나 같으면 '창문_열림' 모양으로 바꿉니다.

크기   150.2

방향(°)   0°

이동 방향
(°)   90°

비(1)	1. 오브젝트 원본 모양을 숨깁니다. 2. 빗물 감지 센서값은 빗물의 양에 따라 계속 변하므로 계속 반복하기를 합니다. 3. '빗물감지센서값' 변숫값이 500보다 작으면 1초 간격으로 자신의 복제본을 만듭니다.

크기   100.0

방향(°)   0°

이동 방향
(°)   90°

1. 복제본이 처음 생성됐을 때 복제본의 모양을 보이게 합니다.
2. 비는 하늘에서 내려오므로 복제본의 처음 위치는 무대의 위쪽에 위치하도록 설정합니다.
3. 아래쪽 벽에 닿을 때까지 복제본을 아래로 움직입니다.
4. 아래쪽 벽에 닿으면 복제본을 삭제합니다.

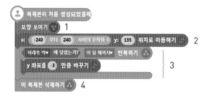 비가 오면 창문을 닫아요 – 아두이노 코딩

빗물의 양이 많으면 빨간색 LED가 깜빡깜빡합니다. 빗물의 양이 없거나 적으면 빨간색 LED가 꺼집니다.

[/chapter06/rain_ex01.ino]

	코드	설명
1	`int led_red = 13;`	1. 빨간색 LED를 디지털 13번 핀으로 정합니다.

2	`void setup() {`
	  `pinMode(led_red, OUTPUT);`
	`}`
		2. 빨간색 LED를 출력 모드로 정합니다.

```
3    void loop() {
4      int rain_val = analogRead(A0);

5      if(rain_val < 500)
       {
6        digitalWrite(led_red, HIGH);
7        delay(500);
8        digitalWrite(led_red, LOW);
9        delay(500);
       }
10     else
       {
11       digitalWrite(led_red, LOW);
       }
     }
```

3. 반복합니다.
4. 아날로그 A0 핀에 연결된 빗물 감지 센서값을 rain_val 변수에 저장합니다.
5. rain_val 변숫값이 500보다 작으면(빗물 양이 많은 경우)
6. 빨간색 LED를 켭니다.
7. 0.5초 기다립니다.
8. 빨간색 LED를 끕니다.
9. 0.5초 기다립니다.
   6 ~ 9는 LED를 깜빡거리게 하는 코드입니다.
10. rain_val 변숫값이 500보다 크거나 같으면(빗물 양이 없거나 적은 경우)
11. 빨간색 LED를 끕니다.

⊗ ARDUINO 비가 오면 창문을 닫아요 – 엔트리 vs. 아두이노

엔트리	아두이노

아두이노

```
1    int led_red = 13;

     void setup(){
2      pinMode(led_red, OUTPUT);
     }

3    void loop(){
4      int rain_val = analogRead(A0);

5      if(rain_val < 500)
       {
6        digitalWrite(led_red, HIGH);
7        delay(500);
8        digitalWrite(led_red, LOW);
9        delay(500);
       }
10     else
       {
11       digitalWrite(led_red, LOW);
       }
     }
```

6-10. 수위 센서

일상생활 속에서 편리하게 사용되는 제품 중에는 수시로 물의 양을 체크해야 하는 것들이 있습니다. 물의 양이 많아서 넘칠 수 있는 경우나 물의 양이 적어서 작동할 수 없는 경우에 램프나 소리로 알려준다면 얼마나 편리할까요?

수위 센서는 물의 높이를 측정하는 센서로, 온수 보일러나 가습기에 물이 부족할 때, 자동차 연료통의 기름이 얼마나 남았는지 알려줄 때, 물탱크나 세탁기의 물이 넘치지 않도록 하는 데 주로 사용되고 있습니다. 즉, 일상생활 속에서 급수, 배수를 제어할 때 주로 사용됩니다.

6-10-1. 센서의 이해

1) 원리가 궁금해요

수위 센서는 물의 높이를 측정하는 센서입니다. 직접 물에 닿아 높이를 측정하는 방식, 물의 압력을 이용해 수위를 측정하는 방식, 초음파를 이용해 수위를 측정하는 방식, 부력을 이용해 수위를 측정하는 방식 등 다양한 방식이 있습니다.

이 책에서는 물에 직접 닿아 높이를 측정하는 접촉식 방식을 살펴보겠습니다.

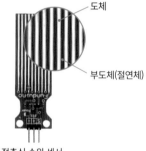

접촉식 수위 센서는 전기가 통하지 않는 절연체 위에 전기가 통하는 니켈 같은 도체가 일정한 간격으로 떨어져 있어서 전류가 흐르지 않다가 물과 접촉하면 떨어져 있던 도체가 연결돼 전류가 흐르게 됩니다.

물과 접촉하는 표면적이 넓을수록 저항값이 작아져 전류량이 많아지고, 반대로 물과 접촉하는 표면적이 좁을수록 저항값이 커져 전류량이 적어

그림 6-38 접촉식 수위 센서

집니다. 즉, 전류량(전압) 값의 변화는 저항값의 변화를 의미하는데 이러한 변화로 수위센서는 물의 높이를 측정할 수 있습니다.

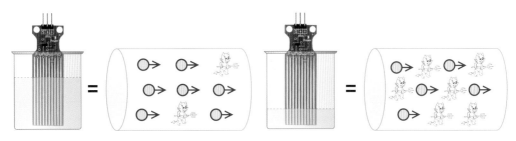

물의 접촉 면적이 넓을 때 : **저항 < 전류**   물의 접촉 면적이 좁을 때 : **저항 > 전류**

그림 6-39 접촉식 수위 센서의 원리

2) 어떻게 생겼을까요?

직사각형 모양의 절연체 위에 도체가 빗살무늬 모양으로 놓여 있습니다. 그리
고 +(5V), −(GND), S(아날로그 핀) 핀으로 3개의 리드선이 있습니다.

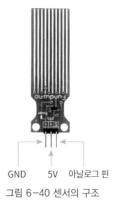

GND   5V   아날로그 핀

그림 6-40 센서의 구조

3) 어디에 사용되나요?

세탁기	보일러	댐, 하천 수위 감지기	가습기

6-10-2. 프로젝트 - 회로를 구성해 보아요

수위 센서값에 따라 물이 부족하면 초록색 LED가 켜지고 물이 많으면 빨간색 LED가 켜지는 프로그램을 만들어 봅시다.

1) 무엇을 준비할까요?

아두이노 Uno	브레드보드	수위 센서	LED	점퍼선 (수수)	점퍼선 (암수)	저항 (220Ω)
X 1	X 1	X 1	X 2	X 5	X 3	X 2

2) 회로를 구성해 보아요

명칭	아두이노 연결 위치
수위 센서 +	5V
수위 센서 -	GND
수위 센서 S	아날로그 A0핀
빨간색 LED +극	디지털 13번 핀
빨간색 LED -극	GND
초록색 LED +극	디지털 12번 핀
초록색 LED -극	GND

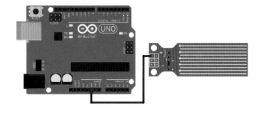

01. 수위 센서의 -로 표기된 리드선과 아두이노 보드의 GND를 (암수)점퍼선으로 연결합니다.

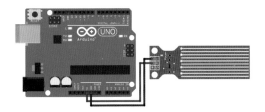

02. 수위 센서의 +로 표기된 리드선과 아두이노 보드의 5V
를 (암수)점퍼선으로 연결합니다.

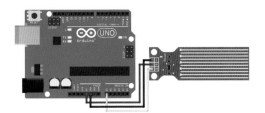

03. 수위 센서의 S로 표기된 리드선과 아두이노 보드의 아
날로그 A0 핀을 (암수)점퍼선으로 연결합니다.

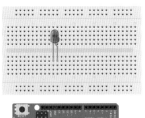

04. 브레드보드에 빨간색 LED를 가로 방향으로 꽂습니다.

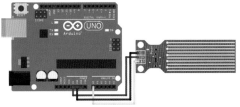

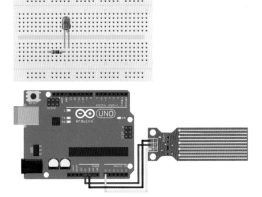

05. 브레드보드에 저항을 꽂습니다. 저항은 LED의 리드선
길이가 긴 쪽(+)과 짧은 쪽(−) 중 한 곳과 연결해 꽂
아야 합니다.

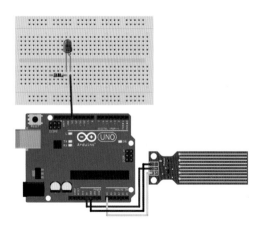

06. 빨간색 LED의 (+)극과 아두이노 보드의 디지털 13번 핀을 점퍼선으로 연결합니다.

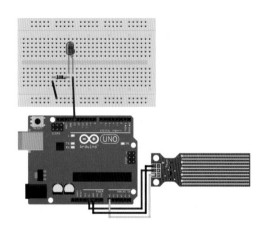

07. 빨간색 LED의 (−)극과 연결된 저항의 다른 한쪽 리드 선과 브레드보드의 버스띠 영역을 점퍼선으로 연결합니다.

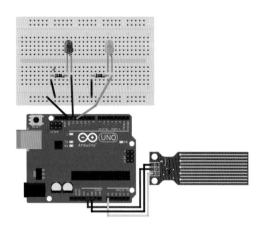

08. 04 ~ 07번 순서대로 초록색 LED를 디지털 12번 핀에 연결한 후 브레드보드의 버스 띠 영역과 아두이노 보드의 GND를 점퍼선으로 연결합니다.

그림 6-41 회로 완성 사진

6-10-3. 프로젝트 - 코딩해 보아요

아두이노는 수위 센서로부터 물의 높이를 아날로그 값(0~5V)으로 입력받으므로 회로를 구성할 때는 아날로그 핀인 A0~A5 핀에 연결합니다. 코드를 작성할 때는 analogRead() 함수를 사용해 수위 센서값을 0~1023 범위의 값으로 변환하여 입력받습니다. 수위 센서값이 0에 가까울수록 물의 접촉 면적이 좁고, 1023에 가까울수록 접촉 면적이 넓습니다.

LED는 수위 센서값에 따라 켜고 끄는 디지털 출력을 해야 하므로 회로를 구성할 때는 디지털 핀인 0~13번에 연결하고 digitalWrite() 함수를 사용해 코드를 작성합니다.

프로젝트 미리 보기: http://bit.ly/2MwUVPf

코드 보기: http://bit.ly/33JaclH

작동 영상 보기

 수위 알리미 - 엔트리 코딩

수위 센서값에 따라 비커에 채워지는 물의 양이 달라집니다.

물이 부족할 때는 초록색 LED가 켜지고, 물이 많을 때는 빨간색 LED가 켜집니다.

1) 오브젝트 추가

01. 오브젝트 추가하기 탭에서 '초록LED', '빨간LED', '비커', '풀' 배경을 선택해 불러옵니다.

2) 변수 만들기

수위 센서값을 기억하는 변수를 만들어 보겠습니다.

01. [속성] 탭에서 변수를 선택합니다.

02. [변수 추가하기] 버튼을 누른 다음 변수 이름을 '수위센서값'으로 입력합니다.

03. [확인] 버튼을 선택합니다. 생성된 변수는 다음과 같습니다.

#	변수 이름	사용가능 오브젝트	기본값	최솟값	최댓값	변수 노출
1	수위센서값	전체	0			보이기

3) 엔트리 코드 블록 조립하기

[/chapter06/수위 알리미.ent]

오브젝트	코드	설명

비커

크기	230.2
방향(°)	0°
이동 방향(°)	90°

1. 수위 센서값은 수위에 따라 계속 변하므로 계속 반복합니다.

2. 아날로그 A0 핀의 입력값을 '수위센서값' 변수에 저장합니다.

3. '수위센서값' 변숫값이 700보다 크거나 같으면 '비커_꽉찬' 모양으로 바꿉니다.

4. '수위센서값' 변숫값이 700보다 작고 400보다 크거나 같으면 '비커_중간' 모양으로 바꿉니다.

5. '수위센서값' 변숫값이 400보다 작고 100보다 크거나 같으면 '비커_조금' 모양으로 바꿉니다.

6. '수위센서값' 변숫값이 100보다 작으면 '비커_빈' 모양으로 바꿉니다.

7. 수위 센서값을 0.5초 간격으로 읽어오기 위해 0.5초 기다립니다.

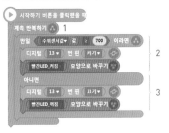

빨간LED

크기	52.0
방향(°)	0°
이동 방향(°)	90°

1. 수위 센서값은 수위에 따라 계속 변하므로 계속 반복합니다.

2. '수위센서값' 변숫값이 700보다 크거나 같으면 디지털 13번 핀에 연결된 빨간색 LED를 켜고, '빨간 LED_켜짐' 모양으로 바꿉니다(물 접촉 면적이 넓은 경우).

3. '수위센서값' 변숫값이 700보다 적으면 디지털 13번 핀에 연결된 빨간색 LED를 끄고, '빨간LED_꺼짐' 모양으로 바꿉니다.

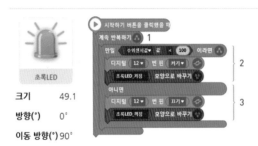

초록LED

크기 49.1

방향(°) 0°

이동 방향(°) 90°

1. 수위 센서값은 수위에 따라 계속 변하므로 계속 반복합니다.

2. '수위센서값' 변숫값이 100보다 작으면 디지털 12번 핀에 연결된 초록색 LED를 켜고, '초록LED_켜짐' 모양으로 바꿉니다(물 접촉면적이 좁은 경우).

3. '수위센서값' 변숫값이 100보다 크거나 같으면 디지털 12번 핀에 연결된 초록색 LED를 끄고, '초록LED_꺼짐' 모양으로 바꿉니다.

수위알리미 - 아두이노 코딩

수위 센서값이 적으면 초록색 LED가 켜지고, 많으면 빨간색 LED가 켜집니다.

[/chapter06/water_ex01.ino]

	코드	설명
1	`int led_red = 13;`	1. 빨간색 LED를 디지털 13번 핀으로 정합니다.
2	`int led_green = 12;`	2. 초록색 LED를 디지털 12번 핀으로 정합니다.
	`void setup() {`	
3	`  pinMode(led_red, OUTPUT);`	3. 빨간색 LED를 출력 모드로 정합니다.
4	`  pinMode(led_green, OUTPUT);`	4. 초록색 LED를 출력 모드로 정합니다.
	`}`	
5	`void loop() {`	5. 반복합니다.
6	`  int water_val = analogRead(A0);`	6. 아날로그 A0 핀에 연결된 수위 센서값을 water_val 변수에 저장합니다.
7	`  if(water_val < 100)` `  {`	7. water_val 변숫값이 100보다 작으면(물 접촉 면적이 좁은 경우)
8	`    digitalWrite(led_green, HIGH);` `  }`	8. 초록색 LED를 켭니다.
9	`  else` `  {`	9. water_val 변숫값이 100보다 크거나 같다면
10	`    digitalWrite(led_green, LOW);` `  }`	10. 초록색 LED를 끕니다.
11	`  if(water_val >= 700)` `  {`	11. water_val 변숫값이 700보다 크거나 같다면(물 접촉면적이 넓은 경우)
12	`    digitalWrite(led_red, HIGH);` `  }`	12. 빨간색 LED를 켭니다.

```
13    else
      {
14      digitalWrite(led_red, LOW);
      }
15    delay(500);
    }
```

13. water_val 변숫값이 700보다 작다면

14. 빨간색 LED를 끕니다.

15. 0.5초 간격으로 수위 센서값을 읽어 오기 위해 0.5초 기다립니다.

수위알리미 – 엔트리 vs. 아두이노

엔트리	아두이노

```
1   int led_red = 13;
2   int led_green = 12;

    void setup() {
3     pinMode(led_red, OUTPUT);
4     pinMode(led_green, OUTPUT);
    }

5   void loop() {
6     int water_val = analogRead(A0);

7     if(water_val < 100)
      {
8       digitalWrite(led_green, HIGH);
      }
9     else
      {
10      digitalWrite(led_green, LOW);
      }

11    if(water_val >= 700)
      {
12      digitalWrite(led_red, HIGH);
      }
13    else
      {
14      digitalWrite(led_red, LOW);
      }
15    delay(500);
    }
```

6-11. 터치 센서

최근에는 키패드 방식의 시스템이 터치스크린 시스템으로 대체돼 가고 있습니다. 대표적인 것이 스마트폰, 태블릿 PC 등의 모바일 기기입니다. 또한, 현금자동인출기(ATM), 영화관, 주차장 등의 자동발권기나 공공장소에서 정보를 제공하는 키오스크 기기, 게임기 등도 손가락으로 직접 터치하여 입력하는 방식으로 바뀌고 있습니다. 터치스크린은 단순하면서 누구나 사용할 수 있어 주목받는 입력 장치로 일상생활에 활용되고 있습니다.

6-11-1. 센서의 이해

1) 원리가 궁금해요

터치 센서는 크게 정전식과 감압식 두 가지 방식이 있습니다.

정전식 터치 센서는 사람이 가지고 있는 정전기를 이용한 방식입니다. 접촉되는 부분에 적은 양의 전류가 흐르고, 손가락으로 이를 터치하게 되면 흐르던 전류가 손가락으로 이동하면서 센서가 터치를 감지하는 방식입니다. 이 방식은 스마트폰, 태블릿 PC 등에 많이 쓰이며 반응 속도가 빠르고 인체의 피부만 인식하기 때문에 불필요한 터치를 막아줍니다.

감압식 터치 센서는 표면의 압력을 감지하여 터치 여부를 판단합니다. 압력을 감지하기 때문에 손가락보다는 조금 더 뾰족한 물건이나 터치펜을 사용하며, 이는 정교한 터치를 할 수 있습니다. 이 방식은 초창기 스마트폰이나 PMP 등에 쓰였으나 정전식보다 반응 속도가 느리고 원치 않게 눌리는 상황이 발생하기도 해서 요즘은 정전식으로 바뀌는 추세입니다.

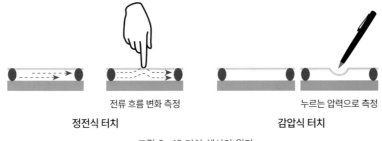

전류 흐름 변화 측정   누르는 압력으로 측정

정전식 터치   **감압식 터치**

그림 6-42 터치 센서의 원리

2) 어떻게 생겼을까요?

이 책에서는 정전식 터치 센서(TTP223)를 사용해 아두이노 실습을 해보겠습니다. 터치 센서는 SIG, VCC, GND 핀으로 3개의 리드선이 있으며 앞뒷면 모두 터치를 감지하는 감지부가 있습니다.

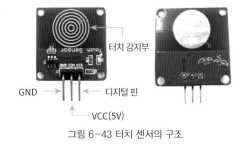

그림 6-43 터치 센서의 구조

3) 어디에 사용되나요?

도어락	스마트폰	태블릿 PC	내비게이션

6-11-2. 프로젝트 - 회로를 구성해 보아요

터치 센서를 터치하면 터치를 지속하는 동안 파란색, 초록색, 빨간색, 노란색 LED가 순서대로 켜지는 프로그램을 만들어 봅시다.

1) 무엇을 준비할까요?

아두이노 Uno	브레드보드	터치 센서	LED	점퍼선 (수수)	점퍼선 (암수)	저항 (220Ω)

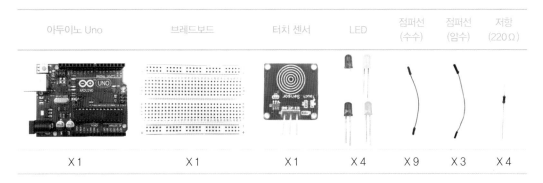

X 1	X 1	X 1	X 4	X 9	X 3	X 4

2) 회로를 구성해 보아요

명칭	아두이노 연결 위치
터치 센서 GND	GND
터치 센서 VCC	5V
터치 센서 SIG	디지털 8번 핀
파란색 LED +극	디지털 13번 핀
초록색 LED +극	디지털 12번 핀
빨간색 LED +극	디지털 11번 핀
노란색 LED +극	디지털 10번 핀
각 LED -극	GND

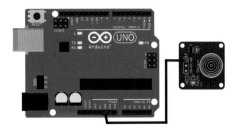

01. 터치 센서의 GND로 표기된 리드선과 아두이노 보드의 GND를 (암수)점퍼선으로 연결합니다.

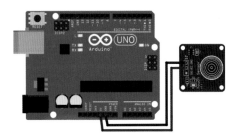

02. 터치 센서의 VCC로 표기된 리드선과 아두이노 보드의 5V를 (암수)점퍼선으로 연결합니다.

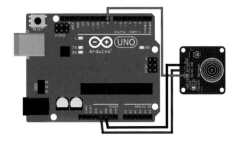

03. 터치 센서의 SIG로 표기된 리드선과 아두이노 보드의 디지털 8번 핀을 (암수)점퍼선으로 연결합니다.

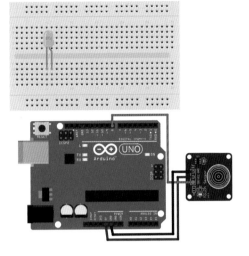

04. 브레드보드에 파란색 LED를 가로 방향으로 꽂습니다.

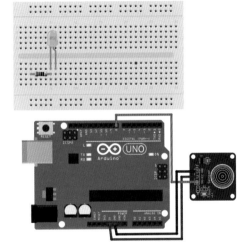

05. 브레드보드에 저항을 꽂습니다. 저항은 LED의 리드선 길이가 긴 쪽(+)과 짧은 쪽(−) 중 한 곳과 연결해 꽂아야 합니다.

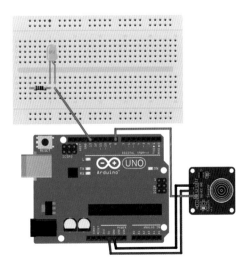

06. 파란색 LED의 (+)극과 아두이노 보드의 디지털 13번 핀을 점퍼선으로 연결합니다.

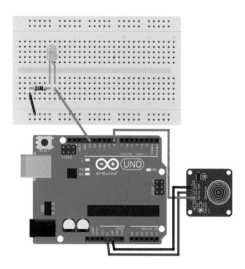

07. 파란색 LED의 (−)극과 연결된 저항의 다른 한쪽 리드
선과 브레드보드의 버스띠 영역을 점퍼선으로 연결합
니다.

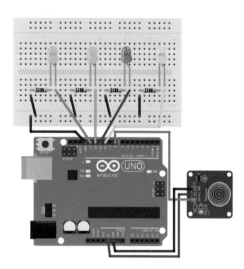

08. 04 ~ 07번 순서대로 초록색 LED를 디지털 12번 핀, 빨
간색 LED를 디지털 11번 핀, 노란색 LED를 디지털 10
번 핀에 연결한 후 브레드보드의 버스 띠 영역과 아두
이노 보드의 GND를 점퍼선으로 연결합니다.

그림 6-44 회로 완성 사진

6-11-3. 프로젝트 – 코딩해 보아요

터치 센서는 터치 여부에 따라 디지털 신호값(0V 또는 5V)을 보내므로 회로를 구성할 때는 디지털 핀인 0~13번에 연결합니다. 코드를 작성할 때는 digitalRead() 함수를 사용해 터치 센서값을 입력받습니다. 터치를 시작하면 HIGH 값을 반환하고, 터치가 해제되면 LOW 값을 반환합니다.

LED는 터치 센서값에 따라 켜고 끄는 디지털 출력을 해야 하므로 회로를 구성할 때는 디지털 핀인 0~13번에 연결하고 digitalWrite() 함수를 사용해 코드를 작성합니다.

프로젝트 미리 보기: http://bit.ly/2OZuROe

코드 보기: http://bit.ly/2J5XCFo

작동 영상 보기

 LED를 켜요 – 엔트리 코딩

터치 센서를 터치하면 터치를 지속하는 동안 파란색 LED, 초록색 LED, 빨간색 LED, 노란색 LED 가 순서대로 켜지고 켜짐 모양으로 바뀝니다.

터치 센서에 터치를 해제하면 켜졌던 LED가 꺼지고 꺼짐 모양으로 바뀝니다.

1) 오브젝트 추가

01. 오브젝트 추가하기 탭에서 '파란LED', '초록LED', '빨간LED', '노란LED', '그라데이션' 배경을 선택해 불러옵니다.

2) 변수 만들기

터치 센서에 터치가 지속되는 동안 카운트를 세어 카운트 값을 기억하는 변수를 만들어 보겠습니다.

01. [속성] 탭에서 변수를 선택합니다.

02. [변수 추가하기] 버튼을 누른 다음 변수 이름을 '터치시간'으로 입력합니다.

03. [확인] 버튼을 선택합니다. 생성된 변수는 다음과 같습니다.

#	변수 이름	사용가능 오브젝트	기본값	최솟값	최댓값	변수 노출
1	터치시간	전체	0			보이기

3) 신호 만들기

터치 센서에 터치가 지속되는 동안 카운트를 세어 카운트 값에 따라 LED 오브젝트의 모양이 바뀌므로 각각의 LED 오브젝트에게 보낼 신호를 만들어 보겠습니다.

01. [속성] 탭에서 신호를 선택합니다.

02. [신호 추가하기] 버튼을 누른 다음 신호 이름을 '빨간LED켜기'로 입력합니다.

03. [확인] 버튼을 선택합니다.

04. 같은 방법으로 '초록LED켜기', '노란LED켜기', '파란LED켜기', 'LED끄기' 신호를 생성합니다. 생성된 신호는 다음과 같습니다.

#	신호 이름
1	LED끄기
2	빨간LED켜기
3	노란LED켜기
4	초록LED켜기
5	파란LED켜기

4) 엔트리 코드 블록 조립하기

[/chapter06/LED를 켜요.ent]

오브젝트	코드	설명

그라데이션

크기 375.0
방향(°) 0°
이동 방향(°) 90°

1. '터치시간' 변수의 초깃값을 0으로 저장합니다.

2. 터치 센서값은 터치 여부에 따라 변경되므로 계속 반복합니다.

3. 터치 센서가 터치됐다면

4. '터치시간' 변수에 1만큼 더합니다. 카운트를 세기 위함입니다.

5. 파란색 LED를 켜기 위해 '파란LED켜기' 신호를 보냅니다.

6. '터치시간' 변숫값이 10보다 크다면 초록색 LED를 켜기 위해 '초록LED켜기' 신호를 보냅니다.

7. '터치시간' 변숫값이 20보다 크다면 빨간색 LED를 켜기 위해 '빨간LED켜기' 신호를 보냅니다.

8. '터치시간' 변숫값이 30보다 크다면 노란색 LED를 켜기 위해 '노란LED켜기' 신호를 보냅니다.

9. 터치를 하지 않았다면 '터치시간' 변숫값을 0으로 초기화합니다.
LED를 전부 끄기 위해 'LED끄기' 신호를 보냅니다.

10. 0.1초 간격으로 터치 센서의 터치여부를 확인하고 터치된 경우 0.1초 간격으로 카운트를 세기 위해 0.1초 기다립니다.

파란LED

크기 56.5
방향(°) 0°
이동 방향(°) 90°

1. '파란LED켜기' 신호를 받았을 때 디지털 13번핀에 연결된 파란색 LED를 켜고, '파란LED_켜짐' 모양으로 바꿉니다

2. 'LED끄기' 신호를 받았을 때 디지털 13번 핀에 연결된 파란색 LED를 끄고, '파란LED_꺼짐' 모양으로 바꿉니다.

초록LED

크기 56.5
방향(°) 0°
이동 방향(°) 90°

1. '초록LED켜기' 신호를 받았을 때 디지털 12번핀에 연결된 초록색 LED를 켜고, '초록LED_켜짐' 모양으로 바꿉니다

2. 'LED끄기' 신호를 받았을 때 디지털 12번 핀에 연결된 초록색 LED를 끄고, '초록LED_꺼짐' 모양으로 바꿉니다.

1. '빨간LED켜기' 신호를 받았을 때 디지털 11번핀에 연결된 빨간색 LED를 켜고 '빨간LED_켜짐' 모양으로 바꿉니다.

2. 'LED끄기' 신호를 받았을 때 디지털 11번 핀에 연결된 빨간색 LED를 끄고, '빨간LED_꺼짐' 모양으로 바꿉니다.

빨간LED
크기   56.5
방향(°)   0°
이동 방향(°) 90°

1. '노란LED켜기' 신호를 받았을 때 디지털 10번핀에 연결된 노란색 LED를 켜고, '노란LED_켜짐' 모양으로 바꿉니다.

2. 'LED끄기' 신호를 받았을 때 디지털 10번 핀에 연결된 노란색 LED를 끄고, '노란LED_꺼짐' 모양으로 바꿉니다.

노란LED
크기   56.5
방향(°)   0°
이동 방향(°) 90°

ⓘ LED를 켜요 - 아두이노 코딩

터치 센서를 터치하면 터치를 지속하는 동안 파란색 LED, 초록색 LED, 빨간색 LED, 노란색 LED가 순서대로 켜지고, 터치를 해제하면 켜졌던 LED가 꺼집니다.

[/chapter06/touch_ex01.ino]

	코드	설명
1	`int led_blue = 13;`	1. 파란색 LED를 디지털 13번 핀으로 정합니다.
2	`int led_green = 12;`	2. 초록색 LED를 디지털 12번 핀으로 정합니다.
3	`int led_red = 11;`	3. 빨간색 LED를 디지털 11번 핀으로 정합니다.
4	`int led_yellow = 10;`	4. 노란색 LED를 디지털 10번 핀으로 정합니다.
5	`int touchPin = 8;`	5. 터치 센서를 디지털 8번 핀으로 정합니다.
6	`int count = 0;`	6. 정수형 변수 count를 선언하고 0으로 초기화합니다.
	`void setup() {`	
7	`  pinMode(led_blue, OUTPUT);`	7. 파란색 LED를 출력 모드로 정합니다.
8	`  pinMode(led_green, OUTPUT);`	8. 초록색 LED를 출력 모드로 정합니다.
9	`  pinMode(led_red, OUTPUT);`	9. 빨간색 LED를 출력 모드로 정합니다.

```
10    pinMode(led_yellow, OUTPUT);
11    pinMode(touchPin, INPUT);
    }

12  void loop() {
13    int touch_val = digitalRead(touchPin);

14    if(touch_val == HIGH)
      {
15      count = count + 1;
16      digitalWrite(led_blue, HIGH);
17      if(count > 10)
18        digitalWrite(led_green, HIGH);
19      if(count > 20)
20        digitalWrite(led_red, HIGH);
21      if(count > 30)
22        digitalWrite(led_yellow, HIGH);
      }
23    else
      {
24      count = 0;
25      digitalWrite(led_blue, LOW);
26      digitalWrite(led_green, LOW);
27      digitalWrite(led_red, LOW);
28      digitalWrite(led_yellow, LOW);
      }
29    delay(100);
    }
```

10. 노란색 LED를 출력 모드로 정합니다.
11. 터치 센서를 입력 모드로 정합니다.

12. 반복합니다.
13. 터치 센서값을 touch_val 변수에 저장합니다.

14. 터치 센서를 터치했다면

15. count 변수에 1만큼 더합니다.
16. 파란색 LED를 켭니다.
17. count 변숫값이 10보다 크다면
18. 초록색 LED를 켭니다.
19. count 변숫값이 20보다 크다면
20. 빨간색 LED를 켭니다.
21. count 변숫값이 30보다 크다면
22. 노란색 LED를 켭니다.

23. 터치가 되지 않았거나 해제했다면

24. count 변숫값을 0으로 초기화합니다.
25. 파란색 LED를 끕니다.
26. 초록색 LED를 끕니다.
27. 빨간색 LED를 끕니다.
28. 노란색 LED를 끕니다.

29. 0.1초 기다립니다.

ARDUINO LED를 켜요 – 엔트리 vs. 아두이노

엔트리	아두이노

엔트리

그라데이션

> 시작하기 버튼을 클릭했을 때
> 터치시간▼ 를 0 로 정하기 — 6
> 계속 반복하기 — 12
> 만일 디지털 8▼ 번 센서값 이라면 — 14
> 터치시간▼ 에 1 만큼 더하기 — 15
> 파란LED켜기▼ 신호 보내기 — 16
> 만일 터치시간▼ 값 > 10 이라면 — 17
> 초록LED켜기▼ 신호 보내기
> 만일 터치시간▼ 값 > 20 이라면 — 19
> 빨간LED켜기▼ 신호 보내기
> 만일 터치시간▼ 값 > 30 이라면 — 21
> 노란LED켜기▼ 신호 보내기
> 아니면 — 23
> 터치시간▼ 를 0 로 정하기 — 24
> LED끄기▼ 신호 보내기
> 0.1 초 기다리기 — 29

파란LED
> 파란LED켜기▼ 신호를 받았을 때
> 디지털 13▼ 번 핀 켜기▼ — 16
> 파란LED_켜짐 모양으로 바꾸기

> LED끄기▼ 신호를 받았을 때
> 디지털 13▼ 번 핀 끄기▼ — 25
> 파란LED_꺼짐 모양으로 바꾸기

초록LED
> 초록LED켜기▼ 신호를 받았을 때
> 디지털 12▼ 번 핀 켜기▼ — 18
> 초록LED_켜짐 모양으로 바꾸기

> LED끄기▼ 신호를 받았을 때
> 디지털 12▼ 번 핀 끄기▼ — 26
> 초록LED_꺼짐 모양으로 바꾸기

빨간LED
> 빨간LED켜기▼ 신호를 받았을 때
> 디지털 11▼ 번 핀 켜기▼ — 20
> 빨간LED_켜짐 모양으로 바꾸기

> LED끄기▼ 신호를 받았을 때
> 디지털 11▼ 번 핀 끄기▼ — 27
> 빨간LED_꺼짐 모양으로 바꾸기

노란LED
> 노란LED켜기▼ 신호를 받았을 때
> 디지털 10▼ 번 핀 켜기▼ — 22
> 노란LED_켜짐 모양으로 바꾸기

> LED끄기▼ 신호를 받았을 때
> 디지털 10▼ 번 핀 끄기▼ — 28
> 노란LED_꺼짐 모양으로 바꾸기

아두이노

```
1   int led_blue = 13;
2   int led_green = 12;
3   int led_red = 11;
4   int led_yellow = 10;
5   int touchPin = 8;
6   int count = 0;

    void setup() {
7     pinMode(led_blue, OUTPUT);
8     pinMode(led_green, OUTPUT);
9     pinMode(led_red, OUTPUT);
10    pinMode(led_yellow, OUTPUT);
11    pinMode(touchPin, INPUT);
    }

12  void loop() {
13    int touch_val = digitalRead(touchPin);

14    if(touch_val == HIGH)
      {
15      count = count + 1;
16      digitalWrite(led_blue, HIGH);
17      if(count > 10)
18        digitalWrite(led_green, HIGH);
19      if(count > 20)
20        digitalWrite(led_red, HIGH);
21      if(count > 30)
22        digitalWrite(led_yellow, HIGH);
      }
23    else
      {
24      count = 0;
25      digitalWrite(led_blue, LOW);
26      digitalWrite(led_green, LOW);
27      digitalWrite(led_red, LOW);
28      digitalWrite(led_yellow, LOW);
      }
29    delay(100);
    }
```

6-12. 토양 수분 감지 센서

식물이 잘 자라려면 적당한 양의 물(수분), 적당한 온도, 충분한 햇빛, 거름과 같이 여러 가지 필요한 조건이 있습니다. 어느 하나라도 만족스럽지 못하면 식물이 잘 자라지 못합니다. 일정 주기와 횟수로 햇볕을 쬐거나 거름을 줄 수도 있고, 온도계로 온도를 측정할 수도 있지만, 온도와 햇빛에 따라 달라지는 토양 속의 수분량은 어떻게 확인할 수 있을까요?

토양에 수분이 얼마나 함량돼 있는지 측정할 수 있는 센서가 토양 수분 감지 센서입니다.

6-12-1. 센서의 이해

1) 원리가 궁금해요

물은 전기가 잘 통하는 전도체입니다. 그러므로 토양 속에 수분량이 많으면 전류가 잘 흐르게 되어 저항값이 작아집니다. 반면 수분량이 적으면 전류가 잘 흐르지 않아서 저항값이 커집니다.

즉, 전류량(전압) 값의 변화는 저항값의 변화를 의미하는데 이러한 변화로 토양 수분 감지 센서는 토양의 수분량을 측정할 수 있습니다.

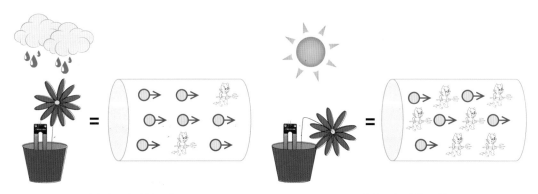

수분량이 많을 때 : 저항 < 전류   수분량이 적을 때 : 저항 > 전류

그림 6-45 토양 수분 감지 센서의 원리

2) 어떻게 생겼을까요?

토양 수분 감지 센서는 토양 센서부과 센서 모듈로 구성돼 있습니다.

토양 센서부는 두 개의 전극 부분으로 토양에 꽂아 저항의 변화를 감지하여 수분량을 측정합니다.

센서 모듈에는 토양 센서부와 연결하는 2개의 리드선과 AO, DO, VCC, GND 핀으로 4개의 리드선이 있습니다. AO는 토양 속 수분량을 측정하여 아날로그 신호값으로 출력하고 DO는 일정량 이상의 수분량에 따라 디지털 신호값으로 출력합니다. 그러므로 알고자 하는 정보에 따라 두 곳 또는 한 곳의 리드선에만 연결하여 사용할 수 있습니다. 또한 가변저항의 감도 조절 볼륨(파란색 가변저항)이 있어서 센서의 감도를 조절 할 수 있습니다.

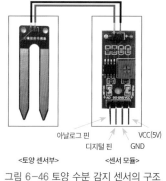

그림 6-46 토양 수분 감지 센서의 구조

3) 어디에 사용되나요?

관수 시설	토양 수분 측정기

6-12-2. 프로젝트 – 회로를 구성해 보아요

토양 수분 감지 센서값에 따라 수분량이 적으면 LED가 켜지고, 수분량이 많으면 LED가 꺼지며 수분량에 따라 LED의 밝기를 조절하는 프로그램을 만들어 봅시다.

1) 무엇을 준비할까요?

아두이노 Uno	브레드보드	토양 수분 감지 센서	LED	점퍼선 (수수)	점퍼선 (암수)	점퍼선 (암암)	저항 (220Ω)
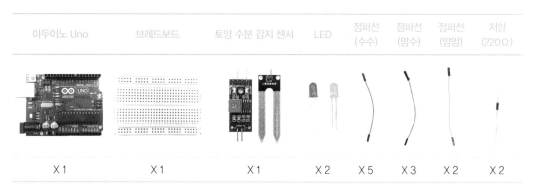							
X 1	X 1	X 1	X 2	X 5	X 3	X 2	X 2

2) 회로를 구성해 보아요

명칭	아두이노 연결 위치
토양 수분 감지 센서 VCC	5V
토양 수분 감지 센서 GND	GND
토양 수분 감지 센서 AO	아날로그 A0 핀
빨간색 LED +극	디지털 13번 핀
빨간색 LED −극	GND
초록색 LED +극	디지털 11번 핀
초록색 LED −극	GND

01. 토양 수분 감지 센서의 토양 센서부와 센서 모듈을 (암암)점퍼선으로 연결합니다.

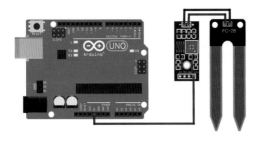

02. 센서 모듈의 VCC로 표기된 리드선과 아두이노 보드의 5V를 (암수)점퍼선으로 연결합니다.

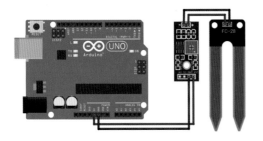

03. 센서 모듈의 GND로 표기된 리드선과 아두이노 보드의 GND를 (암수)점퍼선으로 연결합니다.

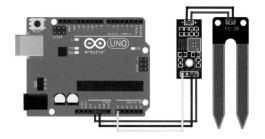

04. 센서 모듈의 AO로 표기된 리드선과 아두이노 보드의 아날로그 A0 핀을 (암수)점퍼선으로 연결합니다.

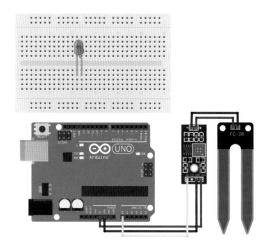

05. 브레드보드에 빨간색 LED를 가로 방향으로 꽂습니다.

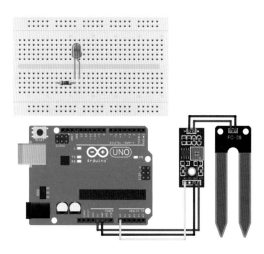

06. 브레드보드에 저항을 꽂습니다. 저항은 LED의 리드선 길이가 긴 쪽(+)과 짧은 쪽(−) 중 한 곳과 연결해 꽂아야 합니다.

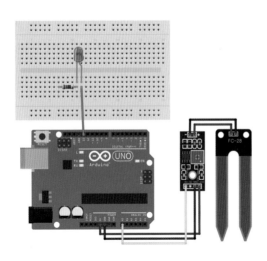

07. 빨간색 LED의 (+)극과 아두이노의 디지털 13번 핀을 점퍼선으로 연결합니다.

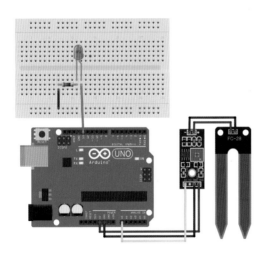

08. 빨간색 LED의 (−)극과 연결된 저항의 다른 한쪽 리드선과 브레드보드의 버스띠 영역을 점퍼선으로 연결합니다.

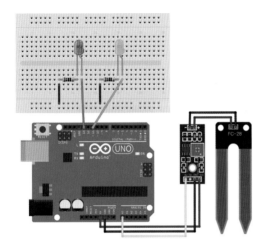

09. 05~08번 순서대로 초록색 LED를 디지털 11번 핀에 연결합니다.

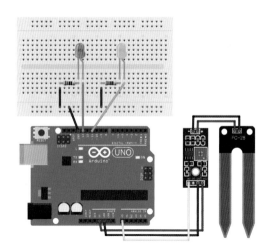

10. 브레드보드의 버스 띠 영역과 아두이노 보드의 GND를 점퍼선으로 연결합니다.

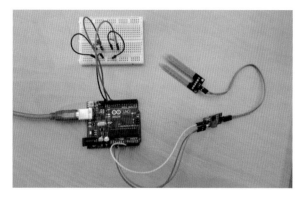

그림 6-47 회로 완성 사진

6-12-3. 프로젝트 – 코딩해 보아요

아두이노는 토양 수분 감지 센서로부터 토양의 수분량에 따라 아날로그 값(0~5V)으로 입력받으므로 회로를 구성할 때는 아날로그 핀인 A0~A5 핀에 연결합니다. 코드를 작성할 때는 analogRead() 함수를 사용해 토양 수분량의 값을 0~1023 범위의 값으로 변환하여 입력받습니다.

토양 수분 감지 센서값은 0에 가까울수록 토양 수분량이 많은 것을 의미하고, 1023에 가까울수록 토양 수분량이 적은 것을 의미합니다.

2개의 LED는 각각 토양 수분 감지 센서값에 따라 켜지거나 끄는 디지털 출력과 LED의 밝기를 조절하는 아날로그 출력을 합니다. 디지털 출력 회로를 구성할 때는 디지털 핀인 0~13번에 연결하고 digitalWrite() 함수를 사용해 코드를 작성합니다. 아날로그 출력 회로를 구성할 때는 디지털 핀 중 PWM 기능을 제어하는 핀(~표시가 되어 있는 핀)에 연결하며 analogWrite() 함수를 사용해 코드를 작성합니다.

프로젝트 미리 보기: http://bit.ly/2VYtTDi

코드 보기: http://bit.ly/2qu6huS

작동 영상 보기

🐛 물이 부족하면 알려주세요 - 엔트리 코딩

토양 수분 감지 센서값이 1023에 가까우면(토양 수분량이 적으면) 빨간색 LED가 켜지고, 물조리개가 화분에 물을 줍니다. 이때 씨앗에서 싹이 나고 열매가 열리게 됩니다.

초록색 LED와 배경색은 토양 수분 감지 센서값에 따라 밝기가 바뀝니다(0에 가까울수록 밝아지고, 1023에 가까울수록 어두워집니다).

1) 오브젝트 추가

01. 오브젝트 추가하기 탭에서 '빨간LED', '화분', '물조리개', '식물의 한살이', '식물배경' 배경을 선택해 불러옵니다.

2) 변수 만들기

토양 수분 감지 센서값을 기억하는 변수를 만들어 보겠습니다.

01. [속성] 탭에서 변수를 선택합니다.

02. [변수 추가하기] 버튼을 누른 다음 변수 이름을 '토양수분센서값'으로 입력합니다.

03. [확인] 버튼을 선택합니다. 생성된 변수는 다음과 같습니다.

#	변수 이름	사용가능 오브젝트	기본값	최솟값	최댓값	변수 노출
1	토양수분센서값	전체	0			보이기

3) 엔트리 코드 블록 조립하기

[/chapter06/물이 부족하면 알려주세요.ent]

오브젝트	코드	설명

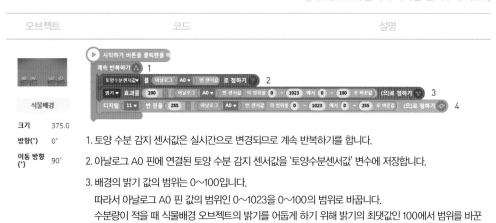

식물배경

크기 375.0
방향(°) 0°
이동 방향 (°) 90°

1. 토양 수분 감지 센서값은 실시간으로 변경되므로 계속 반복하기를 합니다.

2. 아날로그 A0 핀에 연결된 토양 수분 감지 센서값을 '토양수분센서값' 변수에 저장합니다.

3. 배경의 밝기 값의 범위는 0~100입니다.
   따라서 아날로그 A0 핀 값의 범위인 0~1023을 0~100의 범위로 바꿉니다.
   수분량이 적을 때 식물배경 오브젝트의 밝기를 어둡게 하기 위해 밝기의 최댓값인 100에서 범위를 바꾼
   값을 뺀 결괏값을 밝기 값으로 정합니다.

4. 수분량이 적을 때는 LED 밝기를 어둡게 하고 수분량이 많을 때는 LED 밝기를 밝게 합니다. 따라서 아날로그 A0 핀 값의 범위인 0~1023을 0~255의 범위로 바꾸고, LED 최대 출력값인 255에서 바꾼 값을 뺀 결괏값을 디지털 11번 핀에 출력합니다.

식물의 한살이

크기	100.0
방향(°)	0°
이동 방향(°)	90°

1. 토양 수분 감지 센서값은 실시간으로 변경되므로 계속 반복하기를 합니다.
2. 토양 수분 감지 센서값에 따라 '식물의 한살이' 오브젝트 모양을 변경합니다.

   아날로그 A0 핀 값의 범위인 0~1023을 '식물의 한살이' 오브젝트 모양의 개수(6개)로 변환합니다.

빨간LED

크기	63.6
방향(°)	0°
이동 방향(°)	90°

1. 토양 수분 감지 센서값은 실시간으로 변경되므로 계속 반복하기를 합니다.
2. '토양수분센서값' 변숫값이 1000보다 크다면 (수분량이 적으면)
3. 디지털 13번 핀에 연결된 LED를 켜고, '빨간LED_켜짐' 모양으로 바꿉니다.
4. '토양수분센서값' 변숫값이 1000보다 작거나 같다면 디지털 13번 핀에 연결된 LED를 끄고, '빨간LED_꺼짐' 모양으로 바꿉니다.

물조리개

크기	100.0
방향(°)	0°
이동 방향(°)	90°

1. 토양 수분 감지 센서값은 실시간으로 변경되므로 계속 반복하기를 합니다.
2. '토양수분센서값' 변숫값이 1000보다 크다면 (수분량이 적으면) '물조리개_2' 모양으로 바꾸고, 1000보다 작거나 같으면 '물조리개_1' 모양으로 바꿉니다.

물이 부족하면 알려주세요 - 아두이노 코딩

토양 수분 감지 센서값이 크면 빨간색 LED가 켜지고, 그렇지 않으면 빨간색 LED가 꺼집니다.

토양 수분 감지 센서값이 0에 가까울수록 초록색 LED가 점점 밝아지고 1023에 가까울수록 점점 어두워집니다.

[/chapter06/soilwater_ex01.ino]

	코드	설명
1	`int led_red = 13;`	1. 빨간색 LED를 디지털 13번 핀으로 정합니다.
2	`int led_green = 11;`	2. 초록색 LED를 디지털 11번 핀으로 정합니다.
	`void setup() {`	
3	`  pinMode(led_red, OUTPUT);`	3. 빨간색 LED를 출력 모드로 정합니다.
4	`  pinMode(led_green, OUTPUT);`	4. 초록색 LED를 출력 모드로 정합니다.
	`}`	
5	`void loop() {`	5. 반복합니다.
6	`  int soilwater = analogRead(A0);`	6. 아날로그 A0 핀에 연결된 토양 수분 감지 센서값을 soilwater 변수에 저장합니다.
7	`  int value = map(analogRead(soilwater), 0, 1023, 0, 255);`	7. 토양 수분 감지 센서값(0~1023 범위의 값)을 출력값(0~255 범위의 값)으로 변환해 정수형 변수 value에 저장합니다.
8	`  analogWrite(led_green, 255 - value);`	8. 초록색 LED의 밝기를 조절하는 부분입니다. 토양의 수분량이 많을 때 LED를 밝게 하기 위해서 LED의 최대 출력값인 255에서 value 변숫값을 뺀 값을 LED에 적용합니다.
9	`  if(soilwater > 1000)`	9. soilwater 변숫값이 1000보다 크다면(수분량이 적으면)
	`  {`	
10	`    digitalWrite(led_red, HIGH);`	10. 빨간색 LED를 켭니다.
	`  }`	
11	`  else`	11. soilwater 변숫값이 1000보다 작거나 같으면
	`  {`	
12	`    digitalWrite(led_red, LOW);`	12. 빨간색 LED를 끕니다.
	`  }`	
	`}`	

엔트리

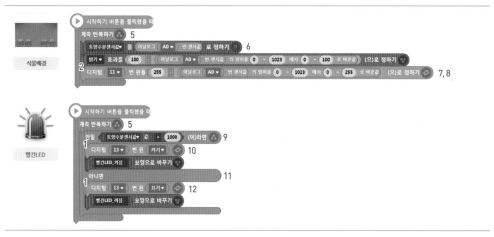

아두이노

```
1    int led_red = 13;
2    int led_green = 11;

     void setup() {
3      pinMode(led_red, OUTPUT);
4      pinMode(led_green, OUTPUT);
     }

5    void loop() {
6      int soilwater = analogRead(A0);

7      int value = map(analogRead(soilwater), 0, 1023, 0, 255);
8      analogWrite(led_green, 255 - value);

9      if(soilwater > 1000)
       {
10       digitalWrite(led_red, HIGH);
       }
11     else
       {
12       digitalWrite(led_red, LOW);
       }
     }
```

6-13. 자석 감지 센서(리드 스위치)

자석 감지 센서는 주로 문을 여닫는 시스템에 활용되고 있습니다. 창문의 보안이나 공장, 창고 등 대형 출입문의 감지뿐만 아니라 냉장고, 세탁기 등 가전제품의 도어 스위치로도 사용되고 있습니다.

또한, 작동을 위한 전력이 필요하지 않기 때문에 전력에 민감한 시스템에 효율적으로 사용되고 있습니다.

6-13-1. 센서의 이해

1) 원리가 궁금해요

자석 감지 센서(Reed Switch)는 주변의 자석을 감지하는 센서입니다. 자석 감지 센서에 있는 유리관 속에는 2개의 리드 조각이 있으며 서로 떨어져 있습니다. 유리관에 자석을 가져다 대면 2개의 리드 조각이 서로 붙으면서 전류가 흐르게 됩니다. 다시 자석을 멀리하면 탄성에 의해 서로 떨어져 전류가 흐르지 않게 됩니다. 자석 감지 센서는 자석이 닿았는지 안 닿았는지를 측정하여 스위치처럼 사용됩니다.

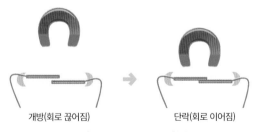

개방(회로 끊어짐)   단락(회로 이어짐)

그림 6-48 자석 센서의 원리

2) 어떻게 생겼을까요?

자석 감지 센서는 유리관 속에 2개의 리드 조각이 있으며 리드 조각의 상태에 따라 디지털 신호를 나타냅니다. DO, VCC, GND 핀으로 3개의 리드선이 있으며, 자석 감도 조절 가변저항으로 구성돼 있습니다.

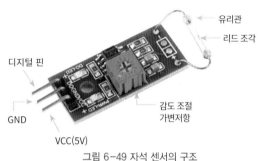

유리관
리드 조각
디지털 핀
감도 조절
가변저항
GND
VCC(5V)

그림 6-49 자석 센서의 구조

3) 어디에 사용되나요?

도어 센서	냉장고 문	셔터 감지기

6-13-2. 프로젝트 – 회로를 구성해 보아요

자석 감지 센서의 값에 따라 LED가 켜지고 꺼지는 프로그램을 만들어 봅시다.

1) 무엇을 준비할까요?

아두이노 Uno	브레드보드	자석 감지 센서	LED	점퍼선 (수수)	점퍼선 (암수)	저항 (220Ω)

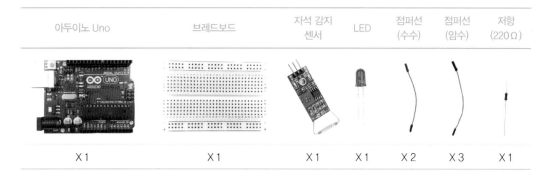

X 1	X 1	X 1	X 1	X 2	X 3	X 1

2) 회로를 구성해 보아요

명칭	아두이노 연결 위치
자석 감지 센서 VCC	5V
자석 감지 센서 GND	GND
자석 감지 센서 DO	디지털 8번 핀
빨간색 LED +극	디지털 13번 핀
빨간색 LED −극	GND

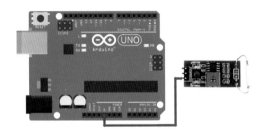

01. 자석 감지 센서의 VCC로 표기된 리드선과 아두이노 보드의 5V를 (암수)점퍼선으로 연결합니다.

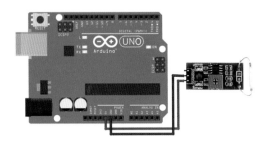

02. 자석 감지 센서의 GND로 표기된 리드선과 아두이노 보드의 GND를 (암수)점퍼선으로 연결합니다.

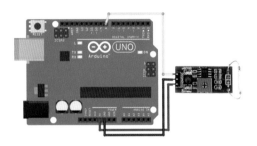

03. 자석 감지 센서의 DO로 표기된 리드선과 아두이노 보드의 디지털 8번 핀을 (암수)점퍼선으로 연결합니다.

04. 브레드보드에 빨간색 LED를 가로 방향으로 꽂습니다.

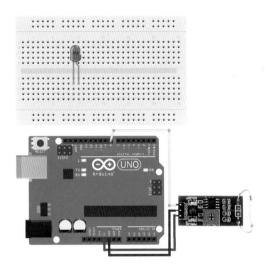

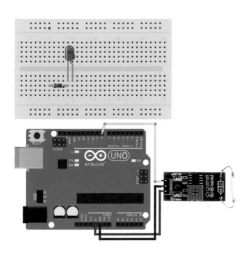

05. 브레드보드에 저항을 꽂습니다. 저항은 LED의 리드선 길이가 긴 쪽(+)과 짧은 쪽(−) 중 한 곳과 연결해 꽂아야 합니다.

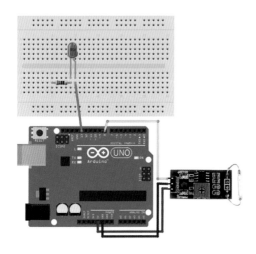

06. 빨간색 LED의 (+)극과 아두이노 보드의 디지털 13번 핀을 점퍼선으로 연결합니다.

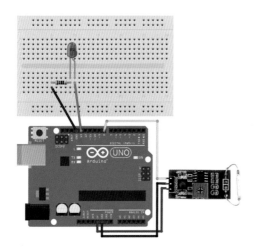

07. 빨간색 LED의 (−)극과 연결된 저항의 다른 한쪽 리드선과 아두이노 보드의 GND를 점퍼선으로 연결합니다.

그림 6-50 회로 완성 사진

6-13-3. 프로젝트 – 코딩해 보아요

자석 감지 센서는 자석을 감지하여 두 리드선이 붙어있는지, 떨어져 있는지에 따라 디지털 신호값(0V 또는 5V)을 보내므로 회로를 구성할 때는 디지털 핀인 0~13번에 연결합니다. 코드를 작성할 때는 digitalRead() 함수를 사용해 자석 감지 센서값을 입력받습니다. 자석이 감지되면 LOW 값을, 감지되지 않으면 HIGH 값을 반환합니다.

LED는 자석 감지 센서값에 따라 켜고 끄는 디지털 출력을 해야 하므로 회로를 구성할 때는 디지털 핀인 0~13번에 연결하고 digitalWrite() 함수를 사용해 코드를 작성합니다.

프로젝트 미리 보기: http://bit.ly/2qu8Gpm

코드 보기: http://bit.ly/2N2Js9k

작동 영상 보기

금고를 열어라 – 엔트리 코딩

자석이 감지되면 금고가 열리고, 빨간색 LED가 켜집니다. 자석이 감지되지 않으면 금고가 닫히고 빨간색 LED가 꺼집니다.

1) 오브젝트 추가

01. 오브젝트 추가하기 탭에서 '빨간LED', '보물상자(2)', '지도' 배경을 선택해 불러옵니다.

2) 신호 만들기

자석 감지 센서값에 따라 '빨간LED' 오브젝트의 모양이 바뀌므로 '빨간LED' 오브젝트에 보낼 신호를 만들어 보겠습니다.

01. [속성] 탭에서 신호를 선택합니다.

02. [신호 추가하기] 버튼을 누른 다음 신호 이름을 '감지'로 입력합니다.

03. [확인] 버튼을 선택합니다.

04. 같은 방법으로 '해제' 신호를 생성합니다. 생성된 신호는 다음과 같습니다.

#	신호 이름
1	해제
2	감지

3) 엔트리 코드 블록 조립하기

[/chapter06/금고를 열어라.ent]

오브젝트	코드	설명

보물상자(2)

크기	140.4
방향(°)	0˚
이동 방향(°)	90˚

1. 자석 감지 센서의 감지 여부를 실시간으로 확인해야 하므로 계속 반복합니다.
2. 자석이 감지되지 않았다면 '보물상자(2)_1' 모양으로 바꾸고, LED를 끄기 위한 '해제' 신호를 보냅니다.
3. 자석이 감지됐다면 '보물상자(2)_2' 모양으로 바꾸고, LED를 켜기 위한 '감지' 신호를 보냅니다.
   자석 감지 센서는 자석이 감지됐을 때 '거짓'이 출력되고, 자석이 감지되지 않으면 '참'이 출력됩니다.
4. 0.5초 간격으로 자석 감지 여부를 확인하기 위해 0.5초 기다립니다.

빨간LED

크기	56.5
방향(°)	0˚
이동 방향(°)	90˚

1. 감지 신호를 받았을 때 디지털 13번 핀에 연결된 빨간색 LED를 켜고, '빨간LED_켜짐' 모양으로 바꿉니다.
2. 해제 신호를 받았을 때 디지털 13번 핀에 연결된 빨간색 LED를 끄고, '빨간LED_꺼짐' 모양으로 바꿉니다.

금고를 열어라 - 아두이노 코딩

자석이 감지되면 빨간색 LED가 켜지고, 자석이 감지되지 않으면 빨간색 LED가 꺼집니다.

[/chapter06/ultrasonic_ex01.ino]

코드	설명

```
1   int led_red = 13;
2   int reedPin = 8;

    void setup(){
3     pinMode(led_red, OUTPUT);
4     pinMode(reedPin, INPUT);
    }
```

1. 빨간색 LED를 디지털 13번 핀으로 정합니다.
2. 자석 감지 센서를 디지털 8번 핀으로 정합니다.

3. 빨간색 LED를 출력 모드로 정합니다.
4. 자석 감지 센서를 입력 모드로 정합니다.

```
5    void loop() {                                    5. 반복합니다.
6      int reed_val = digitalRead(reedPin);           6. 자석 감지 센서값을 reed_val 변수에 저장합니다.

7      if(reed_val == HIGH)                            7. 자석이 감지되지 않았다면
       {
8        digitalWrite(led_red, LOW);                   8. 빨간색 LED를 끕니다.
       }
9      else                                            9. 자석이 감지됐다면
       {
10       digitalWrite(led_red, HIGH);                  10. 빨간색 LED를 켭니다.
       }
     }
```

 ## 금고를 열어라 – 엔트리 vs. 아두이노

엔트리	아두이노

엔트리 블록 (보물상자(2), 빨간LED)

```
1    int led_red = 13;
2    int reedPin = 8;

     void setup() {
3      pinMode(led_red, OUTPUT);
4      pinMode(reedPin, INPUT);
     }

5    void loop() {
6      int reed_val = digitalRead(reedPin);

7      if(reed_val == HIGH)
       {
8        digitalWrite(led_red, LOW);
       }
9      else
       {
10       digitalWrite(led_red, HIGH);
       }
     }
```

6-14. 알코올 센서

음주 운전을 적발하기 위해 경찰들이 음주 측정을 하는 모습을 흔히 볼 수 있습니다. 이 음주 측정은 알코올의 농도를 측정하는 알코올 센서를 이용한 것으로 주로 안전 운전을 위한 음주 측정기로 활용되고 있습니다.

6-14-1. 센서의 이해

1) 원리가 궁금해요

알코올 센서는 알코올 및 에탄올을 감지하는 센서입니다. 아두이노 실습에서 주로 사용하는 알코올 센서인 MQ-3 센서의 원리를 살펴보겠습니다.

MQ-3 센서 내부에는 히팅 코일이 있으며 그 주변에 백금 전극이 있습니다. 히팅 코일을 가열시키면 반도체로 바뀌게 되며 이때 공기 중에 있는 알코올 분자가 히팅 코일에 달라붙으면서 전자가 발생하게 됩니다. 이 전자가 백금 전극에 붙게 되면 전류가 흐르게 됩니다. 즉, MQ-3 센서는 알코올 분자가 많을수록 전류도 많이 흐르게 되므로 전류량에 따라 대기 중의 알코올 농도를 측정할 수 있게 됩니다.

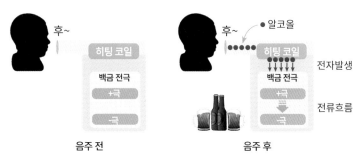

그림 6-51 MQ-3 센서의 원리

2) 어떻게 생겼을까요?

알코올 센서는 AO, DO, VCC, GND 핀으로 4개의 리드선이 있습니다. AO는 공기 중 알코올 정도를 측정하여 아날로그 신호값으로 출력하고 DO는 일정량 이상의 알코올이 있는지 여부를 디지털 신호값으로 출력합니다. 그러므로 알고자 하는 정보에 따라 두 곳 또는 한 곳의 리드선에만 연결하여 사용할 수 있습니다. 알코올 센서의 뒷부분에는 감도 조절 가변저항이 있어서 센서의 감도를 조절할 수 있습니다. 시계방향으로 돌리면 감도가 커지고 반시계방향으로 돌리면 감도가 작아집니다.

알코올 센서는 따뜻하게 가열돼야 제 성능을 발휘하므로 약간의
가열 시간이 필요합니다.

아날로그 핀 VCC(5V)
디지털 핀 GND

그림 6-52 MQ-3 센서의 구조

3) 어디에 사용되나요?

음주 측정기

6-14-2. 프로젝트 - 회로를 구성해 보아요

알코올 센서값에 따라 LED가 켜지고 꺼지는 프로그램을 만들어 봅시다.

1) 무엇을 준비할까요?

아두이노 Uno	브레드보드	알코올 센서	LED	점퍼선 (수수)	점퍼선 (암수)	저항 (220Ω)
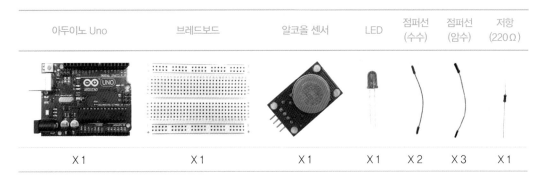						
X 1	X 1	X 1	X 1	X 2	X 3	X 1

2) 회로를 구성해 보아요

명칭	아두이노 연결 위치
알코올 센서 VCC	5V
알코올 센서 AO	아날로그 A0 핀
알코올 센서 GND	GND
빨간색 LED +극	디지털 13번 핀
빨간색 LED −극	GND

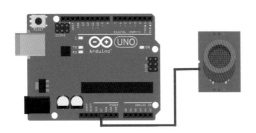

01. 알코올 센서의 VCC로 표기된 리드선과 아두이노 보드의 5V를 (암수)점퍼선으로 연결합니다.

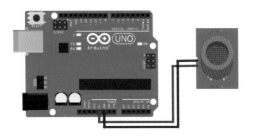

02. 알코올 센서의 GND로 표기된 리드선과 아두이노 보드의 GND를 (암수)점퍼선으로 연결합니다.

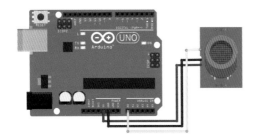

03. 알코올 센서의 AO로 표기된 리드선과 아두이노 보드의 아날로그 A0 핀을 (암수)점퍼선으로 연결합니다.

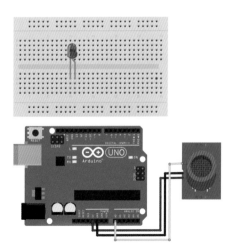

04. 브레드보드에 빨간색 LED를 가로 방향으로 꽂습니다.

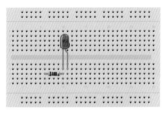
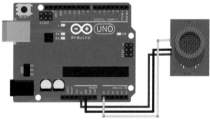

05. 브레드보드에 저항을 꽂습니다. 저항은 LED의 리드선 길이가 긴 쪽(+)과 짧은 쪽(−) 중 한 곳과 연결해 꽂아야 합니다.

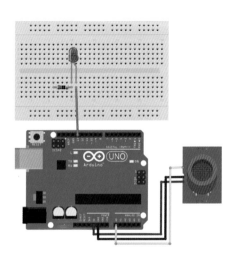

06. 빨간색 LED의 (+)극과 아두이노 보드의 디지털 13번 핀을 점퍼선으로 연결합니다.

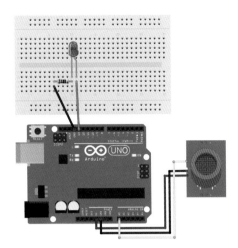

07. 빨간색 LED의 (−)극과 연결된 저항의 다른 한쪽 리드
선과 아두이노 보드의 GND를 점퍼선으로 연결합니다.

그림 6-53 회로 완성 사진

6-14-3. 프로젝트 – 코딩해 보아요

아두이노는 알코올 센서로부터 알코올 농도에 따라 아날로그 값(0~5V)으로 입력받으므로 회로를 구성
할 때는 아날로그 핀인 A0~A5 핀에 연결합니다. 코드를 작성할 때는 analogRead() 함수를 사용해 알
코올 센서값을 0~1023 범위의 값으로 변환하여 입력받습니다. 알코올 센서값은 0에 가까울수록 알코
올 농도가 낮은 것을 의미하고, 1023에 가까울수록 알코올 농도가 높은 것을 의미합니다.

LED는 알코올 센서값에 따라 켜고 끄는 디지털 출력을 해야 하므로 회로를 구성할 때 디지털 핀인 0~13번에 연결하고 digitalWrite() 함수를 사용해 코드를 작성합니다.

프로젝트 미리 보기: http://bit.ly/2P56vTA

코드 보기: http://bit.ly/2J8Wlxf

작동 영상 보기

 ## 음주측정 - 엔트리 코딩

경찰관과 회사원이 음주 측정을 위해 대화를 나눕니다.

알코올 센서값이 크면 빨간색 LED를 켜고, 알코올 센서값이 작으면 빨간색 LED를 끕니다.

1) 오브젝트 추가

01. 오브젝트 추가하기 탭에서 '빨간LED', '바쁜 회사원(5)', '경찰(1)', '빨간 자동차', '마을' 배경을 선택해 불러옵니다.

2) 변수 만들기

알코올 센서값을 기억하는 변수를 만들어 보겠습니다.

01. [속성] 탭에서 변수를 선택합니다.

02. [변수 추가하기] 버튼을 누른 다음 변수 이름을 '알코올센서값'으로
    입력합니다.

03. [확인] 버튼을 선택합니다. 생성된 변수는 다음과 같습니다.

#	변수 이름	사용가능 오브젝트	기본값	최솟값	최댓값	변수 노출
1	알코올센서값	전체	0			보이기

3) 신호 만들기

알코올 센서값에 따라 '빨간LED' 오브젝트의 모양이 바뀌므로 '빨간LED' 오브젝트에 보낼 신호를
만들어 보겠습니다.

01. [속성] 탭에서 신호를 선택합니다.

02. [신호 추가하기] 버튼을 누른 다음 신호 이름을 '안전운전'으로 입력합니다.

03. [확인] 버튼을 선택합니다.

04. 같은 방법으로 '음주운전' 신호를 생성합니다. 생성된 신호는 다음과 같습니다.

#	신호 이름
1	안전운전
2	음주운전

4) 엔트리 코드 블록 조립하기

[/chapter06/음주측정.ent]

오브젝트	코드	설명

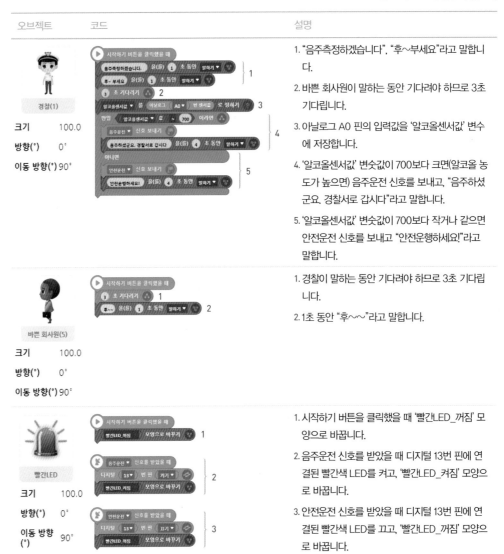

설명 (경찰(1)):
1. "음주측정하겠습니다", "후~부세요"라고 말합니다.
2. 바쁜 회사원이 말하는 동안 기다려야 하므로 3초 기다립니다.
3. 아날로그 A0 핀의 입력값을 '알코올센서값' 변수에 저장합니다.
4. '알코올센서값' 변숫값이 700보다 크면(알코올 농도가 높으면) 음주운전 신호를 보내고, "음주하셨군요. 경찰서로 갑시다"라고 말합니다.
5. '알코올센서값' 변숫값이 700보다 작거나 같으면 안전운전 신호를 보내고 "안전운행하세요!"라고 말합니다.

크기　100.0
방향(°)　0°
이동 방향(°) 90°

설명 (바쁜 회사원(5)):
1. 경찰이 말하는 동안 기다려야 하므로 3초 기다립니다.
2. 1초 동안 "후~~"라고 말합니다.

크기　100.0
방향(°)　0°
이동 방향(°) 90°

설명 (빨간LED):
1. 시작하기 버튼을 클릭했을 때 '빨간LED_꺼짐' 모양으로 바꿉니다.
2. 음주운전 신호를 받았을 때 디지털 13번 핀에 연결된 빨간색 LED를 켜고, '빨간LED_켜짐' 모양으로 바꿉니다.
3. 안전운전 신호를 받았을 때 디지털 13번 핀에 연결된 빨간색 LED를 끄고, '빨간LED_꺼짐' 모양으로 바꿉니다.

크기　100.0
방향(°)　0°
이동 방향(°)　90°

음주측정 - 아두이노 코딩

알코올 센서값이 크면(알코올 농도가 높으면) 빨간색 LED를 켜고, 알코올 센서값이 작으면 빨간색 LED를 끕니다.

[/chapter06/alcohol_ex01.ino]

코드	설명
1 `int led_red = 13;`	1. 빨간색 LED를 디지털 13번 핀으로 정합니다.

2 `void setup() {`
`  pinMode(led_red, OUTPUT);`
`}`
	2. 빨간색 LED를 출력 모드로 정합니다.

3 `void loop() {`	3. 반복합니다.
4 `  int alcohol_val = analogRead(A0);`	4. 아날로그 A0 핀에 연결된 알코올 센서값을 alcohol_val 변수에 저장합니다.
5 `  if(alcohol_val > 700)` `  {`	5. alcohol_val 변숫값이 700보다 크다면(알코올 농도가 높으면)
6 `    digitalWrite(led_red, HIGH);` `  }`	6. 빨간색 LED를 켭니다.
7 `  else` `  {`	7. alcohol_val 변숫값이 700보다 작거나 같다면
8 `    digitalWrite(led_red, LOW);` `  }`	8. 빨간색 LED를 끕니다.
9 `  delay(500);` `}`	9. 0.5초 기다립니다.

엔트리	아두이노

경찰(1)

빨간LED

```
1    int led_red = 13;

     void setup() {
2        pinMode(led_red, OUTPUT);
     }

3    void loop() {
4        int alcohol_val = analogRead(A0);

5        if(alcohol_val > 700)
         {
6            digitalWrite(led_red, HIGH);
         }
7        else
         {
8            digitalWrite(led_red, LOW);
         }
9        delay(500);
     }
```

07

출력

출력이란 내부의 정보를 외부로 내보내는 것을 의미하며, 아두이노에서는 안에서 밖으로 전기를 내보내는 것으로 전자부품들을 움직이게 하거나 특정 기능을 제어하는 액추에이터를 말합니다. 이 액추에이터는 입력값과 마찬가지로 디지털과 아날로그 두 가지 신호로 제어합니다.

0V(또는 LOW) 또는 5V(또는 HIGH) 두 가지 출력값을 가지는 디지털 신호는 아두이노 Uno 보드의 디지털 핀인 0~13번 핀에 연결하며 digitalWrite() 함수를 사용합니다. 또한, pinMode() 함수를 사용하여 OUTPUT 모드로 설정합니다.

0~5V(또는 0~1023) 범위의 값을 가지는 아날로그 신호는 아두이노 Uno 보드의 디지털 핀 번호 앞에 물결 표시(~)가 표기된 3, 5, 6, 9, 10, 11번 핀에 연결해 0~255의 범위의 값으로 출력(PWM)할 수 있으며 analogWrite() 함수를 사용합니다.

이번 장에서는 전기적인 신호(디지털, 아날로그)로 특정 기능을 제어하거나 동작시키는 액추에이터에 대해 살펴보겠습니다.

이번 장에서 살펴볼 액추에이터는 다음과 같습니다.

액추에이터	기능	출력값		회로 구성 아두이노 Uno	코드 작성 아두이노 함수
LED	빛을 출력(켜기, 끄기)	디지털	HIGH / LOW	0~13번 핀	digitalWrite()
	빛을 출력(빛의 밝기 조절)	아날로그	0~255	3, 5, 6, 9, 10, 11번 핀	analogWrite()
3색 LED	여러 색상을 출력하는 LED	아날로그	0~255	3, 5, 6, 9, 10, 11번 핀	analogWrite()
피에조부저	소리 출력	음계별 주파수		0~13번 핀	tone(), noTone()
서보 모터	0~180도 각도로 회전	회전각도(0~180)		0~13번 핀	서보모터 라이브러 리 함수(Servo.h)
DC 모터	360도 각도로 회전 (회전, 멈춤)	디지털	HIGH / LOW	0~13번 핀	digitalWrite()
	360도 각도로 회전 (회전 속도 조절)	아날로그	0~255	3, 5, 6, 9, 10, 11번 핀	analogWrite()
7세그먼트	숫자나 문자를 표현	디지털	HIGH / LOW	0~13번 핀	digitalWrite()

7-1. LED

LED는 일상생활에서 매우 다양하게 사용되고 있습니다. 길거리에서 흔히 볼 수 있는 광고 전광판과 교통 신호등, 경관 조명, 실내등, TV 디스플레이 등 여러 색상의 빛을 내며 어두운 곳을 밝게 비추거나 정보를 전달하는 데 사용됩니다.

LED는 소비전력이 낮고 수명이 길며 환경 오염 물질의 배출이 없는 친환경적인 조명으로 일상생활 속에서 유용하게 쓰이고 있습니다.

7-1-1. 액추에이터의 이해

1) 원리가 궁금해요

LED는 전기 에너지가 흐르면 빛이 나는 반도체입니다. 즉, 빛 에너지를 가진 LED는 Light Emitting Diode의 약자로 빛을 내는 다이오드라는 뜻이며, 발광 다이오드라고도 합니다.

반도체에는 (−) 극의 전기적 성질을 가진 N형 반도체와 (+) 극의 전기적 성질을 가진 P형 반도체 두 개가 겹쳐져 있습니다.

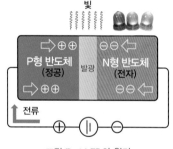

그림 7-1 LED의 원리

N형에는 전자가 많고 P형에는 전자를 받아들이는 빈 공간(정공)이 많이 있습니다. 이 반도체에 순방향(한 방향)으로 전기가 흐르면 전자와 정공이 결합하게 되는데, 이때 생긴 에너지가 빛이 되는 것이 LED입니다.

2) 어떻게 생겼을까요?

LED는 2개의 리드선이 있으며 각 리드선은 (+), (−) 극성이 있습니다. LED의 극성을 구별하는 방법은 리드선의 길이를 보면 알 수 있습니다. 리드선 길이가 긴 쪽이 (+) 극성으로 애노드(Anode)라 부르며, 짧은 쪽이 (−) 극성으로 캐소드(Cathode)라 부릅니다. 또한 LED 내부를 보면 모양이 (+) 극성이며 모양이 (−) 극성입니다. 극성이 있으므로 반드시 회로를 구성할 때 전원의 극성을 맞춰야 합니다.

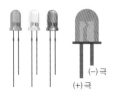

그림 7-2 LED의 구조

LED를 켜기 위한 필요한 정격전압은 1.8~3.4V입니다. 아두이노 Uno를 기준으로 입력전압이 5V이므로 과전류가 흐르지 않도록 반드시 저항을 연결해야 합니다. 저항 계산법은 49 페이지에 상세히 설명돼 있습니다.

3) 어디에 사용되나요?

신호등	조명	전광판

7-1-2. 프로젝트 – 회로를 구성해 보아요

일정한 간격으로 초록색 LED, 노란색 LED, 빨간색 LED 켜지고 꺼지는 프로그램을 만들어 봅시다.

1) 무엇을 준비할까요?

아두이노 Uno	브레드보드	LED	점퍼선(수수)	저항(220Ω)

X 1	X 1	X 3	X 7	X 3

2) 회로를 구성해 보아요

명칭	아두이노 연결 위치
초록색 LED +극	디지털 13번 핀
노란색 LED +극	디지털 12번 핀
빨간색 LED +극	디지털 11번 핀
각 LED −극	GND

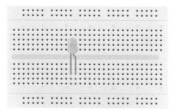

01. 브레드보드에 초록색 LED를 가로 방향으로 꽂습니다.

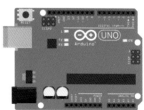

02. 브레드보드에 저항을 꽂습니다. 저항은 LED의 리드선 길이가 긴 쪽(+)과 짧은 쪽(−) 중 한 곳과 연결해 꽂아야 합니다.

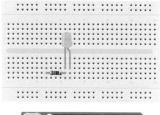

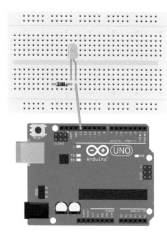

03. 초록색 LED의 (+)극과 아두이노 보드의 디지털 13번 핀을 점퍼선으로 연결합니다.

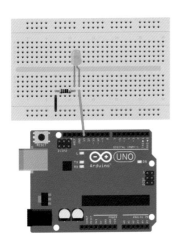

04. 초록색 LED의 (−)극과 연결된 저항의 다른 한쪽 리드선과 브레드보드의 버스띠 영역을 점퍼선으로 연결합니다.

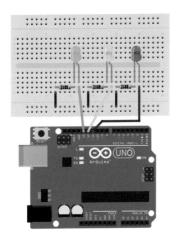

05. 01~04 순서대로 노란색 LED를 디지털 12번 핀, 빨간색 LED를 디지털 11번 핀에 연결합니다.

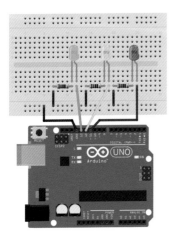

06. 브레드보드의 버스 띠 영역과 아두이노 보드의 GND를 점퍼선으로 연결합니다.

그림 7-3 회로 완성 사진

7-1-3. 프로젝트 - 코딩해 보아요

LED는 켜고 끄는 두 가지 신호를 출력하므로 회로를 구성할 때는 디지털 핀인 0~13번에 연결합니다. 코드를 작성할 때는 digitalWrite() 함수를 사용하며 HIGH 값은 LED를 켜고, LOW 값은 LED를 끄는 명령어입니다.

프로젝트 미리 보기: http://bit.ly/2BEDfet

코드 보기: http://bit.ly/32z2BWL

작동 영상 보기

🐼 신호등 - 엔트리 코딩

2초 간격으로 신호등 색상이 바뀝니다.

신호등 색상이 바뀔 때마다 해당 색상의 LED도 켜지고 꺼집니다.

마을 도로를 달리는 자동차가 빨간색 신호등이 되면 멈추고 다시 초록색 신호등이 되면 출발합니다.

1) 오브젝트 추가

01. 오브젝트 추가하기 탭에서 '빨간 자동차', '신호등(2)', '마을' 배경을 선택해 불러옵니다.

2) 엔트리 코드 블록 조립하기

/chapter07/신호등.ent

오브젝트	코드	설명

빨간 자동차

크기 100.0
방향(°) 0
이동 방향(°) 90

시작하기 버튼을 클릭했을 때
계속 반복하기 **1**
이동 방향으로 **3** 만큼 움직이기 **2**
만일 빨간 자동차 의 x 좌푯값 > 240 이라면
x: -240 위치로 이동하기 **3**
만일 신호등(2) 의 모양 이름 = 신호등(2)_빨강 이라면
신호등(2) 의 모양 이름 = 신호등(2)_초록 이(가) 될 때까지 기다리기 **4**

1. 달리는 자동차를 표현하기 위해 계속 반복합니다.

2. '빨간색 자동차' 오브젝트가 90도 이동 방향(오른쪽)으로 3만큼씩 움직입니다. 한번 반복할 때마다 움직이는 좌푯값이므로 숫자가 클수록 '빨간색 자동차' 오브젝트가 빨리 달리는 효과를 나타낼 수 있습니다.

3. '빨간색 자동차' 오브젝트가 오른쪽으로 3만큼씩 움직이다가 X 좌푯값이 240보다 커지면 X 좌푯값의 위치를 -240으로 설정합니다. '빨간색 자동차' 오브젝트가 무대 밖으로 벗어나면 다시 무대의 왼쪽에서 나타나 달리는 효과를 나타내기 위함입니다.

4. 신호등의 모양 이름이 '신호등(2)_빨강'(신호등 색상이 빨간색)이면 달리고 있는 '빨간색 자동차' 오브젝트가 멈추고, 다시 신호등의 모양 이름이 '신호등(2)_초록'(신호등 색상이 초록색)으로 바뀔 때까지 기다립니다.

오브젝트	코드	설명

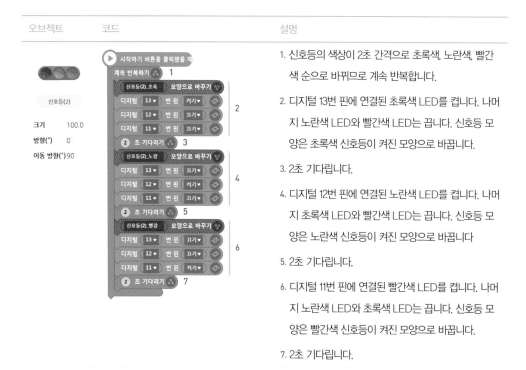

1. 신호등의 색상이 2초 간격으로 초록색, 노란색, 빨간색 순으로 바뀌므로 계속 반복합니다.

2. 디지털 13번 핀에 연결된 초록색 LED를 켭니다. 나머지 노란색 LED와 빨간색 LED는 끕니다. 신호등 모양은 초록색 신호등이 켜진 모양으로 바꿉니다.

3. 2초 기다립니다.

4. 디지털 12번 핀에 연결된 노란색 LED를 켭니다. 나머지 초록색 LED와 빨간색 LED는 끕니다. 신호등 모양은 노란색 신호등이 켜진 모양으로 바꿉니다

5. 2초 기다립니다.

6. 디지털 11번 핀에 연결된 빨간색 LED를 켭니다. 나머지 노란색 LED와 초록색 LED는 끕니다. 신호등 모양은 빨간색 신호등이 켜진 모양으로 바꿉니다.

7. 2초 기다립니다.

신호등 - 아두이노 코딩

2초 간격으로 초록색 LED, 노란색 LED, 빨간색 LED가 켜지고 꺼집니다.

초록색 LED가 켜지면 노란색 LED와 빨간색 LED가 꺼집니다.

노란색 LED가 켜지면 초록색 LED와 빨간색 LED가 꺼집니다.

빨간색 LED가 켜지면 노란색 LED와 초록색 LED가 꺼집니다.

코드	설명
1 int led_green = 13; 2 int led_yellow = 12; 3 int led_red = 11;	1. 초록색 LED를 디지털 13번 핀으로 정합니다. 2. 노란색 LED를 디지털 12번 핀으로 정합니다. 3. 빨간색 LED를 디지털 11번 핀으로 정합니다.

void setup() {
4   pinMode(led_green, OUTPUT);
5   pinMode(led_yellow, OUTPUT);
6   pinMode(led_red, OUTPUT);
   }
	4. 초록색 LED를 출력 모드로 정합니다.
	5. 노란색 LED를 출력 모드로 정합니다.
	6. 빨간색 LED를 출력 모드로 정합니다.

7 void loop() { 8 digitalWrite(led_green, HIGH); 9 digitalWrite(led_yellow, LOW); 10 digitalWrite(led_red, LOW);	7. 반복합니다. 8. 초록색 LED를 켭니다. 9. 노란색 LED를 끕니다. 10. 빨간색 LED를 끕니다.
11 delay(2000);	11. 2초 기다립니다.
12 digitalWrite(led_green, LOW); 13 digitalWrite(led_yellow, HIGH); 14 digitalWrite(led_red, LOW);	12. 초록색 LED를 끕니다. 13. 노란색 LED를 켭니다. 14. 빨간색 LED를 끕니다.
15 delay(2000);	15. 2초 기다립니다.
16 digitalWrite(led_green, LOW); 17 digitalWrite(led_yellow, LOW); 18 digitalWrite(led_red, HIGH);	16. 초록색 LED를 끕니다. 17. 노란색 LED를 끕니다. 18. 빨간색 LED를 켭니다.
19 delay(2000); }	19. 2초 기다립니다.

신호등 – 엔트리 vs. 아두이노

엔트리	아두이노

신호등(2)

```
1    int led_green = 13;
2    int led_yellow = 12;
3    int led_red = 11;

     void setup() {
4      pinMode(led_green, OUTPUT);
5      pinMode(led_yellow, OUTPUT);
6      pinMode(led_red, OUTPUT);
     }

7    void loop() {
8      digitalWrite(led_green, HIGH);
9      digitalWrite(led_yellow, LOW);
10     digitalWrite(led_red, LOW);

11     delay(2000);

12     digitalWrite(led_green, LOW);
13     digitalWrite(led_yellow, HIGH);
14     digitalWrite(led_red, LOW);

15     delay(2000);

16     digitalWrite(led_green, LOW);
17     digitalWrite(led_yellow, LOW);
18     digitalWrite(led_red, HIGH);

19     delay(2000);
     }
```

프로젝트 미리 보기: http://bit.ly/2MtXOjL

코드 보기: http://bit.ly/2BtVEdI

작동 영상 보기

 ## 2배수, 3배수, 4배수 – 엔트리 코딩

숫자 1부터 100까지 1초 간격으로 1씩 증가합니다.

2의 배수일 때는 초록색 LED가 1초 동안 켜졌다가 꺼집니다.

3의 배수일 때는 노란색 LED가 1초 동안 켜졌다가 꺼집니다.

4의 배수일 때는 빨간색 LED가 1초 동안 켜졌다가 꺼집니다.

1) 오브젝트 추가

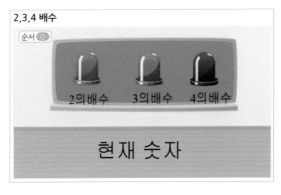

01. 오브젝트 추가하기 탭에서 글상자를 선택하고 '현재 숫자', '4의배수', '3의배수', '2의배수'라고 입력해 글상자 오브젝트를 만듭니다.

02. 오브젝트 추가하기 탭에서 '노란LED', '빨간LED', '초록LED', '칠판' 배경을 선택해 불러옵니다.

2) 변수 만들기

1부터 100까지 카운트를 세어 카운트 값을 기억하는 변수를 만들어 보겠습니다.

01. [속성] 탭에서 변수를 선택합니다.

02. [변수 추가하기] 버튼을 누른 다음 변수 이름을 '순서'로 입력합니다.

03. [확인] 버튼을 선택합니다. 생성된 변수는 다음과 같습니다.

#	변수 이름	사용가능 오브젝트	기본값	최솟값	최댓값	변수 노출
1	순서	전체	0			보이기

3) 엔트리 코드 블록 조립하기

/chapter07/2,3,4 배수.ent

오브젝트	코드	설명
현재 숫자 현재 숫자 **크기** 103.7 **방향(°)** 0 **이동 방향(°)** 90		1. '순서' 변숫값이 변경되므로 계속 반복합니다. 2. 글상자에 '순서' 변숫값을 나타냅니다. 1 ~ 2는 1부터 100까지 1만큼 더해지는 숫자를 화면에 나타내기 위한 코드입니다.

오브젝트	코드	설명

칠판

크기 375.2
방향(°) 0
이동 방향(°) 90

1. '순서' 변숫값이 변경되므로 계속 반복합니다.

2. 순서' 변숫값을 0으로 초기화합니다.

3. 1부터 100 사이의 숫자 중에서 2의 배수, 3의 배수, 4의 배수를 구해야 하므로 '순서' 변숫값이 100보다 작을 동안 반복 합니다.

4. '순서' 변숫값에 1만큼 더합니다.

5. 1초 간격으로 숫자를 1씩 증가시키기 위해 1초 기다립니다.

초록LED

크기 56.5
방향(°) 0
이동 방향(°) 90

1. '순서' 변숫값이 변경되므로 계속 반복합니다.

2. 2로 나눴을 때의 나머지가 0이면 2의 배수입니다. 2의 배수이면 디지털 13번 핀에 연결된 초록색 LED를 켜고, '초록LED_켜짐' 모양으로 바꿉니다.

3. 2의 배수가 아니면 디지털 13번 핀에 연결된 초록색 LED를 끄고, '초록LED_꺼짐' 모양으로 바꿉니다.

노란LED

크기 56.5
방향(°) 0
이동 방향(°) 90

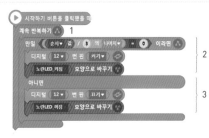

1. '순서' 변숫값이 변경되므로 계속 반복합니다.

2. 3으로 나눴을 때의 나머지가 0이면 3의 배수입니다. 3의 배수이면 디지털 12번 핀에 연결된 노란색 LED를 켜고, '노란LED_켜짐' 모양으로 바꿉니다.

3. 3의 배수가 아니면 디지털 12번 핀에 연결된 노란색 LED를 끄고, '노란LED_꺼짐' 모양으로 바꿉니다.

오브젝트	코드	설명
빨간LED 크기 56.5 방향(°) 0 이동 방향(°) 90		1. '순서' 변숫값이 변경되므로 계속 반복합니다. 2. 4로 나눴을 때의 나머지가 0이면 4의 배수입니다. 4의 배수이면 디지털 11번 핀에 연결된 빨간색 LED를 켜고, '빨간LED_켜짐' 모양으로 바꿉니다. 3. 4의 배수가 아니면 디지털 11번 핀에 연결된 빨간색 LED를 끄고, '빨간LED_꺼짐' 모양으로 바꿉니다.

⚙ 2배수, 3배수, 4배수 - 아두이노 코딩

숫자 1부터 100까지 1초 간격으로 1씩 증가합니다.

2의 배수일 때는 초록색 LED가 1초 동안 켜졌다가 꺼집니다.

3의 배수일 때는 노란색 LED가 1초 동안 켜졌다가 꺼집니다.

4의 배수일 때는 빨간색 LED가 1초 동안 켜졌다가 꺼집니다.

/chapter07/led_ex02.ino

코드	설명
1 `int led_green = 13;`	1. 초록색 LED를 디지털 13번 핀으로 정합니다.
2 `int led_yellow = 12;`	2. 노란색 LED를 디지털 12번 핀으로 정합니다.
3 `int led_red = 11;`	3. 빨간색 LED를 디지털 11번 핀으로 정합니다
`void setup() {`	
4 `pinMode(led_green, OUTPUT);`	4. 초록색 LED를 출력 모드로 정합니다.
5 `pinMode(led_yellow, OUTPUT);`	5. 노란색 LED를 출력 모드로 정합니다.
6 `pinMode(led_red, OUTPUT);`	6. 빨간색 LED를 출력 모드로 정합니다.
7 `Serial.begin(9600);` `}`	7. 시리얼 입출력의 통신 속도를 9600으로 정합니다.

8 void loop() {	8. 반복합니다.
9 int count = 0;	9. 숫자를 세기 위한 정수형 변수 count를 선언하고 초깃값 으로 0을 저장합니다.
10 while(count < 100) {	10. 변수 count 값이 100보다 작을 동안 반복합니다.
11 count = count + 1;	11. count 변숫값에 1만큼 더합니다.
12 Serial.println(count);	12. 시리얼 모니터에 변수 count 값을 나타냅니다.
13 if(count % 2 == 0)	13. count 변숫값을 2로 나눴을 때의 나머지가 0이면
14 digitalWrite(led_green, HIGH);	14. 초록색 LED를 켭니다.
15 if(count % 3 == 0)	15. count 변숫값을 3으로 나눴을 때의 나머지가 0이면
16 digitalWrite(led_yellow, HIGH);	16. 노란색 LED를 켭니다.
17 if(count % 4 == 0)	17. count 변숫값을 4로 나눴을 때의 나머지가 0이면
18 digitalWrite(led_red, HIGH);	18. 빨간색 LED를 켭니다.
19 delay(1000);	19. 1초 기다립니다.
20 digitalWrite(led_green, LOW);	20. 초록색 LED를 끕니다.
21 digitalWrite(led_yellow, LOW);	21. 노란색 LED를 끕니다.

22   digitalWrite(led_red, LOW);
     }
   }
	22. 빨간색 LED를 끕니다.

2배수, 3배수, 4배수 - 엔트리 vs. 아두이노

엔트리	아두이노
현재 숫자 현재 숫자 시작하기 버튼을 클릭했을 때 계속 반복하기 ⟳ 8 순서 ▼ 값) 라고 글쓰기 12	1 int led_green = 13; 2 int led_yellow = 12; 3 int led_red = 11; void setup() { 4 pinMode(led_green, OUTPUT);

칠판

시작하기 버튼을 클릭했을 때
계속 반복하기 ⟲ 8
순서▼ 를 0 (으)로 정하기 9
순서▼ 값 100 번 동안▼ 반복하기 ⟲ 10
순서▼ 에 1 만큼 더하기 11
1 초 기다리기 ⟲ 19

초록LED

시작하기 버튼을 클릭했을 때
계속 반복하기 ⟲ 8
만일 ⟨ 순서▼ 값 / 2 의 나머지▼ = 0 ⟩ 이라면 13
디지털 13▼ 번 핀 켜기▼ ◇ 14
초록LED_켜짐 모양으로 바꾸기
아니면
디지털 13▼ 번 핀 끄기▼ ◇ 20
초록LED_꺼짐 모양으로 바꾸기

노란LED

시작하기 버튼을 클릭했을 때
계속 반복하기 ⟲ 8
만일 ⟨ 순서▼ 값 / 3 의 나머지▼ = 0 ⟩ 이라면 15
디지털 12▼ 번 핀 켜기▼ ◇ 16
노란LED_켜짐 모양으로 바꾸기
아니면
디지털 12▼ 번 핀 끄기▼ ◇ 21
노란LED_꺼짐 모양으로 바꾸기

빨간LED

시작하기 버튼을 클릭했을 때
계속 반복하기 ⟲ 8
만일 ⟨ 순서▼ 값 / 4 의 나머지▼ = 0 ⟩ 이라면 17
디지털 11▼ 번 핀 켜기▼ ◇ 18
빨간LED_켜짐 모양으로 바꾸기
아니면
디지털 11▼ 번 핀 끄기▼ ◇ 22
빨간LED_꺼짐 모양으로 바꾸기

```
5    pinMode(led_yellow, OUTPUT);
6    pinMode(led_red, OUTPUT);

7    Serial.begin(9600);
   }

8  void loop() {
9    int count = 0;

10     while(count < 100)
     {
11       count = count + 1;
12       Serial.println(count);

13       if(count % 2 == 0)
14         digitalWrite(led_green, HIGH);
15       if(count % 3 == 0)
16         digitalWrite(led_yellow, HIGH);
17       if(count % 4 == 0)
18         digitalWrite(led_red, HIGH);

19       delay(1000);

20       digitalWrite(led_green, LOW);
21       digitalWrite(led_yellow, LOW);
22       digitalWrite(led_red, LOW);
     }
   }
```

7-2. 3색 LED

앞서 빛의 에너지를 가진 LED를 살펴봤습니다. 이 LED 중에서 빨간색(R), 초록색(G), 파란색(B) 3개의 색상의 LED를 하나로 합친 것이 3색 LED입니다. 각각의 LED를 제어하므로 써 여러 가지 색상을 만들 수 있어서 화려한 조명이나 전광판, 컴퓨터 모니터, TV와 같이 여러 색을 표현하는 곳에 주로 사용됩니다.

7-2-1. 액추에이터의 이해

1) 원리가 궁금해요

3색 LED는 전기 에너지를 빛 에너지로 변환하는 발광 다이오드입니다. 하나의 LED안에 3가지 색을 내는 LED가 들어가 있어서 각각의 색을 따로 제어가 가능합니다. 그러므로 3색 LED는 여러 가지 색상을 출력할 수 있습니다. 빛의 삼원색인 빨간색, 초록색, 파란색을 각각 제어하며, 아두이노의 PWM 기능을 통해 각 색에 해당하는 전압을 0~5V값으로 조정함으로써 빛의 밝기를 조절합니다. 빨간색이 밝고 파란색이 어둡다면 파란색보다는 빨간색이 더 진

그림 7-4 빛의 삼원색

하게 표현될 것입니다. 이런 식으로 각 빛의 밝기를 조절하여 원하는 색상을 표현할 수 있습니다. PWM 방식의 아날로그 출력값은 0~255의 범위의 값을 가지므로 RGB 색은 0~255 사이의 숫자로 제어하며 숫자가 커질수록 표현하고자 하는 색상과 가깝게 표현됩니다.

255 + 255 + 0 =   255 + 0 + 0 =

255 + 192 + 203 =   0 + 255 + 0 =

100 + 255 + 255 =   0 + 0 + 255 =

128 + 128 + 128 =   255 + 255 + 255 =

그림 7-5 삼원색으로 색상 만들기

2) 어떻게 생겼을까요?

삼색 LED는 4개의 리드선이 있습니다. 가장 긴 리드선을 제외한 3개의 리드선은 빨간색, 초록색, 파란색 색상을 제어합니다.

가장 긴 리드선은 5V 또는 GND와 연결함으로써 애노드(+) 방식과 캐소드(-) 방식으로 나누어집니다.

그림 7-6 3색 LED

애노드(+) 방식은 3개의 (-) 극과 1개의 (+) 극으로 구성된 방식이고, 캐소드(-) 방식은 3개의 (+) 극과 1개의 (-) 극으로 구성된 방식입니다. 따라서 회로를 구성할 때는 3색 LED 타입에 맞게 연결해야 합니다. 또한 LED와 마찬가지로 긴 리드선을 제외한 3개의 리드선에 과전류가 흐르지 않도록 각각 저항을 연결합니다. 이 책에서는 캐소드 방식의 3색 LED를 사용해 실습해 보겠습니다.

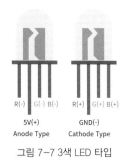

그림 7-7 3색 LED 타입

3) 어디에 사용되나요?

미러볼 조명	키보드	간판	사인 디스플레이 분야

7-2-2. 프로젝트 - 회로를 구성해 보아요

일정 간격으로 3색 LED의 색상이 바뀌는 프로그램을 만들어 봅시다.

1) 무엇을 준비할까요?

아두이노 Uno	브레드보드	3색 LED	점퍼선 (수수)	저항 (220Ω)
X 1	X 1	X 1	X 4	X 3

2) 회로를 구성해 보아요

명칭	아두이노 연결 위치
3색 LED R	디지털 11번 핀
3색 LED 긴 리드선	GND
3색 LED G	디지털 10번 핀
3색 LED B	디지털 9번 핀

01. 브레드보드에 3색 LED를 가로 방향으로 꽂습니다.

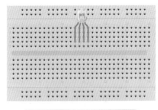

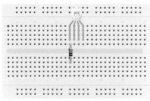

02. 브레드보드에 저항을 꽂습니다.

3색 LED 리드선 3곳(RGB)에 저항을 꽂아야 하므로 공간 활용을 위해
브레드보드에 분리된 중앙선 맞은편으로 연결해 꽂습니다.

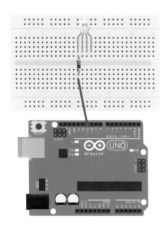

03. 아날로그 출력을 해야 하므로 아두이노 보드의 디지털 핀에서 ∼로 표시
된 11번 핀에 연결합니다.

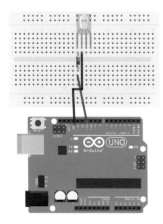

04. 애노드(+) 방식의 3색 LED는 긴 리드선을 아두이노 보드의 5V에 연결
하고 캐소드(-) 방식의 3색 LED는 GND에 연결합니다.

이 책에서는 캐소드(-) 방식의 3색 LED를 사용했습니다.

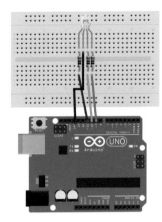

05. 02~03번 순서대로 아두이노 보드의 디지털 핀에서 ～로 표시된 9번, 10번 핀에 연결합니다.

그림 7-8 회로 완성 사진

7-2-3. 프로젝트 – 코딩해 보아요

3색 LED는 PWM 방식의 아날로그 출력을 하므로 회로를 구성할 때는 디지털 핀 중 PWM 기능을 제어하는 핀(~표시가 되어 있는 핀)에 연결합니다. 또한, 애노드(+) 방식의 3색 LED는 긴 리드선을 5V에 연결하고 캐소드(-) 방식의 3색 LED는 긴 리드선을 GND로 연결합니다. 코드를 작성할 때는 analogWrite() 함수를 사용해 PWM 출력값 0~255 범위 안에서 색상을 출력할 수 있습니다. 0에 가까울수록 해당 LED의 색상이 어둡고 255에 가까울수록 밝습니다.

프로젝트 미리 보기: http://bit.ly/2qqeFeI

코드 보기: http://bit.ly/2PepxHd

직동 영상 보기

 예쁜 꽃 만들기 – 엔트리 코딩

3색 LED의 색상이 0.5초 간격으로 무작위 색상으로 바뀝니다.

3색 LED의 색상이 바뀌는 동안 꽃잎을 45도씩 회전하면서 8장의 꽃잎을 도장 찍습니다. 색상과 크기를 다르게 하여 예쁜 5단 꽃 모양을 만듭니다

1) 오브젝트 추가

01. 오브젝트 추가하기 탭에서 '분홍 꽃잎'을 선택해 불러옵니다.

2) 엔트리 코드 블록 조립하기

오브젝트	코드	설명

분홍 꽃잎

크기	100.0
방향(°)	0°
이동 방향(°)	90°

시작하기 버튼을 클릭했을 때
크기를 100 (으)로 정하기 ... 1
5 번 반복하기 ... 2
 8 번 반복하기
  색깔▼ 효과를 0 부터 100 사이의 무작위 수 (으)로 정하기
  방향을 45° 만큼 회전하기 ... 3
  도장찍기
  0.5 초 기다리기
 크기를 -20 만큼 바꾸기 ... 4
2 초 기다리기
모든 붓 지우기
처음부터 다시 실행하기 ... 5

1. 반복할 때마다 '분홍 꽃잎' 오브젝트의 크기가 작아지는 예제이므로 크기의 초깃값을 100으로 정합니다.

2. '분홍 꽃잎' 오브젝트가 5단으로 포개지도록 도장을 찍기 때문에 5번 반복합니다.

3. '분홍 꽃잎' 오브젝트를 0.5초 간격으로 45도 회전시키면서 도장을 찍어 8장의 꽃잎을 만듭니다.

   꽃잎을 만들 때마다 무작위 색상으로 변경합니다.

4. 8장의 꽃잎을 만든 다음에는 크기를 20만큼 작게 만들어 다시 8장의 꽃잎의 도장을 찍습니다. 이 방법으로 5단 꽃을 만듭니다.

5. 5단 꽃이 완성되면 2초 후 만든 꽃을 지우고 다시 처음부터 실행해 예쁜 꽃을 만듭니다.

예쁜 꽃 만들기의 완성 모습

시작하기 버튼을 클릭했을 때
계속 반복하기 ... 1
 디지털 11▼ 번 핀을 0 부터 255 사이의 무작위 수 (으)로 정하기 ... 2
 디지털 10▼ 번 핀을 0 부터 255 사이의 무작위 수 (으)로 정하기 ... 3
 디지털 9▼ 번 핀을 0 부터 255 사이의 무작위 수 (으)로 정하기 ... 4
 0.5 초 기다리기 ... 5

1. 3색 LED 색상을 0.5초 간격으로 변경하므로 계속 반복합니다.

2. 3색 LED에서 R(빨간색)을 출력하는 디지털 11번 핀의 값을 0부터 255 사이의 무작위 수로 정합니다.

3. 3색 LED에서 G(초록색)를 출력하는 디지털 10번 핀의 값을 0부터 255 사이의 무작위 수로 정합니다.

4. 3색 LED에서 B(파란색)를 출력하는 디지털 9번 핀의 값을 0부터 255 사이의 무작위 수로 정합니다.

5. 3색 LED 색상을 0.5초 간격으로 변경하기 위해 0.5초 기다립니다.

 **예쁜 꽃 만들기 - 아두이노 코딩**

3색 LED의 색상이 0.5초 간격으로 무작위 색상으로 바뀝니다.

/chapter07/3color_ex01.ino

코드	설명
1 `int led_red = 11;`	1. 3색 LED 중 빨간색 LED를 디지털 11번 핀으로 정합니다.
2 `int led_green = 10;`	2. 3색 LED 중 초록색 LED를 디지털 10번 핀으로 정합니다.
3 `int led_blue = 9;`	3. 3색 LED 중 파란색 LED를 디지털 9번 핀으로 정합니다.
`void setup() {`	
4 `  pinMode(led_red, OUTPUT);`	4. 3색 LED 중 빨간색 LED 출력 모드로 정합니다.
5 `  pinMode(led_green, OUTPUT);`	5. 3색 LED 중 초록색 LED 출력 모드로 정합니다.
6 `  pinMode(led_blue, OUTPUT);`	6. 3색 LED 중 파란색 LED 출력 모드로 정합니다.
7 `  randomSeed(analogRead(A0));` `}`	7. 발생하는 난수가 실행될 때마다 달라야 하므로 난수 발생기를 초기화합니다. 초기화할 때는 사용하지 않는 핀의 아날로그 값을 읽어 그 값을 사용하면 됩니다.
8 `void loop() {`	8. 반복합니다.
9 `  analogWrite(led_red, random(256));`	9. random(최댓값) 함수를 이용해 빨간색 LED 출력 핀에 0부터 255 사이의 무작위 수를 출력합니다. random(최댓값) 함수의 난수 생성 범위는 최댓값-1까지의 값입니다
10 `  analogWrite(led_green, random(256));`	10. random(최댓값) 함수를 이용해 초록색 LED 출력 핀에 0부터 255 사이의 무작위 수를 출력합니다.
11 `  analogWrite(led_blue, random(256));`	11. random(최댓값) 함수를 이용해 파란색 LED 출력 핀에 0부터 255 사이의 무작위 수를 출력합니다.
12 `  delay(500);` `}`	12. 0.5초 기다립니다.

예쁜 꽃 만들기 – 엔트리 vs. 아두이노

엔트리

분홍 꽃잎

> ▶ 시작하기 버튼을 클릭했을 때
> 계속 반복하기 ⟳   8
> 1 디지털 11 ▼ 번 핀을 0 부터 255 사이의 무작위 수 (으)로 정하기 ◇   9
> 2 디지털 10 ▼ 번 핀을 0 부터 255 사이의 무작위 수 (으)로 정하기 ◇   10
> 3 디지털 9 ▼ 번 핀을 0 부터 255 사이의 무작위 수 (으)로 정하기 ◇   11
> 0.5 초 기다리기 ⏱   12

아두이노

```
1   int led_red = 11;
2   int led_green = 10;
3   int led_blue = 9;

    void setup() {
4     pinMode(led_red, OUTPUT);
5     pinMode(led_green, OUTPUT);
6     pinMode(led_blue, OUTPUT);

7     randomSeed(analogRead(A0));
    }

8   void loop() {
9     analogWrite(led_red, random(256));
10    analogWrite(led_green, random(256));
11    analogWrite(led_blue, random(256));
12    delay(500);
    }
```

프로젝트 미리 보기: http://bit.ly/2VWMOyu

코드 보기: http://bit.ly/2Bt4Kr9

작동 영상 보기

 ## 하트 꽃 색상 바꾸기 - 엔트리 코딩

1부터 4 사이의 무작위 수를 구합니다.

무작위 수가 1이라면 빨간색 하트 꽃 모양을 만들고 빨간색 LED가 켜집니다. 무작위 수가 2라면 노란색 하트 꽃 모양을 만들고 노란색 LED가 켜집니다. 무작위 수가 3이라면 분홍색 하트 꽃 모양을 만들고 분홍색 LED가 켜집니다. 무작위 수가 4라면 파란색 하트 꽃 모양을 만들고 파란색 LED가 켜집니다.

1) 오브젝트 추가

01. 오브젝트 추가하기 탭에서 '기본하트'를 선택해 불러옵니다.

2) 변수 만들기

1부터 4 사이의 무작위 수를 기억하는 변수를 만들어 보겠습니다.

01. [속성] 탭에서 변수를 선택합니다.

02. [변수 추가하기] 버튼을 누른 다음 변수 이름을 '색상선택'으로 입력합니다.

03. [확인] 버튼을 선택합니다. 생성된 변수는 다음과 같습니다.

#	변수 이름	사용가능 오브젝트	기본값	최솟값	최댓값	변수 노출
1	색상선택	전체	0			보이기

3) 함수 만들기

빨간색, 초록색, 파란색 값을 입력받아 3색 LED와 연결된 디지털 핀에 출력하는 함수를 만들어 보겠습니다.

01. [속성] 탭에서 함수를 선택합니다.

02. 함수를 정의하는 데 필요한 이름, 문자/숫자값 블록을 사용합니다.

빨간색, 초록색, 파란색 값을 입력받아 3색 LED와 연결된 디지털 핀에 출력하는 함수를 만듭니다.

03. 함수 만들기의 결괏값은 다음과 같습니다.

4) 엔트리 코드 블록 조립하기

/chapter07/하트꽃 색상 바꾸기.ent

오브젝트	코드	설명

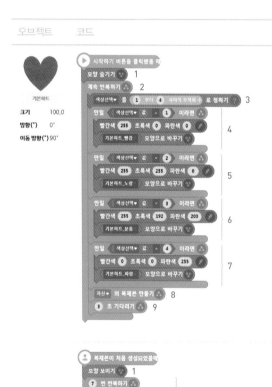

기본하트

크기 100.0
방향(°) 0°
이동 방향(°) 90°

1. 복제본을 만들기 위해 원본 '기본하트' 오브젝트 모양을 숨깁니다.

2. 3색 LED의 색상을 계속 바꾸기 위해 반복합니다.

3. 4가지 색상을 출력하기 위해 '색상선택' 변수에 1부터 4 사이의 무작위 수를 저장합니다.

4. '색상선택' 변숫값이 1이면 빨간색 LED를 켜고, '기본하트_빨강' 모양으로 바꿉니다.

5. '색상선택' 변숫값이 2이면 노란색 LED를 켜고, '기본하트_노랑' 모양으로 바꿉니다.

6. '색상선택' 변숫값이 3이면 분홍색 LED를 켜고, '기본하트_분홍' 모양으로 바꿉니다.

7. '색상선택' 변숫값이 4이면 파란색 LED를 켜고, '기본하트_파랑' 모양으로 바꿉니다.

8. 하트 꽃을 만들기 위해 복제본을 만듭니다.

9. 3초 기다립니다.

1. 복제본이 처음 생성됐을 때 숨겼던 '기본하트' 오브젝트 모양을 보이기 상태로 바꿉니다.

2. '기본하트' 오브젝트를 0.4초 간격으로 45도 회전시키면서 도장을 찍어 꽃을 만듭니다.

   중심점을 기준으로 회전하므로 중심점을 하트 아래쪽으로 옮겨야 꽃을 만들 수 있습니다.

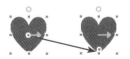

3. 하트 꽃이 완성이 되면 복제본을 삭제합니다.

1. 3색 LED 색상을 바꾸어주는 함수입니다.

2. 매개변수 '문자/숫자값1' 값으로 3색 LED에 연결된 디지털 11번 핀에 색상을 출력합니다.

3. 매개변수 '문자/숫자값2' 값으로 3색 LED에 연결된 디지털 10번 핀에 색상을 출력합니다.

4. 매개변수 '문자/숫자값3' 값으로 3색 LED에 연결된 디지털 9번 핀에 색상을 출력합니다.

하트 꽃 색상 바꾸기 - 아두이노 코딩

1부터 4 사이의 무작위 수를 구합니다.

무작위 수가 1이라면 빨간색 LED가 켜집니다. 무작위 수가 2라면 노란색 LED가 켜집니다. 무작위 수가 3이라면 분홍색 LED가 켜집니다. 무작위 수가 4라면 파란색 LED가 켜집니다.

/chapter07/3color_ex02.ino

코드	설명
1 int led_red = 11;	1. 3색 LED 중 빨간색 LED를 디지털 11번 핀으로 정합니다.
2 int led_green = 10;	2. 3색 LED 중 초록색 LED를 디지털 10번 핀으로 정합니다.
3 int led_blue = 9;	3. 3색 LED 중 파란색 LED를 디지털 9번 핀으로 정합니다.
void setup() {	
4 pinMode(led_red, OUTPUT);	4. 3색 LED 중 빨간색 LED 출력 모드로 정합니다.
5 pinMode(led_green, OUTPUT);	5. 3색 LED 중 초록색 LED 출력 모드로 정합니다.
6 pinMode(led_blue, OUTPUT);	6. 3색 LED 중 파란색 LED 출력 모드로 정합니다.
}	
7 void loop() {	7. 반복합니다.
8 int color_val = random(1, 5);	8. 정수형 변수 color_val을 선언하고 1부터 4까지의 무작위 수를 저장합니다.
9 if(color_val == 1)	(난수 생성 범위는 최솟값 ~ 최댓값-1까지의 값입니다).
{	9. color_val 변숫값이 1이면
10 setColor(255, 0, 0);	10. 빨간색 LED를 출력하도록 setColor() 함수를 호출합니다.
}	

```
11    if(color_val == 2)
      {
12      setColor(255, 255, 0);
      }

13    if(color_val == 3)
      {
14      setColor(255, 192, 203);
      }

15    if(color_val == 4)
      {
16      setColor(0, 0, 255);
      }

17    delay(3000);
    }

18 void setColor(int red, int green, int blue) {
19    analogWrite(led_red, red);
20    analogWrite(led_green, green);
21    analogWrite(led_blue, blue);
    }
```

11. color_val 변숫값이 2이면

12. 노란색 LED를 출력하도록 setColor() 함수를 호출합니다.

13. color_val 변숫값이 3이면

14. 분홍색 LED를 출력하도록 setColor() 함수를 호출합니다.

15. color_val 변숫값이 4이면

16. 파란색 LED를 출력하도록 setColor() 함수를 호출합니다.

17. 3초 기다립니다.

18. 3가지 색상값(RGB)을 입력받아 3색 LED 색상을 만드는 함수입니다.

19. red에 입력받은 값으로 빨간색 LED의 색상을 출력합니다.

20. green에 입력받은 값으로 초록색 LED의 색상을 출력합니다.

21. blue에 입력받은 값으로 파란색 LED의 색상을 출력합니다.

하트 꽃 색상 바꾸기 - 엔트리 vs. 아두이노

엔트리	아두이노

엔트리 블록 코딩 이미지 (시작하기 버튼을 클릭했을 때, 모양 숨기기, 계속 반복하기 등)

아두이노:

```
1   int led_red = 11;
2   int led_green = 10;
3   int led_blue = 9;

    void setup() {
4     pinMode(led_red, OUTPUT);
5     pinMode(led_green, OUTPUT);
6     pinMode(led_blue, OUTPUT);
    }

7   void loop() {
8     int color_val = random(1, 5);
9     if(color_val == 1)
      {
10      setColor(255, 0, 0);
      }

11    if(color_val == 2)
      {
12      setColor(255, 255, 0);
      }

13    if(color_val == 3)
      {
14      setColor(255, 192, 203);
      }

15    if(color_val == 4)
      {
16      setColor(0, 0, 255);
      }

17    delay(3000);
    }

18  void setColor(int red, int green, int blue) {
19    analogWrite(led_red, red);
20    analogWrite(led_green, green);
21    analogWrite(led_blue, blue);
    }
```

7-3. 피에조부저

부저(Buzzer)란 TV, 세탁기, 에어컨 등 가전제품을 끄거나 켤 때의 알림 소리, 장난감에서 나오는 멜로디, 전자기기의 경고음, 전자시계의 알람, 전화기의 벨소리 등 음향을 출력하는 부품으로 스피커만큼 큰 소리를 내지는 못하지만 작은 소리의 멜로디를 출력하는 제품에 주로 사용됩니다.

특히 피에조부저는 주파수 2만Hz 이상의 초음파를 발생시킬 수 있어서 초음파를 활용한 제품에도 사용되고 있습니다.

7-3-1. 액추에이터의 이해

1) 원리가 궁금해요

피에조부저(piezo buzzer)는 피에조 효과를 이용해 소리를 내는 작은 스피커입니다. 여기서 피에조 효과란 무엇일까요? 피에조 효과는 다른 말로 압전 효과라고도 합니다. 물질에 압력을 주면 그 에너지가 전기 에너지로 변하여 전기가 발생합니다. 즉, 압력에 의해 발생한 전기를 의미합니다.

대표적인 예로 손가락으로 한쪽 부분을 꽉 누르는 순간 전기가 튀어 불이 붙는 라이터가 있습니다. 이는 라이터 내부에 있는 압전 물질이 손으로 누른 압력으로 전기가 발생하여 가스를 점화시키는 장치입니다. 그 외에도 가스레인지, 뒤꿈치에 불이 들어오는 운동화, 야광 킥보드 바퀴 등도 모두 피에조 효과를 이용해 만든 것입니다.

그림 7-9 피에조 효과

그럼 피에조 효과를 이용한 피에조부저는 어떻게 소리를 발생시킬까요? 피에조부저에 있는 압전 물질에 얇은 판(진동판)을 대어주어 전기 에너지를 공급하면 압전 물질이 진동(수축과 팽창)하면서 얇은 판과 부딪혀 소리가 나는 것입니다. 즉, 전압이 공급되면 그에 따라 떨림이 발생하면서 소리가 나게 되는 것입니다.

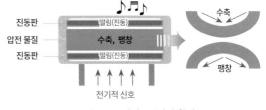

그림 7-10 피에조부저의 원리

2) 어떻게 생겼을까요?

피에조부저는 2개의 리드선이 있으며 각 리드선은 (+), (−) 극성이 있습니다. 피에조부저의 윗면에 (+)라고 쓰여 있거나, 옆에 조그만 홈이 파여 있는 쪽이 (+) 극입니다.

피에조부저의 종류에는 능동 부저(Active)와 수동 부저(Passive)가 있습니다.

능동 부저는 내장 회로가 있어 전원을 공급했을 때 소리가 출력되므로 주로 단일음으로 단순하게 경보음을 출력하는 데 적합합니다.

능동 부저(Active)　　　　　수동 부저(Passive)

그림 7-11 피에조부저 종류

수동 부저는 내장 회로가 없어서 원하는 주파수의 신호를 입력해야 소리가 출력되므로 주로 음계를 사용한 멜로디를 출력하는 데 적합합니다.

이 책에서는 음계를 사용할 수 있는 수동 부저를 사용해 아두이노 실습을 해 보겠습니다.

3) 어디에 사용되나요?

어린이 장난감	전화기	버스 안 부저

7-3-2. 프로젝트 - 회로를 구성해 보아요

피에조부저를 이용해 '도레미파솔라시도'를 연주하는 프로그램을 만들어 봅시다.

1) 무엇을 준비할까요?

아두이노 Uno	브레드보드	피에조부저	점퍼선(수수)
X 1	X 1	X 1	X 2

2) 회로를 구성해 보아요

명칭	아두이노 연결 위치
피에조부저 +극	디지털 8번 핀
피에조부저 −극	GND

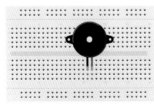
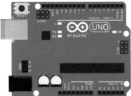

01. 피에조부저를 가로 방향으로 꽂습니다.

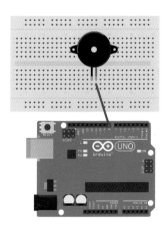

02. 피에조부저의 (+) 극과 아두이노 보드의 디지털 8번 핀을 점퍼선으로 연결합니다.

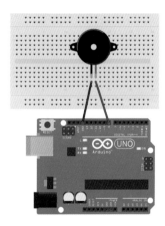

03. 피에조부저의 (−) 극과 아두이노 보드의 GND를 점퍼선으로 연결합니다.

그림 7-12 회로 완성 사진

7-3-3. 프로젝트 – 코딩해 보아요

피에조부저는 전압을 걸어주면 전압에 따라 떨림이 발생하면서 소리가 나는 원리이므로 회로를 구성할 때는 디지털 핀인 0~13번에 연결합니다. 코드를 작성할 때는 소리 출력을 제어하는 tone() 함수를 사용합니다. tone() 함수는 출력하고자 하는 음의 옥타브 및 음계별 주파수를 입력합니다. 자세한 내용은 아두이노 내부 함수(102 페이지)를 참고합니다.

프로젝트 미리 보기: http://bit.ly/2N1czcQ

코드 보기: http://bit.ly/2MuaiI9

작동 영상 보기

 도레미파솔라시도 – 엔트리 코딩

도레미파솔라시도 소리를 출력합니다. 소리를 출력할 때 스피커 모양이 변경됩니다.

1) 오브젝트 추가

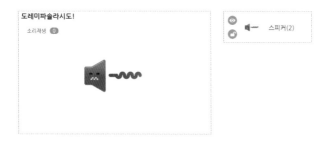

01. 오브젝트 추가하기 탭에서 '스피커(2)'를 선택해 불러옵니다.

2) 변수 만들기

'스피커(2)' 오브젝트의 모양을 변경하기 위해 소리 재생 시작과 끝을 기억하는 변수를 만들어 보겠습니다.

01. [속성] 탭에서 변수를 선택합니다.

02. [변수 추가하기] 버튼을 누른 다음 변수 이름을 '소리재생'으로 입력합니다.

03. [확인] 버튼을 선택합니다. 생성된 변수는 다음과 같습니다.

#	변수 이름	사용가능 오브젝트	기본값	최솟값	최댓값	변수 노출
1	소리재생	전체	0			보이기

3) 엔트리 코드 블록 조립하기

/chapter07/도레미파솔라시도.ent

오브젝트	코드	설명
		1. '소리재생' 변수에 "재생"을 저장합니다. 2. 디지털 8번 핀에 연결된 피에조부저에 5옥타브의 '도', '레', '미', '파', '솔', '라', '시' 각 음을 1초 동안 출력합니다. '높은 도'음은 6옥타브의 '도'로 1초 동안 소리를 출력합니다. 3. '소리재생' 변수에 "정지"를 저장합니다. 4. '소리재생' 변숫값이 "정지"가 될 때까지 스피커 모양을 변경합니다. 소리를 출력할 때 스피커가 작동되는 효과를 나타내기 위함입니다.

도레미파솔라시도 - 아두이노 코딩

'도레미파솔라시도' 소리를 출력합니다.

[예제 1]은 소리의 주파수를 직접 입력하여 소리를 출력하는 예제이며 [예제 2]는 출력하고자 하는 소리의 주파수를 배열에 저장한 후 반복문을 사용하여 소리를 출력하는 예제입니다. 두 개의 코드는 같은 동작을 합니다.

다만 출력해야 하는 소리가 많다면 직접 주파수를 입력하여 작성하는 것보다 주파수를 배열에 저장한 후 반복문을 통해 소리를 출력하는 방법이 좀 더 효율적입니다. 예를 들어 출력하고자 하는 소리의 개수가 100개라면 [예제 1] 코드는 100줄의 코드를 추가해야 하지만, [예제 2] 코드는 출력하고자 하는 주파수만 배열에 추가한 다음 반복횟수만 변경하면 되기 때문입니다.

【 예제 1. 음계별 주파수 사용 】

/chapter07/piezo_ex01.ino

	코드	설명
1	`int piezoBuzzer = 8;`	1. 피에조부저를 디지털 8번 핀으로 정합니다.
2	`void setup() {` `  pinMode(piezoBuzzer, OUTPUT);`	2. 피에조부저를 출력 모드로 정합니다.
3	`  tone(piezoBuzzer, 523);`	3. tone() 함수를 이용해 5옥타브 '도' 음을 출력합니다.
4	`  delay(1000);`	4. 음계를 일정 시간 동안 연주하기 위해 1초 기다립니다. delay() 함수가 없으면 noTone() 함수가 바로 실행되어 소리가 출력되지 않습니다. 단 noTone() 함수가 없을 경우에는 소리가 계속 출력됩니다.
5	`  tone(piezoBuzzer, 587);` `  delay(1000);`	5. tone() 함수를 이용해 5옥타브 '레' 음을 출력합니다.
6	`  tone(piezoBuzzer, 659);` `  delay(1000);`	6. tone() 함수를 이용해 5옥타브 '미' 음을 출력합니다.
7	`  tone(piezoBuzzer, 698);` `  delay(1000);`	7. tone() 함수를 이용해 5옥타브 '파' 음을 출력합니다.
8	`  tone(piezoBuzzer, 784);` `  delay(1000);`	8. tone() 함수를 이용해 5옥타브 '솔' 음을 출력합니다.
9	`  tone(piezoBuzzer, 880);` `  delay(1000);`	9. tone() 함수를 이용해 5옥타브 '라' 음을 출력합니다.
10	`  tone(piezoBuzzer, 988);` `  delay(1000);`	10. tone() 함수를 이용해 5옥타브 '시' 음을 출력합니다.
11	`  tone(piezoBuzzer, 1046);`	11. tone() 함수를 이용해 6옥타브 '도' 음을 출력합니다.

코드	설명

```
        delay(1000);
12      noTone(piezoBuzzer);
      }


      void loop() {


      }
```

12. 피에조부저 소리를 끕니다.

한 번만 실행하기 위해서 setup( ) 함수에 구현합니다.

loop( ) 함수에 구현하면 계속 반복해서 음계가 출력됩니다.

【 예제 2. 음계별 주파수를 배열에 저장하여 사용 】

/chapter07/piezo_ex02.ino

코드	설명

```
1  int piezoBuzzer = 8;
2  int tones[] = {523, 587, 659, 698, 784, 880, 988, 1046};

   void setup() {
3    pinMode(piezoBuzzer, OUTPUT);

4    for(int i = 0; i < 8; i++)
     {
5      tone(piezoBuzzer, tones[i]);
6      delay(1000);
     }
7    noTone(piezoBuzzer);
   }


   void loop() {


   }
```

1. 피에조부저를 8번 핀으로 정합니다

2. 각 음계 주파수(5옥타브 도, 레, 미, 파, 솔, 라, 시, 6옥타브 도) 값을 tones[ ] 배열에 저장합니다.

3. 피에조부저를 출력 모드로 정합니다.

4. 각 음계(5옥타브 도, 레, 미, 파, 솔, 라, 시, 6옥타브 도) 8개를 출력하기 위해 8번 반복합니다.

정수형 변수 i 값을 0부터 8보다 작을 때까지 1씩 증가시킵니다.

5. tones[ ] 배열에 변수 i로 접근해 배열의 i번째 값을 tone( ) 함수를 사용해 출력합니다.

6. 음계를 일정 시간 동안 연주하기 위해 1초 동안 기다립니다.

7. 피에조부저 소리를 끕니다.

도레미파솔라시도 – 엔트리 vs. 아두이노

엔트리

스피커(2)

아두이노

```
1    int piezoBuzzer = 8;

     void setup() {
2      pinMode(piezoBuzzer, OUTPUT);

3      tone(piezoBuzzer, 523);
4      delay(1000);
5      tone(piezoBuzzer, 587);
6      delay(1000);
7      tone(piezoBuzzer, 659);
8      delay(1000);
9      tone(piezoBuzzer, 698);
10     delay(1000);
11     tone(piezoBuzzer, 784);
12     delay(1000);
13     tone(piezoBuzzer, 880);
14     delay(1000);
15     tone(piezoBuzzer, 988);
16     delay(1000);
17     tone(piezoBuzzer, 1046);
18     delay(1000);
19     noTone(piezoBuzzer);
     }

     void loop() {

     }
```

07 _ 출력   325

7-4. 서보 모터

모터란 전기 에너지를 회전 운동 에너지로 바꾸어 주는 장치입니다. 즉, 전기가 공급되면 움직이는 동작을 만들 수 있는데, 이 동작을 만들 때 원하는 각도로 축을 제어할 수 있는 모터가 서보 모터(Servo Motor)입니다.

서보 모터는 일반적으로 0~180도 사이의 각도를 설정할 수 있으며 주로 카메라의 각도 조절, CCTV, 로봇의 팔다리 등 관절의 움직임을 구현하는 데 쓰입니다.

7-4-1. 액추에이터의 이해

1) 원리가 궁금해요

서보 모터의 회전 각도는 PWM 방식으로 제어됩니다. 서보 모터의 위치는 펄스의 길이에 따라 제어되며 20ms마다 펄스를 받게 됩니다. 펄스가 1ms 동안 HIGH이면 서보 모터 회전축의 위치가 제일 왼쪽에 위치하며, 이때의 각은 0도입니다. 펄스가 1.5ms 동안 HIGH이면 회전축은 가운데에 위치하며, 이때의 각은 90도입니다. 펄스가 2ms 동안 HIGH이면 제일 오른쪽에 위치하며, 이때의 각도는 180도입니다.

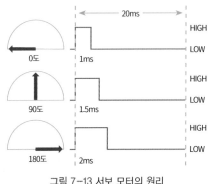

그림 7-13 서보 모터의 원리

> TIP _ 펄스란?
> 짧은 시간 동안 흐르는 전류, 전압을 말합니다.

2) 어떻게 생겼을까요?

서보 모터는 3개의 신호선이 연결돼 있습니다. 일반적으로 VCC(5V)는 빨간색이고, GND는 검은색이나 갈색이며, 서보 모터의 동작을 제어하는 신호선은 노란색 또는 주황색 또는 흰색으로 돼 있습니다.

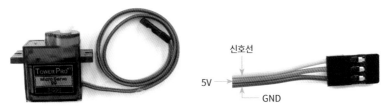

그림 7-14 서보 모터의 신호선

3) 어디에 사용되나요?

로봇 팔다리 관절	선풍기 회전	CCTV 회전

7-4-2. 프로젝트 – 회로를 구성해 보아요

서보 모터가 0~180도로 좌우 방향으로 움직입니다. 서보 모터가 0도일 때는 빨간색 LED가 켜지고, 180도일 때는 노란색 LED가 켜지는 프로그램을 만들어 봅시다.

1) 무엇을 준비할까요?

아두이노 Uno	브레드보드	서보 모터	LED	점퍼선 (수수)	저항 (220Ω)
X 1	X 1	X 1	X 2	X 8	X 2

2) 회로를 구성해 보아요

명칭	아두이노 연결 위치
서보 모터 빨간선	5V
서보 모터 갈색선	GND
서보 모터 노란선	디지털 11번 핀
빨간색 LED +극	디지털 13번 핀
빨간색 LED −극	GND
노란색 LED +극	디지털 12번 핀
노란색 LED −극	GND

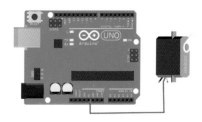

01. 서보 모터의 빨간선과 아두이노 보드의 5V를 점퍼선으로 연결합니다.

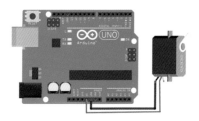

02. 서보 모터의 갈색선(또는 검은색)과 아두이노 보드의 GND를 점퍼선으로 연결합니다.

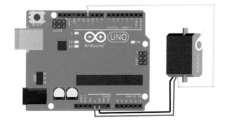

03. 서보 모터의 노란선(또는 주황색, 흰색)과 아두이노 보드의 디지털 11번 핀을 점퍼선으로 연결합니다.

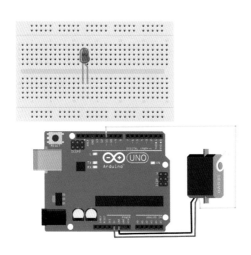

04. 브레드보드에 빨간색 LED를 가로 방향으로 꽂습니다.

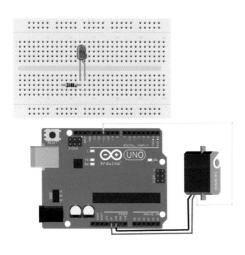

05. 브레드보드에 저항을 꽂습니다. 저항은 LED의 리드선 길이가 긴 쪽(+)과 짧은 쪽(−) 중 한 곳과 연결해 꽂아야 합니다.

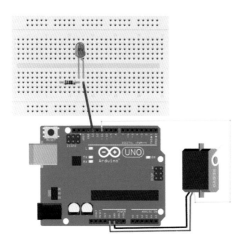

06. 빨간색 LED의 (+)극과 아두이노 보드의 디지털 13번 핀을 점퍼선으로 연결합니다.

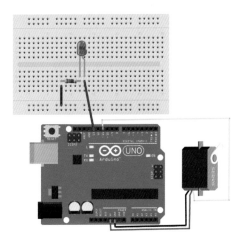

07. 빨간색 LED의 (−)극과 연결된 저항의 다른 한쪽 리드선과 브레드보드의 버스띠 영역을 점퍼선으로 연결합니다.

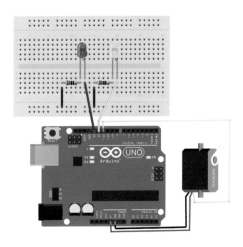

08. 04~07번 순서대로 노란색 LED를 디지털 12번 핀에 연결합니다.

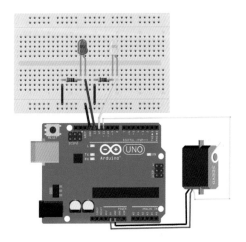

09. 브레드보드의 버스띠 영역과 아두이노 보드의 GND를 점퍼선으로 연결합니다.

그림 7-15 회로 완성 사진

7-4-3. 프로젝트 - 코딩해 보아요

아두이노에서는 서보 모터를 제어하기 위한 라이브러리(Servo.h)를 제공하고 있습니다. 이 라이브러리에는 서보 모터를 제어하기 위한 함수들이 정의돼 있으며, 이 함수들을 사용해 서보 모터를 원하는 각도로 제어해 보겠습니다.

TIP _ 라이브러리란?

프로그래밍 과정에서 자주 사용하는 다양한 코드(주로 함수들)를 모아 놓은 것으로 필요할 때 직접 구현하지 않고 호출하여 사용할 수 있는 함수의 모음집입니다.

중요해요 　　　　　　　　　　　　서보 모터 라이브러리

1. #include〈헤더파일 이름〉

사용하고자 하는 라이브러리 함수를 포함시키는 코드로 전처리기라고 불리며, 이 명령어는 스케치의 최상단에 정의합니다. 서보 모터를 제어하려면 Servo.h 헤더 파일을 포함해야 합니다

〔 예 〕 #include〈Servo.h〉

2. Servo 서보이름;

코드를 작성할 때 사용할 서보 모터의 이름을 정의합니다.

〔 예 〕 Servo myservo;

3. 서보이름.attach(핀 번호);

서보 모터와 연결된 핀 번호를 정의해 서보 모터를 활성화하는 함수입니다.

【 예 】 myservo.attach(11);

4. 서보이름.write(각도);

서보 모터의 회전 각도를 설정합니다. 이 책에서 사용하는 서보 모터의 회전 각도는 0~180도이므로 이 범위 안에서 각도를 정의합니다.

【 예 】 myservo.write(90);

5. 서보이름.read();

서보 모터의 현재 각도를 읽어오는 함수입니다.

6. 서보이름.detach();

연결된 서보 모터를 해제하는 함수입니다.

서보 모터는 PWM의 원리를 사용하여 회전축의 위치를 제어하지만, 서보 라이브러리를 사용하면 디지털 핀 아무곳에 연결해도 작동이 됩니다. 그러므로 회로를 구성할 때는 디지털 핀인 0~13번에 연결합니다. 다만 서보모터를 사용하는 동안에는 디지털 9, 10번 핀에서는 PWM 기능이 작동되지 않으므로 주의해야 합니다.

LED는 서보 모터의 각도에 따라 켜고 끄는 디지털 출력을 해야 하므로 회로를 구성할 때는 디지털 핀인 0~13번에 연결하고 digitalWrite() 함수를 사용해 코드를 작성합니다.

프로젝트 미리 보기: http://bit.ly/2Mue5oR

코드 보기: http://bit.ly/2MYn00Y

작동 영상 보기

🐼 와이퍼가 움직여요 - 엔트리 코딩

눈 오는 날 자동차의 와이퍼가 좌우 방향으로 0~180도로 움직입니다. 와이퍼의 방향이 0도일 때는 빨간색 LED가 켜졌다, 1초 후에 꺼집니다. 와이퍼의 방향이 180도일 때는 노란색 LED가 켜졌다, 1초 후에 꺼집니다.

1) 오브젝트 추가

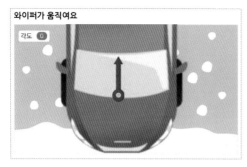

01. 오브젝트 추가하기 탭에서 '룰렛 화살표', '빨간 자동차', '눈오는 날' 배경을 선택해 불러옵니다.

2) 변수 만들기

서보 모터를 회전시키기 위해 서보 모터의 각도 값을 기억하는 변수를 만들어 보겠습니다.

01. [속성] 탭에서 변수를 선택합니다.

02. [변수 추가하기] 버튼을 누른 다음 변수 이름을 '각도'로 입력합니다.

03. [확인] 버튼을 선택합니다. 생성된 변수는 다음과 같습니다.

#	변수 이름	사용가능 오브젝트	기본값	최솟값	최댓값	변수 노출
1	각도	전체	0			보이기

3) 엔트리 코드 블록 조립하기

오브젝트	코드	설명

룰렛 화살표

크기 60.0
방향(°) 0°
이동 방향(°) 90°

```
시작하기 버튼을 클릭했을 때
방향을 270° (으)로 정하기          1
계속 반복하기                       2
    6 초 동안 방향을 180° 만큼 회전하기    3
    6 초 동안 방향을 -180° 만큼 회전하기   4
```

1. 시작하기 버튼을 클릭했을 때 왼쪽부터 시작하기 위해 방향을 270도로 정합니다.

2. 룰렛 화살표 오브젝트가 계속 움직이므로 계속 반복합니다.

   자동차 와이퍼처럼 표현하기 위해서 중심점을 아래쪽에 있는 둥근 부분으로 옮깁니다.

3. 6초 동안 180만큼 회전합니다.

4. 6초 동안 −180만큼 회전합니다.

   2~4는 룰렛 화살표 오브젝트가 6초 간격으로 좌우로 계속 움직이는 코드입니다.

```
시작하기 버튼을 클릭했을 때
각도 ▼ 를 0 로 정하기                                        1
계속 반복하기                                                2
    각도 ▼ 값 ≤ 180 인 동안 ▼ 반복하기
        각도 ▼ 에 1 만큼 더하기                              3
        디지털 11 ▼ 번 핀의 서보모터를 각도 ▼ 값 의 각도로 정하기
    디지털 13 ▼ 번 핀 켜기
    1 초 기다리기                                            4
    디지털 13 ▼ 번 핀 끄기
    각도 ▼ 값 ≥ 0 인 동안 ▼ 반복하기
        각도 ▼ 에 -1 만큼 더하기                             5
        디지털 11 ▼ 번 핀의 서보모터를 각도 ▼ 값 의 각도로 정하기
    디지털 12 ▼ 번 핀 켜기
    1 초 기다리기                                            6
    디지털 12 ▼ 번 핀 끄기
```

1. 서보 모터의 현재 각도를 저장하는 '각도' 변수를 0으로 초기화합니다.

2. 서보 모터가 좌우로 계속 움직이므로 계속 반복합니다.

3. '각도' 변숫값이 180도보다 작거나 같을 동안 '각도' 변수에 1만큼 더하고 디지털 11번 핀에 연결된 서보 모터의 각도를 '각도' 변숫값으로 정합니다.

4. 서보 모터의 각도가 180도가 되면 디지털 13번 핀에 연결된 빨간색 LED를 켰다가 1초 후에 끕니다.

5. '각도' 변숫값이 0보다 클 동안 '각도' 변수에 −1만큼 더하고 디지털 11번 핀에 연결된 서보 모터의 각도를 '각도' 변숫값으로 정합니다.

6. 서보 모터의 각도가 0도가 되면 디지털 12번 핀에 연결된 노란색 LED를 켰다가 1초 후에 끕니다.

   1~6은 서보 모터를 좌우 방향으로 0~180도로 움직이게 하며, 서보 모터의 방향이 180도이면 빨간색 LED를 켜고 0도이면 노란색 LED를 켜는 코드입니다.

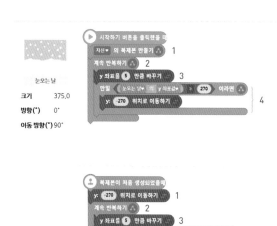

눈오는 날

크기   375.0

방향(°)   0°

이동 방향(°) 90°

1. 눈오는 날 오브젝트의 복제본을 만듭니다.

2. 움직이는 배경을 표현하기 위해 계속 반복합니다.

3. 위쪽으로 배경이 움직이기 때문에 y 좌표를 5만큼 바 꿉니다.

4. y 좌표가 5만큼씩 움직이다가 y 좌표가 270보다 크거 나 같으면 다시 −270 위치로 이동시킵니다.

     1 ~ 4는 배경을 위쪽으로 움직이게 하는 코드입니다.

1. 복제본의 시작 위치를 y 좌표 −270 위치로 이동시킵 니다.

2. 움직이는 배경을 표현하기 위해 계속 반복합니다.

3. 위쪽으로 배경이 움직이므로 y 좌표를 5만큼 바꿉니 다. 눈오는 날 오브젝트와 복제본은 움직이는 속도가 같아야 하므로 같은 값으로 y 좌표를 바꿉니다.

4. y 좌표가 5만큼씩 움직이다가 y 좌표가 270보다 크거 나 같으면 다시 −270 위치로 이동시킵니다.

     1 ~ 4는 배경을 위쪽으로 움직이게 하는 코드입니다.

∞ 와이퍼가 움직여요 - 아두이노 코딩
ARDUINO

서보 모터가 좌우 방향으로 0~180도로 움직입니다.

서보 모터의 방향이 0도일 때는 빨간색 LED가 켜졌다, 1초 후 꺼집니다. 서보 모터의 방향이 180 도일 때는 노란색 LED가 켜졌다, 1초 후 꺼집니다.

/chapter07/servo_ex01.ino

코드	설명
1 `#include <Servo.h>`	1. 서보 모터를 제어할 수 있는 서보 라이브러리를 불러옵니다.
2 `Servo myservo;`	2. 서보 모터를 제어할 서보 오브젝트를 만듭니다.
3 `int led_red = 13;`	3. 빨간색 LED를 디지털 13번 핀으로 정합니다.
4 `int led_yellow = 12;`	4. 노란색 LED를 디지털 12번 핀으로 정합니다.
5 `int pos = 0;`	5. 서보 모터의 위치(각도)를 저장할 정수형 변수 pos를 선언하 고 초깃값으로 0을 저장합니다.
`void setup() {`	
6 `myservo.attach(11);`	6. 서보 모터를 디지털 11번 핀으로 정해 연결합니다.
7 `pinMode(led_red, OUTPUT);`	7. 빨간색 LED를 출력 모드로 정합니다.

```
8       pinMode(led_yellow, OUTPUT);                8. 노란색 LED를 출력 모드로 정합니다.
}

9   void loop() {                                   9. 반복합니다.
10    for(pos = 0; pos <= 180; pos += 1)            10. 서보 모터를 0도에서 180도가 될 때까지 반복해 pos 변숫
{                                                        값을 1만큼씩 더합니다.
11      myservo.write(pos);                         11. 서보 모터의 각도를 pos 변숫값으로 출력합니다.
12      delay(10);                                       서보 모터의 각도는 1도씩 증가합니다.
}                                                   12. 0.01초 기다립니다.
13    digitalWrite(led_red, HIGH);                  13. 빨간색 LED를 켭니다.
14    delay(1000);                                  14. 1초 기다립니다.
15    digitalWrite(led_red, LOW);                   15. 빨간색 LED를 끕니다.
                                                    16. 서보 모터를 180도에서 0도가 될 때까지 반복해 pos 변숫
16    for(pos = 180; pos >= 0; pos -= 1)                값을 -1만큼씩 더합니다.
{                                                   17. 서보 모터의 각도를 pos 변숫값으로 출력합니다.
17      myservo.write(pos);                             서보 모터의 각도는 1도씩 감소합니다.
18      delay(10);                                  18. 0.01초 기다립니다.
}
19    digitalWrite(led_yellow, HIGH);               19. 노란색 LED를 켭니다.
20    delay(1000);                                  20. 1초 기다립니다.
21    digitalWrite(led_yellow, LOW);                21. 노란색 LED를 끕니다.
}
```

 ## 와이퍼가 움직여요 - 엔트리 vs. 아두이노

엔트리

물랫 화살표

```
시작하기 버튼을 클릭했을 때
각도 ▼ 를 0 로 정하기    5
계속 반복하기    9
  각도 ▼ 값 < 180 인 동안 ▼ 반복하기    10
  각도 ▼ 에 1 만큼 더하기    10
  디지털 11 ▼ 번 핀의 서보모터를 각도 ▼ 값 의 각도로 정하기    11
  디지털 13 ▼ 번 핀 켜기 ▼    13
  1 초 기다리기    14
  디지털 13 ▼ 번 핀 끄기 ▼    15
  각도 ▼ 값 > 0 인 동안 ▼ 반복하기    16
  각도 ▼ 에 1 만큼 더하기    16
  디지털 11 ▼ 번 핀의 서보모터를 각도 ▼ 값 의 각도로 정하기    17
  디지털 12 ▼ 번 핀 켜기 ▼    19
  1 초 기다리기    20
  디지털 12 ▼ 번 핀 끄기 ▼    21
```

```
1    #include <Servo.h>

2    Servo myservo;
3    int led_red = 13;
4    int led_yellow = 12;
5    int pos = 0;

     void setup() {
6      myservo.attach(11);
7      pinMode(led_red, OUTPUT);
8      pinMode(led_yellow, OUTPUT);
     }

9    void loop() {
10     for(pos = 0; pos <= 180; pos += 1)
       {
11       myservo.write(pos);
12       delay(10);
       }
13     digitalWrite(led_red, HIGH);
14     delay(1000);
15     digitalWrite(led_red, LOW);

16     for(pos = 180; pos >= 0; pos -= 1)
       {
17       myservo.write(pos);
18       delay(10);
       }
19     digitalWrite(led_yellow, HIGH);
20     delay(1000);
21     digitalWrite(led_yellow, LOW);
     }
```

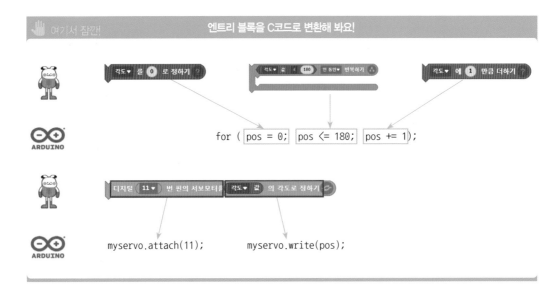

```
for ( pos = 0; pos <= 180; pos += 1);
```

```
myservo.attach(11);        myservo.write(pos);
```

7-5. DC 모터

DC 모터는 전기 에너지를 회전 운동 에너지로 전환하여 작동하는 액추에이터로 전동기라고도 합니다. 공급되는 전압에 따라 속도가 달라지는 특징이 있으며, 360도 회전할 수 있어서 바퀴의 움직임이나 컴퓨터의 냉각 팬, 선풍기 팬 등 대부분 회전하는 전자 기기에 활용되고 있습니다.

7-5-1. 액추에이터의 이해

1) 원리가 궁금해요

DC 모터는 플레밍의 왼손 법칙 원리를 이용합니다. 같은 극끼리는 서로 밀어내고 다른 극끼리는 끌어당기는 자기력의 성질을 이용한 것으로 자기장 속에 전류가 흐르면 전류가 흐르는 도체는 힘을 받아 회전하게 됩니다. 자기장의 방향은 N극에서 S극으로 향하고 전류의 방향은 +극에서 −극으로 향합니다. 자기장의 방향과 전류의 방향에 따라 도체가 받는 힘의 방향이 결정되어 회전하게 되는데, 이 원리가 플레밍의 왼손 법칙입니다. 자세한 내용은 전기 전자 기초 이론(55 페이지)을 참고합니다.

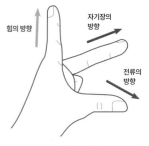

그림 7-16 플레밍의 왼손법칙

2) 어떻게 생겼을까요?

DC 모터는 두 개의 리드선이 있으며 극성이 없으므로 VCC(5V)와 GND
를 어느 리드선에 연결하든 상관없습니다. 다만 DC 모터에 연결한 전원
의 위치에 따라 모터의 회전 방향이 달라집니다.

DC 모터는 높은 전력을 사용하기 때문에 회로를 구성할 때는 전류를 트
랜지스터로 증폭 시켜 사용하는 것이 좋으며, 전류가 한 방향으로만 흐르
도록 하기 위한 다이오드와 함께 사용하는 것이 좋습니다.

그림 7-17 DC 모터

3) 어디에 사용되나요?

자동차 바퀴	선풍기	러닝머신

7-5-2. 프로젝트 - 회로를 구성해 보아요

DC 모터를 회전시키고 정지하는 프로그램을 만들어 봅시다.

1) 무엇을 준비할까요?

아두이노 Uno	브레드보드	DC 모터	다이오드	2N2222A(NPN) 트랜지스터	점퍼선 (수수)	저항 (220 Ω)
X 1	X 1	X 1	X 1	X 1	X 5	X 1

2) 회로를 구성해 보아요

명칭	아두이노 연결 위치
모터 왼쪽	5V
모터 오른쪽	GND
트랜지스터 왼쪽 다리(Emitter)	GND
트랜지스터 가운데 다리(BASE)	디지털 11번 핀
트랜지스터 오른쪽 다리(Collector)	5V

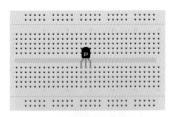

01. 브레드보드에 트랜지스터를 그림과 같이(머리 방향 주의) 가로 방향으로 꽂습니다.

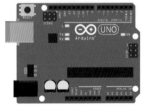

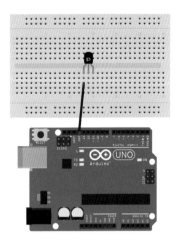

02. 트랜지스터의 왼쪽 리드선(Emitter)과 아두이노 보드의 GND를 점퍼선으로 연결합니다.

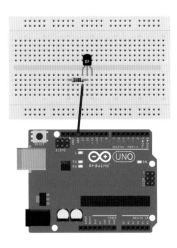

03. 저항을 트랜지스터의 가운데 리드선(BASE)과 연결되도록 꽂습니다.

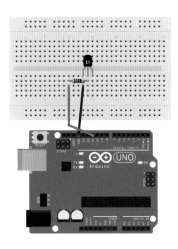

04. 트랜지스터와 연결된 저항의 한쪽 리드선과 아두이노 보드의 디지털 11번 핀을 점퍼선으로 연결합니다.

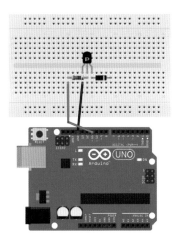

05. 다이오드를 트랜지스터의 오른쪽 리드선(Collector)과 연결되게 꽂습니다.

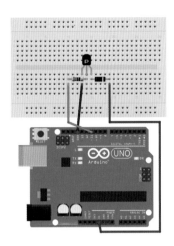

06. 트랜지스터와 연결된 다이오드의 한쪽 리드선과 아두이노 보드의 5V를 점퍼선으로 연결합니다.

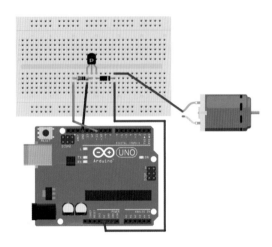

07. 트랜지스터와 연결된 다이오드의 한쪽 리드선과 DC 모터의 한쪽을 점퍼선으로 연결합니다.

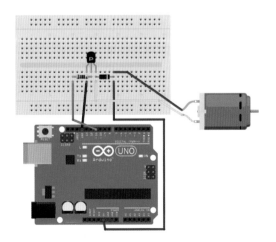

08. 트랜지스터의 오른쪽 리드선(Collector)과 DC 모터의 한쪽을 점퍼선으로 연결합니다.

그림 7-18 회로 완성 사진

7-5-3. 프로젝트 – 코딩해 보아요

DC 모터는 속도를 조절할 수 있으므로 회로를 구성할 때는 디지털 핀 중 PWM 기능을 제어하는 핀(~ 표시가 되어 있는 핀)에 연결합니다. 또한 많은 전기 에너지가 필요하므로 증폭 작용을 하는 트랜지스터 와 전류가 한 방향으로 흘러가도록 제어하는(역전류 방지) 다이오드를 사용해 회로를 구성합니다.

코드를 작성할 때는 analogWrite()를 사용합니다. PWM 출력값의 범위는 0~255이므로 analog Write() 함수를 사용해 0~255 범위 안에서 DC 모터의 속도를 제어할 수 있습니다. 0에 가까울수록 속 도가 느리고 255에 가까울수록 속도가 빠릅니다. 또한, digitalWrite() 함수를 사용하여 모터를 작동시 킬 수 있습니다. digitalWrite() 함수는 속도 조절은 할 수 없고 DC 모터를 작동시키거나 멈추게 할 수 있습니다. digitalWrite() 함수에서 매개변수 HIGH는 analogWrite() 함수에서 출력값 255값과 같고 매개변수 LOW는 출력값 0과 같습니다.

프로젝트 미리 보기: http://bit.ly/35R7Va1

코드 보기: http://bit.ly/2oR9g03

작동 영상 보기

 선풍기 - 엔트리 코딩

실행 버튼을 클릭하면 선풍기의 날개가 회전하며 DC 모터도 회전합니다. 정지 버튼을 클릭하면 회전하던 선풍기의 날개가 멈추고 DC 모터도 멈춥니다.

1) 오브젝트 추가

01. 오브젝트 추가하기 탭에서 '둥근버튼(앞/뒤)', '둥근버튼(정지)', '선풍기', '날씨' 배경을 선택해 불러옵니다.

02. '선풍기' 오브젝트를 선택한 다음 [모양] 탭에서 채우기 기능을 사용해 알록달록한 색으로 꾸며봅니다.

2) 변수 만들기

'선풍기' 오브젝트의 상태(회전, 멈춤)를 변경하기 위해 '둥근버튼(앞/뒤)' 오브젝트와 '둥근버튼(정지)' 오브젝트 중 선택한 오브젝트를 기억하는 변수를 만들어 보겠습니다.

01. [속성] 탭에서 변수를 선택합니다.

02. [변수 추가하기] 버튼을 누른 다음 변수 이름을 '선풍기 상태'로 입력합니다.

03. [확인] 버튼을 선택합니다. 생성된 변수는 다음과 같습니다.

#	변수 이름	사용가능 오브젝트	기본값	최솟값	최댓값	변수 노출
1	선풍기 상태	전체	0			보이기

3) 엔트리 코드 블록 조립하기

/chapter07/선풍기.ent

오브젝트	코드	설명

1. 오브젝트를 클릭했을 때 '선풍기 상태' 변수에 1을 저장합니다. '선풍기 상태' 변숫값이 1이면 선풍기 오브젝트가 회전하게 됩니다.
2. DC 모터를 회전시킵니다.

1. 오브젝트를 클릭했을 때 '선풍기 상태' 변수에 0을 저장합니다. '선풍기 상태' 변숫값이 0이면 선풍기 오브젝트가 정지하게 됩니다.
2. 회전하고 있는 DC 모터를 멈춥니다.

1. '선풍기 상태' 변숫값이 변경되므로 계속 반복합니다.
2. '선풍기 상태' 변숫값이 1이면 선풍기를 회전시킵니다.
3. '선풍기 상태' 변숫값이 1이 아니면 회전하던 선풍기를 멈춥니다.

선풍기 - 아두이노 코딩

DC 모터가 3초 간격으로 회전했다가 멈추기를 반복합니다.

[예제 1]은 DC 모터를 켜고 끄는 두 가지 상태만 발생하는 예제이며 [예제 2]는 DC모터의 속도를
조절하므로 반복문을 사용한 예제입니다. DC모터의 속도를 어떻게 출력할 것인가에 따라 코드를
다르게 작성할 수 있습니다.

【 예제 1. 한가지 속도로 출력 】

/chapter07/dcmotor_ex01.ino

	코드	설명
1	int DCmotor = 11;	1. DC 모터를 디지털 11번 핀으로 정합니다.

2	void setup() {
	    pinMode(DCmotor, OUTPUT);
	}
		2. DC 모터를 출력 모드로 정합니다.

3	void loop() {	3. 반복합니다.
4	digitalWrite(DCmotor, HIGH);	4. DC 모터를 회전시킵니다.
5	delay(3000);	5. 3초 기다립니다.
6	digitalWrite(DCmotor, LOW);	6. DC 모터를 멈춥니다.
7	delay(3000); }	7. 3초 기다립니다. 4~7은 3초 간격으로 DC 모터를 회전하고 멈추게 하는 코드입니다.

【 예제 2. 여러 속도로 출력 】

/chapter07/dcmotor_ex02.ino

	코드	설명
1	int DCmotor = 11;	1. DC 모터를 디지털 11번 핀으로 정합니다.

2	void setup() {
	    pinMode(DCmotor, OUTPUT);
	}
		2. DC 모터를 출력 모드로 정합니다.

3	void loop() {	3. 반복합니다.
4	for(int i = 0; i <= 255; i++)	4. 정수형 변수 i가 0부터 255가 될 때까지 1씩 증가시킵니다.

```
5      analogWrite(DCmotor, i);
6      delay(50);
    }

7    for(int i = 255; i >= 0; i--)
    {
8      analogWrite(DCmotor, i);
9      delay(50);
    }
10   delay(3000);
}
```

5. DC 모터의 속도 값을 i 변숫값으로 정합니다.
6. 0.05초 기다립니다.
　4~6은 DC 모터의 속도를 점점 빠르게 하는 코드입니다.

7. 정수형 변수 i가 255에서 0이 될 때까지 1씩 감소시킵니다.

8. DC 모터의 속도 값을 i 변숫값으로 정합니다.
9. 0.05초 기다립니다.
　7~9는 DC 모터의 회전 속도를 점점 느리게 하는 코드입니다.

10. 3초 기다립니다.

선풍기 – 엔트리 vs. 아두이노

엔트리	아두이노

엔트리:

오브젝트를 클릭했을 때
선풍기 상태▼ 를 ① 로 정하기
디지털 11▼ 번 핀 켜기▼ 4
둥근버튼(정지)

오브젝트를 클릭했을 때
선풍기 상태▼ 를 ⓪ 로 정하기
디지털 11▼ 번 핀 끄기▼ 6
둥근버튼(알/5D)

아두이노:

```
1    int DCmotor = 11;

     void setup() {
2      pinMode(DCmotor, OUTPUT);
    }

3    void loop() {
4      digitalWrite(DCmotor, HIGH);
5      delay(3000);
6      digitalWrite(DCmotor, LOW);
7      delay(3000);
    }
```

7-6. 7 세그먼트

7 세그먼트란 빛 에너지를 가진 7개의 LED를 사용해 숫자나 문자를 표현하는 장치이며, FND(Flexible Numeric Display)라고도 부릅니다. 일상생활에서 엘리베이터의 층수를 표현하거나 전광판, 디지털 체중계, 계산기 등 정보를 전달할 때 사용되고 있습니다.

7-6-1. 액추에이터의 이해

1) 원리가 궁금해요

LED는 전기 에너지가 흐르면 빛이 나는 반도체입니다. 7 세그먼트는 7개의 LED를 켜고 끄는 것을 각각 제어하여 원하는 문자나 숫자를 표시할 수 있습니다.

7 세그먼트의 종류는 애노드 타입(Common-Anode Type)과 캐소드 타입(Common-Cathode Type)으로 두 가지 종류가 있습니다. 애노드 타입은 공통 핀(상하 가운데 핀)에 5V의 전원을 연결하고 각 LED와 연결되는 핀을 0V로 연결하는 방식이며, 반대로 캐소드 타입은 공통 핀을 0V(GND)에 연결하고 각 LED와 연결되는 핀을 5V의 전원에 연결하는 방식입니다. 두 타입의 차이는 전류가 흐르는 방향이 다릅니다.

그림 7-19 7 세그먼트의 종류

전류의 흐름은 전압차가 있어야 합니다. 즉, 5V와 GND(0V)에 연결해야 전압 차가 생겨 전류가 흐를 수 있습니다. 애노드 타입은 공통 핀에 5V의 전원이 연결돼 있으므로 불빛을 켜고자 하는 LED 핀에 LOW(또는 0) 신호를 주어야 전압이 생기면서 불빛이 켜지게 됩니다. 반대로 캐소드 타입은 공통 핀에 GND가 연결돼 있으므로 불빛을 켜고자 하는 LED 핀에 HIGH(또는 1) 신호를 주어야 전압이 생기면서 불빛이 켜지게 됩니다.

예를 들어 애노드 타입에서 숫자 0을 표시할 때는 LED의 A, B, C, D, E, F 핀에는 LOW(또는 0) 신호를 주고, LED의 G 핀에는 HIGH(또는 1) 신호를 주면 됩니다. 반대로 캐소드 타입에서는 LED의 A, B, C, D, E, F 핀에는 HIGH(또는 1) 신호를 주고, LED의 G 핀에는 LOW(또는 0) 신호를 주면 LED가 켜집니다.

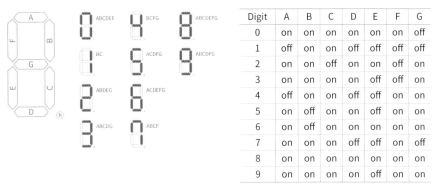

Digit	A	B	C	D	E	F	G
0	on	on	on	on	on	on	off
1	off	on	on	off	off	off	off
2	on	on	off	on	on	off	on
3	on	on	on	on	off	off	on
4	off	on	on	off	off	on	on
5	on	off	on	on	off	on	on
6	on	off	on	on	on	on	on
7	on	on	on	off	off	on	off
8	on	on	on	on	on	on	on
9	on	on	on	on	off	on	on

그림 7-20 캐소드 타입의 7 세그먼트

2) 어떻게 생겼을까요?

7 세그먼트에는 디지털 형태의 숫자나 문자를 표현하는 LED와 연결된 리드선 7개, 소수점(마침표)을 표현하는 LED와 연결된 리드선 1개, 전원 또는 GND로 연결된 공통 리드선 2개로 10개의 리드선으로 구성돼 있습니다.

이 책에서는 캐소드 타입의 7 세그먼트를 사용해 아두이노 실습을 해보겠습니다.

그림 7-21 7 세그먼트

3) 어디에 사용되나요?

전광판	디지털시계	엘리베이터 층수	계산기

7-6-2. 프로젝트 - 회로를 구성해 보아요

7 세그먼트에 1초 간격으로 0부터 9까지 숫자를 나타내는 프로그램을 만들어 봅시다.

1) 무엇을 준비할까요?

아두이노 Uno	브레드보드	7 세그먼트	점퍼선(수수)	저항(220 Ω)
X 1	X 1	X 1	X 8	X 7

2) 회로를 구성해 보아요

명칭	아두이노 연결 위치
7 세그먼트 A	디지털 2번 핀
7 세그먼트 B	디지털 3번 핀
7 세그먼트 C	디지털 4번 핀
7 세그먼트 D	디지털 5번 핀
7 세그먼트 E	디지털 6번 핀
7 세그먼트 F	디지털 7번 핀
7 세그먼트 G	디지털 8번 핀
7 세그먼트 공통핀	GND

01. 7 세그먼트를 브레드보드의 중앙선 사이로 꽂습니다.

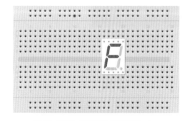

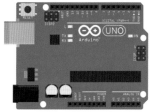

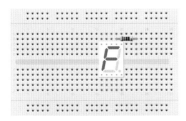

02. 7 세그먼트 상단의 5개의 핀 중 A에 해당하는 핀과 연결되도록 저항을 꽂습니다.

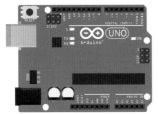

03. 저항의 한쪽과 아두이노 보드의 디지털 2번 핀을 점퍼선으로 연결합니다.

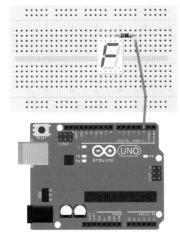

04. 02~03번 순서대로 7 세그먼트 핀 중 B에 해당하는 핀을 디지털 3번 핀, C에 해당하는 핀을 디지털 4번 핀, D에 해당하는 핀을 디지털 5번 핀, E에 해당하는 핀을 디지털 6번 핀, F에 해당하는 핀을 디지털 7번 핀, G에 해당하는 핀을 디지털 8번 핀에 연결해 꽂습니다.

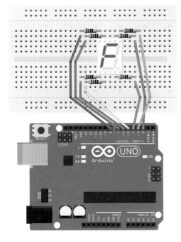

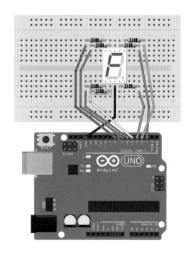

05. 7 세그먼트 공통 핀(상하) 두 곳 중 한 곳과 아두이노 보드의 GND
를 점퍼선으로 연결합니다.

그림 7-22 회로 완성 사진

7-6-3. 프로젝트 – 코딩해 보아요

7 세그먼트는 7개의 LED를 제어합니다. LED는 켜고 끄는 두 가지 신호를 출력하므로 회로를 구성할
때는 디지털 핀인 0~13번에 연결합니다. 또한 과전류가 흐르지 않도록 각각의 LED에 저항을 연결합
니다.

코드를 작성할 때는 표현하고자 하는 숫자에 따라 LED의 ON, OFF 정보를 배열을 사용해 작성할 수 있으며, digitalWrite() 함수를 사용해 LED를 켜고(HIGH 또는 1) 끄는(LOW 또는 0) 기능을 제어합니다.

7 세그먼트에 엔트리 코딩에는 0 123456789 아두이노 코딩에는 0 123456789으로 숫자가 표기되도록 코드를 작성했습니다.

프로젝트 미리 보기: http://bit.ly/2JI769V

코드 보기: http://bit.ly/2NcFj3D

작동 영상 보기

숫자를 세어요 - 엔트리 코딩

1초 간격으로 숫자 버튼의 숫자가 0부터 9까지 바뀝니다. 숫자 버튼의 숫자와 동일하게 7 세그먼트에 숫자를 나타냅니다.

1) 오브젝트 추가

01. 오브젝트 추가하기 탭에서 '숫자 버튼', '숫자나라' 배경을 선택해 불러옵니다.

2) 함수 만들기

7개의 LED 상태 값을 입력받아 각각 LED와 연결된 디지털 핀에 출력하는 함수를 만들어 보겠습니다.

01. [속성] 탭에서 함수를 선택합니다.

02. 함수를 정의하는 데 필요한 '이름', '문자/숫자값' 블록을 사용합니다. 7 세그 먼트의 7개의 LED 상태 값을 입력받아 원하는 숫자를 출력하는 함수를 만 듭니다.

03. 함수 만들기 결괏값은 다음과 같습니다.

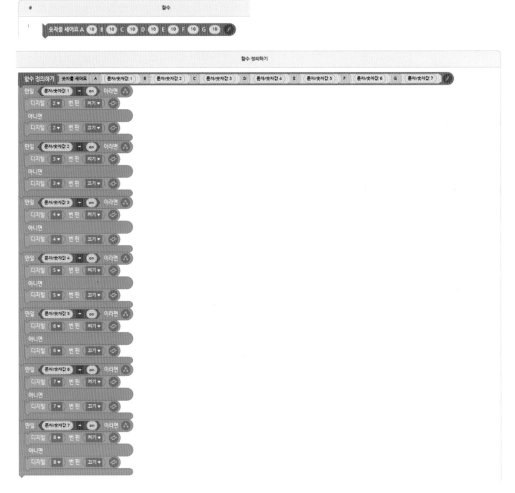

3) 엔트리 코드 블록 조립하기

/chapter07/숫자를 세어요.ent

오브젝트	코드	설명

숫자 버튼

크기 150.1
방향(°) 0
이동 방향(°) 90

코드:

시작하기 버튼을 클릭했을 때
계속 반복하기 1
  숫자버튼_0 모양으로 바꾸기
  숫자를 세어요 A on B on C on D on E on F on G off
  1 초 기다리기
  숫자 버튼_1 모양으로 바꾸기
  숫자를 세어요 A off B on C on D off E off F off G off
  1 초 기다리기
  숫자 버튼_2 모양으로 바꾸기
  숫자를 세어요 A on B on C off D on E on F off G on
  1 초 기다리기
  숫자 버튼_3 모양으로 바꾸기
  숫자를 세어요 A on B on C on D on E off F off G on
  1 초 기다리기
  숫자 버튼_4 모양으로 바꾸기
  숫자를 세어요 A off B on C on D off E off F on G on
  1 초 기다리기
  숫자 버튼 5 모양으로 바꾸기
  숫자를 세어요 A on B off C on D on E off F on G on
  1 초 기다리기
  숫자 버튼_6 모양으로 바꾸기
  숫자를 세어요 A on B off C on D on E on F on G on
  1 초 기다리기
  숫자 버튼_7 모양으로 바꾸기
  숫자를 세어요 A on B on C on D off E off F off G off
  1 초 기다리기
  숫자 버튼_8 모양으로 바꾸기
  숫자를 세어요 A on B on C on D on E on F on G on
  1 초 기다리기
  숫자 버튼_9 모양으로 바꾸기
  숫자를 세어요 A on B on C on D on E off F on G on
  1 초 기다리기

설명:

1. 숫자를 1부터 9까지 반복해서 나타내기 위해 계속 반복합니다.

2. '숫자버튼_0' 모양으로 바꾸고, 7 세그먼트에 숫자 0을 나타내기 위해 '숫자를 세어요' 함수를 호출한 다음 1초 기다립니다.

3. '숫자버튼_1' 모양으로 바꾸고, 7 세그먼트에 숫자 1을 나타내기 위해 '숫자를 세어요' 함수를 호출한 다음 1초 기다립니다.

4. '숫자버튼_2' 모양으로 바꾸고, 7 세그먼트에 숫자 2를 나타내기 위해 '숫자를 세어요' 함수를 호출한 다음 1초 기다립니다.

5. '숫자버튼_3' 모양으로 바꾸고, 7 세그먼트에 숫자 3을 나타내기 위해 '숫자를 세어요' 함수를 호출한 다음 1초 기다립니다.

6. '숫자버튼_4' 모양으로 바꾸고, 7 세그먼트에 숫자 4를 나타내기 위해 '숫자를 세어요' 함수를 호출한 다음 1초 기다립니다.

7. '숫자버튼_5' 모양으로 바꾸고, 7 세그먼트에 숫자 5를 나타내기 위해 '숫자를 세어요' 함수를 호출한 다음 1초 기다립니다.

8. '숫자버튼_6' 모양으로 바꾸고 7 세그먼트에 숫자 6을 나타내기 위해 '숫자를 세어요' 함수를 호출한 다음 1초 기다립니다.

9. '숫자버튼_7' 모양으로 바꾸고 7 세그먼트에 숫자 7을 나타내기 위해 '숫자를 세어요' 함수를 호출한 다음 1초 기다립니다.

10. '숫자버튼_8' 모양으로 바꾸고 7 세그먼트에 숫자 8을 나타내기 위해 '숫자를 세어요' 함수를 호출한 다음 1초 기다립니다.

11. '숫자버튼_9' 모양으로 바꾸고 7 세그먼트에 숫자 9를 나타내기 위해 '숫자를 세어요' 함수를 호출한 다음 1초 기다립니다.

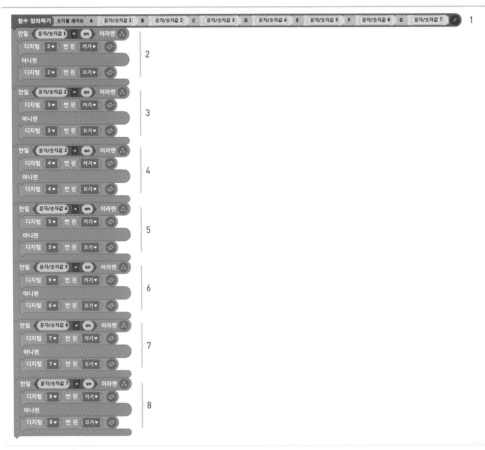

1. 7 세그먼트에 숫자를 나타내기 위한 함수입니다.

2. 넘어온 매개변수 '문자/숫자값1' 값이 on이면 디지털 2번 핀의 LED를 켜고, off이면 끕니다.

3. 넘어온 매개변수 '문자/숫자값2' 값이 on이면 디지털 3번 핀의 LED를 켜고, off이면 끕니다.

4. 넘어온 매개변수 '문자/숫자값3' 값이 on이면 디지털 4번 핀의 LED를 켜고, off이면 끕니다.

5. 넘어온 매개변수 '문자/숫자값4' 값이 on이면 디지털 5번 핀의 LED를 켜고, off이면 끕니다.

6. 넘어온 매개변수 '문자/숫자값5' 값이 on이면 디지털 6번 핀의 LED를 켜고, off이면 끕니다.

7. 넘어온 매개변수 '문자/숫자값6' 값이 on이면 디지털 7번 핀의 LED를 켜고, off이면 끕니다.

8. 넘어온 매개변수 '문자/숫자값7' 값이 on이면 디지털 8번 핀의 LED를 켜고, off이면 끕니다.

숫자를 세어요 - 아두이노 코딩

7 세그먼트에 숫자 0부터 9까지 1초 간격으로 나타냅니다.

[예제 1]은 LED의 켜고 끄는 기능을 함수로 만들어 출력하고자 하는 상태값에 따라 함수를 호출하여 LED를 제어하는 예제이며 [예제 2]는 LED의 켜고 끄는 상태값을 배열에 저장한 후 반복문을 사용하여 LED를 제어하는 예제입니다. 두 개의 코드는 같은 동작을 합니다.

다만 출력하고자 하는 LED의 상태값이 많다면 함수를 호출하는 것보다 상태값을 배열에 저장한 후 반복문을 통해 LED를 제어하는 방법이 좀 더 효율적입니다. 예를 들어 출력하고자 하는 LED의 상태가 100개라면 [예제 1] 코드는 함수를 100번 호출해야 하지만, [예제 2] 코드는 출력하고자 하는 상태값을 배열에 추가한 후 반복횟수만 변경하면 되기 때문입니다.

【 예제 1. 함수를 사용 】

/chapter07/segment_ex01.ino

	코드	설명
1	`int led_a = 2;`	1. 7 세그먼트에서 A 위치의 LED를 디지털 2번 핀으로 정합니다.
2	`int led_b = 3;`	2. 7 세그먼트에서 B 위치의 LED를 디지털 3번 핀으로 정합니다.
3	`int led_c = 4;`	3. 7 세그먼트에서 C 위치의 LED를 디지털 4번 핀으로 정합니다.
4	`int led_d = 5;`	4. 7 세그먼트에서 D 위치의 LED를 디지털 5번 핀으로 정합니다.
5	`int led_e = 6;`	5. 7 세그먼트에서 E 위치의 LED를 디지털 6번 핀으로 정합니다.
6	`int led_f = 7;`	6. 7 세그먼트에서 F 위치의 LED를 디지털 7번 핀으로 정합니다.
7	`int led_g = 8;`	7. 7 세그먼트에서 G 위치의 LED를 디지털 8번 핀으로 정합니다.
8	`int on = HIGH;`	8. on 변수에 HIGH를 저장합니다.
9	`int off = LOW;`	9. off 변수에 LOW를 저장합니다.
	`void setup() {`	
10	`  pinMode(led_a, OUTPUT);`	10. 7 세그먼트에서 A 위치의 LED를 출력 모드로 정합니다.
11	`  pinMode(led_b, OUTPUT);`	11. 7 세그먼트에서 B 위치의 LED를 출력 모드로 정합니다.
12	`  pinMode(led_c, OUTPUT);`	12. 7 세그먼트에서 C 위치의 LED를 출력 모드로 정합니다.
13	`  pinMode(led_d, OUTPUT);`	13. 7 세그먼트에서 D 위치의 LED를 출력 모드로 정합니다.
14	`  pinMode(led_e, OUTPUT);`	14. 7 세그먼트에서 E 위치의 LED를 출력 모드로 정합니다.
15	`  pinMode(led_f, OUTPUT);`	15. 7 세그먼트에서 F 위치의 LED를 출력 모드로 정합니다.
16	`  pinMode(led_g, OUTPUT);`	16. 7 세그먼트에서 G 위치의 LED를 출력 모드로 정합니다.
	`}`	

```
17    void loop() {
18      setSegment(on, on, on, on, on, on, off);
19      delay(1000);
20      setSegment(off, on, on, off, off, off, off);
21      delay(1000);
22      setSegment(on, on, off, on, on, off, on);
23      delay(1000);
24      setSegment(on, on, on, on, off, off, on);
25      delay(1000);
26      setSegment(off, on, on, off, off, on, on);
27      delay(1000);
28      setSegment(on, off, on, on, off, on, on);
29      delay(1000);
30      setSegment(on, off, on, on, on, on, on);
31      delay(1000);
32      setSegment(on, on, on, off, off, on, off);
33      delay(1000);
34      setSegment(on, on, on, on, on, on, on);
35      delay(1000);
36      setSegment(on, on, off, off, on, on);
37      delay(1000);
      }

38    void setSegment(int a, int b, int c, int d,
      int e, int f, int g) {
39      digitalWrite(led_a, a);
40      digitalWrite(led_b, b);
41      digitalWrite(led_c, c);
42      digitalWrite(led_d, d);
43      digitalWrite(led_e, e);
44      digitalWrite(led_f, f);
45      digitalWrite(led_g, g);
      }
```

17. 반복합니다.
18. 7 세그먼트에 숫자 0을 나타냅니다.
19. 1초 기다립니다.
20. 7 세그먼트에 숫자 1을 나타냅니다.
21. 1초 기다립니다.
22. 7 세그먼트에 숫자 2를 나타냅니다.
23. 1초 기다립니다.
24. 7 세그먼트에 숫자 3을 나타냅니다.
25. 1초 기다립니다.
26. 7 세그먼트에 숫자 4를 나타냅니다.
27. 1초 기다립니다.
28. 7 세그먼트에 숫자 5를 나타냅니다.
29. 1초 기다립니다.
30. 7 세그먼트에 숫자 6을 나타냅니다.
31. 1초 기다립니다.
32. 7 세그먼트에 숫자 7을 나타냅니다.
33. 1초 기다립니다.
34. 7 세그먼트에 숫자 8을 나타냅니다.
35. 1초 기다립니다.
36. 7 세그먼트에 숫자 9를 나타냅니다.
37. 1초 기다립니다.

38. 7 세그먼트에 숫자를 나타내기 위한 함수입니다.
39. 넘어온 매개변수 a 값이 on이면 디지털 2번 핀 LED를 켜고 off이면 LED를 끕니다.
40. 넘어온 매개변수 b 값이 on이면 디지털 3번 핀 LED를 켜고 off이면 LED를 끕니다.
41. 넘어온 매개변수 c 값이 on이면 디지털 4번 핀 LED를 켜고 off이면 LED를 끕니다.
42. 넘어온 매개변수 d 값이 on이면 디지털 5번 핀 LED를 켜고 off이면 LED를 끕니다.
43. 넘어온 매개변수 e 값이 on이면 디지털 6번 핀 LED를 켜고 off이면 LED를 끕니다.
44. 넘어온 매개변수 f 값이 on이면 디지털 7번 핀 LED를 켜고 off이면 LED를 끕니다.
45. 넘어온 매개변수 g 값이 on이면 디지털 8번 핀 LED를 켜고 off이면 LED를 끕니다.

【 예제 2. 배열을 사용 】

코드	설명
1 `int on = HIGH;`	1. 캐소드 방식이므로 on 변수에 HIGH를 저장합니다.
2 `int off = LOW;`	2. 캐소드 방식이므로 off 변수에 LOW를 저장합니다.
3 `int pins[ ] = {2, 3, 4, 5, 6, 7, 8};`	3. 7 세그먼트에 연결된 디지털 핀 번호를 pins[ ] 배열에 저장합니다.
4 `int digits[10][7] = {`	4. digits[10][7]에서 [10]은 0부터 9까지 숫자를 나타내기 위한 값이고 [7]은 7개의 LED 핀 개수입니다.
5 `  {on, on, on, on, on, on, off},`	10행 7열의 배열을 선언합니다.
6 `  {off, on, on, off, off, off, off},`	5. 숫자 0을 나타내기 위한 각 디지털 핀의 상태 값을 정의합니다.
7 `  {on, on, off, on, on, off, on},`	6. 숫자 1을 나타내기 위한 각 디지털 핀의 상태 값을 정의합니다.
8 `  {on, on, on, on, off, off, on},`	7. 숫자 2를 나타내기 위한 각 디지털 핀의 상태 값을 정의합니다.
9 `  {off, on, on, off, off, on, on},`	8. 숫자 3을 나타내기 위한 각 디지털 핀의 상태 값을 정의합니다.
10 `  {on, off, on, on, off, on, on},`	9. 숫자 4를 나타내기 위한 각 디지털 핀의 상태 값을 정의합니다.
11 `  {on, off, on, on, on, on, on},`	10. 숫자 5를 나타내기 위한 각 디지털 핀의 상태 값을 정의합니다.
12 `  {on, on, on, off, off, on, off},`	11. 숫자 6을 나타내기 위한 각 디지털 핀의 상태 값을 정의합니다.
13 `  {on, on, on, on, on, on, on},`	12. 숫자 7을 나타내기 위한 각 디지털 핀의 상태 값을 정의합니다.
14 `  {on, on, on, off, off, on, on}`	13. 숫자 8을 나타내기 위한 각 디지털 핀의 상태 값을 정의합니다.
`};`	14. 숫자 9를 나타내기 위한 각 디지털 핀의 상태 값을 정의합니다.
`void setup( ) {`	
15 `  for(int i = 0; i < 7; i++)`	15. 배열의 인덱스는 0부터 시작하므로 0에서 7보다 작을 때까지 1씩 증가하며 반복합니다.
`  {`	
16 `    pinMode(pins[i], OUTPUT);`	16. 7 세그먼트와 연결된 디지털 핀 7개를 출력 모드로 정합니다.
`  }`	
`}`	
17 `void loop( ) {`	17. 반복합니다.
18 `  for(int i = 0; i <= 9; i++)`	18. 0부터 9보다 작거나 같을 때까지 1씩 증가하며 반복합니다.
`  {`	
19 `    for(int j = 0; j < 7; j++)`	19. 0부터 7보다 작을 때까지 1씩 증가하며 반복합니다.
`    {`	
20 `      digitalWrite(pins[j], digits[i][j]);`	20. 7개의 LED의 상태를 배열 값에 따라 출력합니다.
`    }`	18, 19 반복문(for문)은 0부터 9까지 숫자를 나타내기 위한 코드입니다.
21 `    delay(1000);`	21. 1초 기다립니다.
`  }`	
`}`	

07 _ 출력   359

숫자를 세어요 – 엔트리 vs. 아두이노

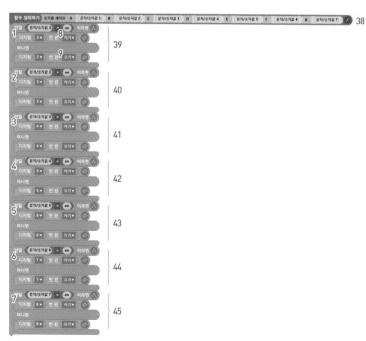

```
1    int led_a = 2;
2    int led_b = 3;
3    int led_c = 4;
4    int led_d = 5;
5    int led_e = 6;
6    int led_f = 7;
7    int led_g = 8;
8    int on = HIGH;
9    int off = LOW;

     void setup() {
10     pinMode(led_a, OUTPUT);
11     pinMode(led_b, OUTPUT);
12     pinMode(led_c, OUTPUT);
13     pinMode(led_d, OUTPUT);
14     pinMode(led_e, OUTPUT);
15     pinMode(led_f, OUTPUT);
16     pinMode(led_g, OUTPUT);
     }

17   void loop() {
18     setSegment(on, on, on, on, on, on, off);
19     delay(1000);
20     setSegment(off, on, on, off, off, off, off);
21     delay(1000);
22     setSegment(on, on, off, on, on, off, on);
23     delay(1000);
24     setSegment(on, on, on, on, off, off, on);
25     delay(1000);
26     setSegment(off, on, on, off, off, on, on);
27     delay(1000);
28     setSegment(on, off, on, on, off, on, on);
29     delay(1000);
30     setSegment(on, off, on, on, on, on, on);
31     delay(1000);
32     setSegment(on, on, on, off, off, on, off);
33     delay(1000);
34     setSegment(on, on, on, on, on, on, on);
35     delay(1000);
36     setSegment(on, on, on, off, off, on, on);
37     delay(1000);
     }
```

```
38   void setSegment(int a, int b, int c, int d, int e, int f, int g) {
39     digitalWrite(led_a, a);
40     digitalWrite(led_b, b);
41     digitalWrite(led_c, c);
42     digitalWrite(led_d, d);
43     digitalWrite(led_e, e);
44     digitalWrite(led_f, f);
45     digitalWrite(led_g, g);
     }
```

LED의 활용

LED는 전기 에너지를 빛의 에너지로 변환하는 발광 다이오드입니다. 가로등, 실내등과 같이 어두운 곳을 밝게 비추거나 광고 전광판과 같이 정보를 전달하거나 경관 조명, TV, 디스플레이 등과 같이 여러 색상의 빛을 내는 역할을 합니다. 이번 장에서는 일상생활 속에서 유용하게 쓰이는 LED와 여러 센서를 융합하는 실습을 해보겠습니다.

8-1. 스위치를 누르면 색이 바뀌는 무드등

이번 절에서는 삼색 LED와 스위치를 활용합니다. 스위치를 누를 때마다 3색 LED의 색상이 변경되는 프로그램을 만들어 보겠습니다.

8-1-1. 무엇을 준비할까요?

아두이노 Uno	브레드보드	3색 LED	택트 스위치	점퍼선 (수수)	저항 (220Ω)
X 1	X 1	X 1	X 1	X 8	X 4

8-1-2. 프로젝트 – 회로를 구성해 보아요

	명칭	브레드보드	아두이노
1	스위치 왼쪽 리드선		디지털 8번 핀
2		저항, 버스띠 영역	GND
3	스위치 오른쪽 리드선		5V
4	3색 LED R	저항	디지털 11번 핀
5	3색 LED 긴 리드선	버스띠 영역	GND
6	3색 LED G	저항	디지털 10번 핀
7	3색 LED B	저항	디지털 9번 핀

TIP _ 회로 구성은 어떻게 하나요?

3색 LED의 회로 구성은 304 페이지에 상세히 나와 있어요.
스위치의 회로 구성은 130 페이지에 상세히 나와 있어요.

회로도

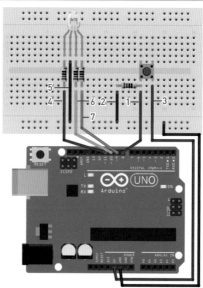

8-1-3. 프로젝트 – 코딩해 보아요

3색 LED는 빨간색(R), 초록색(G), 파란색(B) 3개의 색상의 LED를 하나로 합친 것으로 0~255 사이의 숫자를 조합해 원하는 색상을 출력할 수 있습니다. 회로를 구성할 때는 디지털 핀 중 PWM 기능을 제어하는 핀(~표시가 되어 있는 핀)에 연결합니다. 또한, 애노드(+) 방식의 3색 LED는 긴 리드선을 5V에 연결하고 캐소드(−) 방식의 3색 LED의 긴 리드선은 GND로 연결합니다. 코드를 작성할 때는 analogWrite() 함수를 사용해 0~255범위 안에서 색상을 출력 할 수 있습니다.

스위치는 상태(눌렀다, 뗐다)에 따라 디지털 신호값을 가지는 센서입니다. 따라서 회로를 구성할 때는 디지털 핀인 0~13번에 연결하며 digitalRead() 함수를 사용해 값을 입력받습니다. 또한, 풀업 저항으로 구성하는지, 풀다운 저항으로 구성하는지에 따라 스위치 상태 값이 달라집니다. 이번 실습에서는 스위치를 눌렀을 때 ON 상태가 되고 누른 스위치를 떼어내면 OFF 상태가 되는 풀다운 저항으로 회로를 구성하겠습니다.

프로젝트 미리 보기: http://bit.ly/31TpVxv

코드 보기: http://bit.ly/342IjoR

작동 영상 보기

스위치를 누르면 색이 바뀌는 무드등 – 엔트리 코딩

5가지 색상을 나타내는 무드등이 있습니다. 스위치를 누를 때마다 무드등의 색상이 변하고, 스위치를 누르는 횟수가 6번째일 때는 무드등이 꺼집니다.

1) 오브젝트 추가

01. 오브젝트 추가하기 탭에서 '스탠드', '결과 확인 버튼', '별 헤는 밤' 배경을 선택해 불러옵니다.

02. '스탠드' 오브젝트를 선택한 다음 [모양] 탭에서 [모양 추가하기] 버튼을 클릭해 '스탠드' 오브젝트를 5개를 더 불러옵니다.

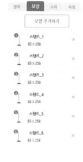

03. '스탠드_1' 모양을 선택합니다. 채우기 기능을 선택한 후 채우기 색상에서 빨간색을 선택합니다. 그리고 마우스 포인터를 채우고자 하는 곳에 클릭을 하면 클릭한 곳의 이미지 부분이 빨간색 색상으로 변경됩니다.

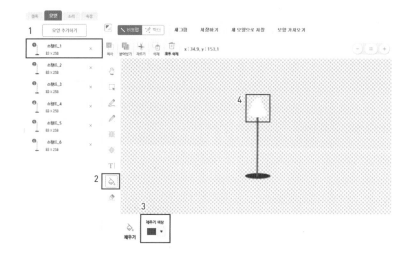

04. 03번과 같은 방법으로 채우기 기능을 사용하여 스탠드 색상을 변경합니다.

- [스탠드_1] : 빨간색
- [스탠드_2] : 초록색
- [스탠드_3] : 파란색
- [스탠드_4] : 노란색
- [스탠드_5] : 분홍색
- [스탠드_6] : 흰색

2) 변수 만들기

오브젝트 클릭 수에 따라 스탠드 오브젝트의 모양을 바꿔야 하므로 오브젝트 클릭 수를 기억하는 변수를 만들어 보겠습니다.

01. [속성] 탭에서 변수를 선택합니다.

02. [변수 추가하기] 버튼을 누른 다음 변수 이름을 '버튼클릭수'로 입력합니다.

03. [확인] 버튼을 선택합니다. 생성된 변수는 다음과 같습니다.

#	변수 이름	사용가능 오브젝트	기본값	최솟값	최댓값	변수 노출
1	버튼클릭수	전체	0			보이기

3) 신호 만들기

스탠드 오브젝트의 모양을 바꾸기 위한 신호를 만들어 보겠습니다.

01. [속성] 탭에서 신호를 선택합니다.

02. [신호 추가하기] 버튼을 누른 다음 신호 이름을 '색상 바꾸기'로 입력합니다.

03. [확인] 버튼을 선택합니다. 생성된 신호는 다음과 같습니다.

#	신호 이름
1	색상 바꾸기

4) 함수 만들기

3색 LED 색상을 변경하는 함수를 만들어 보겠습니다.

01. [속성] 탭에서 함수를 선택합니다.

02. [함수 추가하기] 버튼을 누른 다음 '색상만들기' 함수를 만듭니다.

03. 빨간색, 초록색, 파란색 색상 코드값을 매개변수로 넘겨 받으므로 문자/숫자값 블록을 사용하여 3개의 매개변수를 만듭니다.

04. 함수 만들기의 결괏값은 다음과 같습니다.

5] 엔트리 코드 블록 조립하기

[/chapter08/스위치를 누르면 색이 바뀌는 무드등.ent]

오브젝트	코드	설명

오브젝트: 결과 확인 버튼

크기 87.5
방향(°) 0°
이동 방향(°) 90°

1. 시작하기 버튼을 클릭했을 때 무드등이 꺼진 상태로 시작하기 위해 '버튼클릭수' 변숫값을 6으로 정합니다.

2. 스위치의 상태를 계속 감지해야 하므로 계속 반복합니다.

3. 디지털 8번 핀에 연결된 스위치가 눌러졌다면

4. 스위치를 누를 때마다 3색 LED의 색상이 바뀝니다. 5가지 색상 변화와 LED 끄기로 6가지 경우의 수가 있습니다.

 '버튼클릭수'가 6이면 다시 처음 상태로 되돌아가기 위해 '버튼클릭수' 변수를 1로 설정합니다.

5. '버튼클릭수'가 6이 아니면 '버튼클릭수' 변수에 1만큼 더합니다.

6. 3색 LED 색상을 바꾸기 위해 '색상 바꾸기' 신호를 보냅니다.

7. 결과 확인 버튼이 선택됐음을 표현하기 위해 '결과 확인 버튼_2' 모양으로 바꿉니다.

8. 0.3초 후 원래 오브젝트 이미지 모양인 '결과 확인 버튼_1' 모양으로 바꿉니다.

1. 오브젝트를 클릭할 때마다 3색 LED의 색상이 바뀝니다. 5가지 색상 변화와 LED 끄기로 6가지 경우의 수가 있습니다.

 '버튼클릭수'가 6이면 다시 처음 상태로 되돌아가기 위해 '버튼클릭수' 변수를 1로 설정하고, '버튼클릭수'가 6이 아니면 '버튼클릭수' 변수에 1만큼 더합니다

2. 결과 확인 버튼이 선택됐음을 표현하기 위해 '결과 확인 버튼_2' 모양으로 바꿉니다.

3. 3색 LED 색상을 바꾸기 위해 '색상 바꾸기' 신호를 보냅니다.

4. 원래 오브젝트 이미지 모양인 '결과 확인 버튼_1' 모양으로 바꿉니다.

크기 146.8
방향(°) 0°
이동 방향(°) 90°

1. 시작하기 버튼을 클릭했을 때 무드등이 꺼진 상태로 시작하기 위해 '스탠드_6' 모양으로 바꿉니다.

1. '버튼클릭수'가 1이면 빨간색 LED를 켭니다.

  빨간색 색상을 가진 스탠드 모양을 나타내기 위해 '스탠드_1' 모양으로 바꿉니다.

2. '버튼클릭수'가 2이면 초록색 LED를 켭니다.

  초록색 색상을 가진 스탠드 모양을 나타내기 위해 '스탠드_2' 모양으로 바꿉니다.

3. '버튼클릭수'가 3이면 파란색 LED를 켭니다.

  파란색 색상을 가진 스탠드 모양을 나타내기 위해 '스탠드_3' 모양으로 바꿉니다.

4. '버튼클릭수'가 4이면 노란색 LED를 켭니다.

  노란색 색상을 가진 스탠드 모양을 나타내기 위해 '스탠드_4' 모양으로 바꿉니다.

5. '버튼클릭수'가 5이면 분홍색 LED를 켭니다.

  분홍색 색상을 가진 스탠드 모양을 나타내기 위해 '스탠드_5' 모양으로 바꿉니다.

6. '버튼클릭수'가 6이면 LED를 끕니다. 불이 꺼진 스탠드 모양을 나타내기 위해 '스탠드_6' 모양으로 바꿉니다.

1. 3색 LED의 색상을 바꾸어주는 함수입니다.

2. 매개변수 '문자/숫자값1' 값으로 3색 LED에 연결된 디지털 11번 핀에 색상을 출력합니다.

3. 매개변수 '문자/숫자값2' 값으로 3색 LED에 연결된 디지털 10번 핀에 색상을 출력합니다.

4. 매개변수 '문자/숫자값3' 값으로 3색 LED에 연결된 디지털 9번 핀에 색상을 출력합니다.

스위치를 누르면 색이 바뀌는 무드등 - 아두이노 코딩

스위치를 누를 때마다 3색 LED 색상이 빨간색, 초록색, 파란색, 노란색, 분홍색 순으로 바뀌다가 3색 LED가 꺼집니다. 스위치를 누를 때마다 이러한 순서로 반복됩니다.

코드	설명

```
1    int led_red = 11;
2    int led_green = 10;
3    int led_blue = 9;
4    int tact_switch = 8;
5    int count = 0;

     void setup() {
6      pinMode(led_red, OUTPUT);
7      pinMode(led_green, OUTPUT);
8      pinMode(led_blue, OUTPUT);
9      pinMode(tact_switch, INPUT);
     }

10   void loop() {

11     if(digitalRead(tact_switch) == HIGH)
       {
12       if(count == 6)
           count = 1;
13       else
           count = count + 1;

14       if(count == 1)
           setColor(255, 0, 0);

15       if(count == 2)
           setColor(0, 255, 0);

16       if(count == 3)
           setColor(0, 0, 255);

17       if(count == 4)
           setColor(255, 255, 0);

18       if(count == 5)
           setColor(255, 0, 255);
```

1. 3색 LED 중 빨간색 LED를 디지털 11번 핀으로 정합니다.

2. 3색 LED 중 초록색 LED를 디지털 10번 핀으로 정합니다.

3. 3색 LED 중 파란색 LED를 디지털 9번 핀으로 정합니다.

4. 스위치를 디지털 8번 핀으로 정합니다.

5. 스위치 누른 횟수를 저장할 변수 count를 선언하고 0으로 초깃값을 저장합니다.

6. 3색 LED 중 빨간색 LED를 출력 모드로 정합니다.

7. 3색 LED 중 초록색 LED를 출력 모드로 정합니다.

8. 3색 LED 중 파란색 LED를 출력 모드로 정합니다.

9. 스위치를 입력 모드로 정합니다.

10. 반복합니다.

11. 스위치를 눌렀다면

12. 스위치 누른 횟수가 6이라면 다시 1로 초기화합니다.

13. 스위치 누른 횟수가 6이 아니라면 count 변수에 1만큼 더합니다.

14. count 변숫값이 1이면 3색 LED의 색상을 빨간색으로 출력합니다.

15. count 변숫값이 2이면 3색 LED의 색상을 초록색으로 출력합니다.

16. count 변숫값이 3이면 3색 LED의 색상을 파란색으로 출력합니다.

17. count 변숫값이 4이면 3색 LED의 색상을 노란색으로 출력합니다.

18. count 변숫값이 5이면 3색 LED의 색상을 분홍색으로 출력합니다.

19	`    if(count == 6)`	19. count 변숫값이 6이면 3색 LED를 끕니다.
	`        setColor(0, 0, 0);`	
20	`    delay(300);`	20. 0.3초 기다립니다.
	`    }`	
	`}`	
21	`void setColor(int red, int green, int blue)`	21. 3가지 색상 값(RGB)을 입력받아 3색 LED의 색상을 만
	`{`	드는 함수입니다.
22	`    analogWrite(led_red, red);`	22. red에 입력받은 값으로 색상을 출력합니다.
23	`    analogWrite(led_green, green);`	23. green에 입력받은 값으로 색상을 출력합니다.
24	`    analogWrite(led_blue, blue);`	24. blue에 입력받은 값으로 색상을 출력합니다.
	`}`	

 스위치를 누르면 색이 바뀌는 무드등 – 엔트리 vs. 아두이노

엔트리

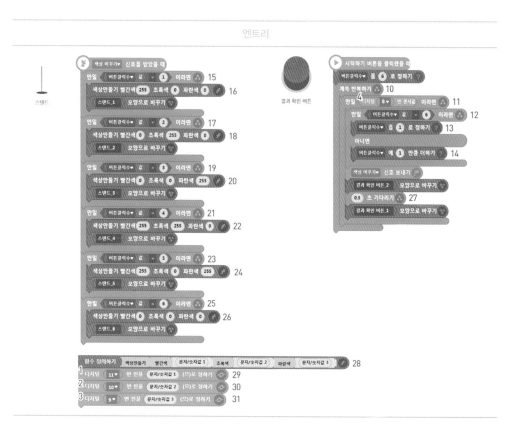

```
1    int led_red = 11;
2    int led_green = 10;
3    int led_blue = 9;
4    int tact_switch = 8;
5    int count = 0;

     void setup() {
6      pinMode(led_red, OUTPUT);
7      pinMode(led_green, OUTPUT);
8      pinMode(led_blue, OUTPUT);
9      pinMode(tact_switch, INPUT);
     }

10   void loop() {

11     if(digitalRead(tact_switch) == HIGH)
       {
12       if(count == 6)
13         count = 1;
         else
14         count = count + 1;

15       if(count == 1)
16         setColor(255, 0, 0);

17       if(count == 2)
18         setColor(0, 255, 0);

19       if(count == 3)
20         setColor(0, 0, 255);

21       if(count == 4)
22         setColor(255, 255, 0);

23       if(count == 5)
24         setColor(255, 0, 255);

25       if(count == 6)
26         setColor(0, 0, 0);
```

```
27        delay(300);
      }
    }

28    void setColor(int red, int green, int blue)
      {
29      analogWrite(led_red, red);
30      analogWrite(led_green, green);
31      analogWrite(led_blue, blue);
      }
```

 ## 8-2. 숫자를 세어요

이번 절에서는 7세그먼트와 스위치를 활용합니다. 스위치를 누를 때마다 0~9까지의 숫자를 7 세그먼트
에 표시하는 프로그램을 만들어 보겠습니다.

8-2-1. 무엇을 준비할까요?

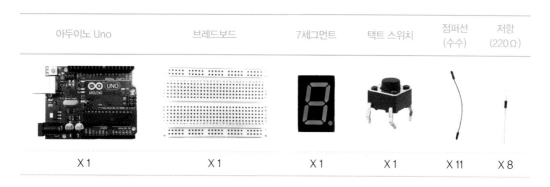

아두이노 Uno	브레드보드	7세그먼트	택트 스위치	점퍼선 (수수)	저항 (220Ω)
X 1	X 1	X 1	X 1	X 11	X 8

8-2-2. 프로젝트 – 회로를 구성해 보아요

	명칭	브레드보드	아두이노
1	스위치 왼쪽 리드선		디지털 9번 핀
2		저항	GND

3	스위치 오른쪽 리드선		5V
4	7 세그먼트 A	저항	디지털 2번 핀
5	7 세그먼트 B	저항	디지털 3번 핀
6	7 세그먼트 C	저항	디지털 4번 핀
7	7 세그먼트 D	저항	디지털 5번 핀
8	7 세그먼트 E	저항	디지털 6번 핀
9	7 세그먼트 F	저항	디지털 7번 핀
10	7 세그먼트 G	저항	디지털 8번 핀
11	7 세그먼트 공통 핀		GND

TIP _ 회로 구성은 어떻게 하나요?

스위치의 회로 구성은 130 페이지에 상세히 나와 있어요.
7 세그먼트의 회로 구성은 350 페이지에 상세히 나와 있어요.

회로도

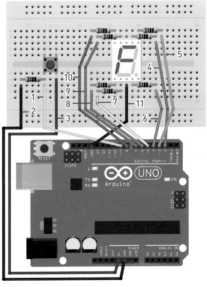

8-2-3. 프로젝트 – 코딩해 보아요

7 세그먼트에는 7개의 LED가 있으며, 이 LED를 켜고 끄는 것을 각각 제어하여 원하는 문자나 숫자를 표시할 수 있습니다. LED는 켜고 끄는 두 가지 신호로 출력하므로 회로를 구성할 때는 디지털 핀인 0~13번에 연결합니다. 또한, 7 세그먼트가 애노드(+) 타입인지 캐소드(−) 타입인지 확인해야 합니다. 애노드 타입은 공통 핀(상하 가운데 리드선)을 5V의 전원에 연결하고, 캐소드 타입은 공통 핀을 GND에 연결하며 각 LED에 과전류가 흐르지 않도록 저항을 꽂아주어야 합니다. 이 책에서는 캐소드 타입의 7 세그먼트를 사용했습니다. 코드를 작성할 때는 digitalWrite() 함수를 사용해 LED의 출력을 제어합니다.

7 세그먼트에 엔트리 코딩에는 0123456789 아두이노 코딩에는 0123456789으로 숫자가 표기되도록 코드를 작성했습니다.

스위치는 상태(눌렀다, 뗐다)에 따라 디지털 신호(0V 또는 5V)를 보내므로 디지털 핀인 0~13번에 연결하며 코드를 작성할 때는 digitalRead() 함수를 사용해 스위치의 값을 입력받습니다. 이번 실습에서는 스위치를 눌렀을 때 ON 상태가 되고, 스위치를 떼면 OFF 상태가 되는 풀다운 저항으로 회로를 구성하겠습니다.

프로젝트 미리 보기: http://bit.ly/2NdKijw

코드 보기: http://bit.ly/2MPIr5o

작동 영상 보기

 숫자를 세어요 – 엔트리 코딩

스위치를 누를 때마다 숫자 버튼의 숫자가 0부터 9까지 1씩 더해집니다. 숫자 9가 되면 다시 0부터 시작합니다.

숫자 버튼의 숫자와 동일하게 7 세그먼트에 숫자를 표시합니다.

1) 오브젝트 추가

01. 오브젝트 추가하기 탭에서 '숫자 버튼'을 선택해 불러옵니다.

2) 변수 만들기

현재 숫자(0~9)를 기억하는 변수를 만들어 보겠습니다.

01. [속성] 탭에서 변수를 선택합니다.

02. [변수 추가하기] 버튼을 누른 다음 변수 이름을 '숫자'로 입력합니다.

03. [확인] 버튼을 선택합니다. 생성된 변수는 다음과 같습니다.

#	변수 이름	사용가능 오브젝트	기본값	최솟값	최댓값	변수 노출
1	숫자	전체	0			보이기

3) 함수 만들기

현재 숫자를 7 세그먼트에 나타내는 함수를 만들어 보겠습니다.

01. [속성] 탭에서 함수를 선택합니다.

02. [함수 추가하기] 버튼을 누른 다음 함수 이름을 '숫자를 세어요'로 입력합니다.

03. 함수 만들기 결괏값은 다음과 같습니다.

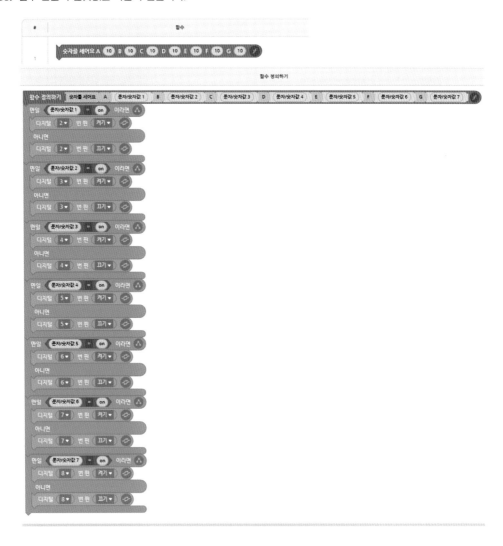

4) 엔트리 코드 블록 조립하기

[/chapter08/숫자를 세어요.ent]

오브젝트	코드	설명

1. 스위치의 상태를 계속 감지해야 하므로 계속 반복합니다.

2. 디지털 9번 핀에 연결된 스위치를 눌렀다면

3. 0~9까지 숫자를 세기 위한 코드입니다.

   스위치를 누른 횟수가 9이면 다시 0부터 숫자를 세기 위해 '숫자' 변수에 0을 저장하며, 스위치를 누른 횟수가 9가 아니라면 '숫자' 변수에 1만큼 더합니다.

4. 스위치를 누르고 있는 동안 '계속 반복하기' 블록으로 인해 계속 '숫자' 변수값이 1씩 더해지므로 스위치를 누른 후 0.5초 기다려서 숫자가 계속 더해지는 것을 방지합니다.

1. 숫자 버튼을 클릭할 때마다 0~9까지 숫자를 세기 위한 코드입니다.

   숫자 버튼을 클릭한 횟수가 9이면 다시 0부터 숫자를 세기 위해 '숫자' 변수에 0을 저장하며, 숫자 버튼을 누른 횟수가 9가 아니라면 '숫자' 변수에 1만큼 더합니다.

숫자 버튼

X	-9.61
Y	5.02
크기	150.1
방향(°)	0°
이동 방향(°)	90°

1. '숫자' 변숫값은 숫자 버튼을 클릭하거나 스위치를 눌렀을 때 변경되므로 계속 반복하여 '숫자' 변숫값을 확인합니다.

2. '숫자' 변숫값이 0이면 '숫자 버튼_0' 모양으로 바꾸고, 7 세그먼트에 숫자 0을 나타내기 위해 '숫자를 세어요' 함수를 호출합니다.

3. '숫자' 변숫값이 10이면 '숫자 버튼_1' 모양으로 바꾸고, 7 세그먼트에 숫자 1를 나타내기 위해 '숫자를 세어요' 함수를 호출합니다.

4. '숫자' 변숫값이 20이면 '숫자 버튼_2' 모양으로 바꾸고, 7 세그먼트에 숫자 2를 나타내기 위해 '숫자를 세어요' 함수를 호출합니다.

5. '숫자' 변숫값이 30이면 '숫자 버튼_3' 모양으로 바꾸고, 7 세그먼트에 숫자 3을 나타내기 위해 '숫자를 세어요' 함수를 호출합니다.

6. '숫자' 변숫값이 40이면 '숫자 버튼_4' 모양으로 바꾸고, 7 세그먼트에 숫자 4를 나타내기 위해 '숫자를 세어요' 함수를 호출합니다.

7. '숫자' 변숫값이 50이면 '숫자 버튼_5' 모양으로 바꾸고, 7 세그먼트에 숫자 5를 나타내기 위해 '숫자를 세어요' 함수를 호출합니다.

8. '숫자' 변숫값이 60이면 '숫자 버튼_6' 모양으로 바꾸고, 7 세그먼트에 숫자 6을 나타내기 위해 '숫자를 세어요' 함수를 호출합니다.

9. '숫자' 변숫값이 70이면 '숫자 버튼_7' 모양으로 바꾸고 7, 세그먼트에 숫자 7를 나타내기 위해 '숫자를 세어요' 함수를 호출합니다.

10. '숫자' 변숫값이 80이면 '숫자 버튼_8' 모양으로 바꾸고, 7 세그먼트에 숫자 8를 나타내기 위해 '숫자를 세어요' 함수를 호출합니다.

11. '숫자' 변숫값이 90이면 '숫자 버튼_9' 모양으로 바꾸고, 7 세그먼트에 숫자 9를 나타내기 위해 '숫자를 세어요' 함수를 호출합니다.

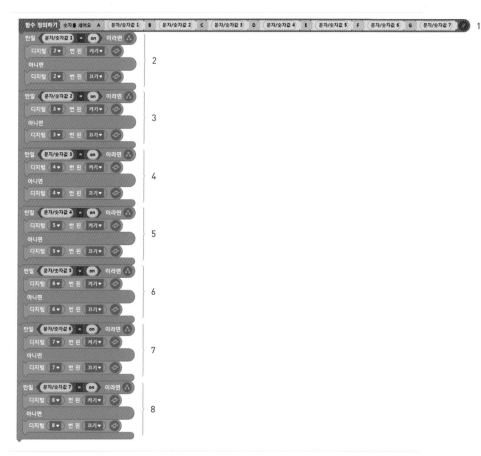

1. 7 세그먼트에 숫자를 나타내기 위한 함수입니다.

2. 넘어온 매개변수 '문자/숫자값 1' 값이 on이면 디지털 2번 핀의 LED를 켜고, off이면 끕니다.

3. 넘어온 매개변수 '문자/숫자값 2' 값이 on이면 디지털 3번 핀의 LED를 켜고, off이면 끕니다.

4. 넘어온 매개변수 '문자/숫자값 3' 값이 on이면 디지털 4번 핀의 LED를 켜고, off이면 끕니다.

5. 넘어온 매개변수 '문자/숫자값 4' 값이 on이면 디지털 5번 핀의 LED를 켜고, off이면 끕니다.

6. 넘어온 매개변수 '문자/숫자값 5' 값이 on이면 디지털 6번 핀의 LED를 켜고, off이면 끕니다.

7. 넘어온 매개변수 '문자/숫자값 6' 값이 on이면 디지털 7번 핀의 LED를 켜고, off이면 끕니다.

8. 넘어온 매개변수 '문자/숫자값 7' 값이 on이면 디지털 8번 핀의 LED를 켜고, off이면 끕니다.

숫자를 세어요 - 아두이노 코딩

스위치를 누를 때마다 7 세그먼트에 숫자 0부터 9까지 1씩 더해집니다. 숫자 9가 되면 다시 0부터 시작합니다.

[/chapter08/led_ex02.ino]

코드	설명
1 `int led_a = 2;`	1. 7 세그먼트에서 A 위치의 LED를 디지털 2번 핀으로 정합니다.
2 `int led_b = 3;`	2. 7 세그먼트에서 B 위치의 LED를 디지털 3번 핀으로 정합니다.
3 `int led_c = 4;`	3. 7 세그먼트에서 C 위치의 LED를 디지털 4번 핀으로 정합니다.
4 `int led_d = 5;`	4. 7 세그먼트에서 D 위치의 LED를 디지털 5번 핀으로 정합니다.
5 `int led_e = 6;`	5. 7 세그먼트에서 E 위치의 LED를 디지털 6번 핀으로 정합니다.
6 `int led_f = 7;`	6. 7 세그먼트에서 F 위치의 LED를 디지털 7번 핀으로 정합니다.
7 `int led_g = 8;`	7. 7 세그먼트에서 G 위치의 LED를 디지털 8번 핀으로 정합니다.
8 `int tact_switch = 9;`	8. 스위치를 디지털 9번 핀으로 정합니다.
9 `int on = HIGH;`	9. on 변수에 HIGH를 저장합니다.
10 `int off = LOW;`	10. off 변수에 LOW를 저장합니다.
11 `int count = 0 ;`	11. 숫자를 세기 위한 변수 count를 선언하고 초깃값을 0으로 저장합니다.
`void setup() {`	
12 `pinMode(led_a, OUTPUT);`	12. 7 세그먼트에서 A 위치의 LED를 출력 모드로 정합니다.
13 `pinMode(led_b, OUTPUT);`	13. 7 세그먼트에서 B 위치의 LED를 출력 모드로 정합니다.
14 `pinMode(led_c, OUTPUT);`	14. 7 세그먼트에서 C 위치의 LED를 출력 모드로 정합니다.
15 `pinMode(led_d, OUTPUT);`	15. 7 세그먼트에서 D 위치의 LED를 출력 모드로 정합니다.
16 `pinMode(led_e, OUTPUT);`	16. 7 세그먼트에서 E 위치의 LED를 출력 모드로 정합니다.
17 `pinMode(led_f, OUTPUT);`	17. 7 세그먼트에서 F 위치의 LED를 출력 모드로 정합니다.
18 `pinMode(led_g, OUTPUT);`	18. 7 세그먼트에서 G 위치의 LED를 출력 모드로 정합니다.
19 `pinMode(tact_switch, INPUT);`	19. 스위치를 입력 모드로 정합니다.
`}`	
20 `void loop() {`	20. 반복합니다.
21 `if(digitalRead(tact_switch) == HIGH)` `{`	21. 스위치를 누른 상태라면
22 `if(count == 9)` `count = 0 ;`	22. 현재 숫자가 9이면 다시 0부터 세기 위해 count 변수를 0으로 설정합니다.
23 `else` `count = count + 1;`	23. 현재 숫자가 9가 아니라면 count 변수에 1만큼 더합니다.

```
24    if(count == 0)
        setSegment(on, on, on, on, on, on, off);
25    if(count == 1)
        setSegment(off, on, on, off, off, off, off);
26    if(count == 2)
        setSegment(on, on, off, on, on, off, on);
27    if(count == 3)
        setSegment(on, on, on, on, off, off, on);
28    if(count == 4)
        setSegment(off, on, on, off, off, on, on);
29    if(count == 5)
        setSegment(on, off, on, on, off, on, on);
30    if(count == 6)
        setSegment(on, off, on, on, on, on, on);
31    if(count == 7)
        setSegment(on, on, on, off, off, on, off);
32    if(count == 8)
        setSegment(on, on, on, on, on, on, on);
33    if(count == 9)
        setSegment(on, on, on, off, off, on, on);

34    delay(500);
    }
  }

35 void setSegment(int a, int b, int c, int d,
   int e, int f, int g) {
36   digitalWrite(led_a, a);
37   digitalWrite(led_b, b);
38   digitalWrite(led_c, c);
39   digitalWrite(led_d, d);
40   digitalWrite(led_e, e);
41   digitalWrite(led_f, f);
42   digitalWrite(led_g, g);
  }
```

24. 현재 숫자가 0이라면 7 세그먼트에 숫자 0을 나타냅니다.

25. 현재 숫자가 1이라면 7 세그먼트에 숫자 1을 나타냅니다.

26. 현재 숫자가 2라면 7 세그먼트에 숫자 2를 나타냅니다.

27. 현재 숫자가 3이라면 7 세그먼트에 숫자 3을 나타냅니다.

28. 현재 숫자가 4라면 7 세그먼트에 숫자 4를 나타냅니다.

29. 현재 숫자가 5라면 7 세그먼트에 숫자 5를 나타냅니다.

30. 현재 숫자가 6이라면 7 세그먼트에 숫자 6을 나타냅니다.

31. 현재 숫자가 7이라면 7 세그먼트에 숫자 7을 나타냅니다.

32. 현재 숫자가 8이라면 7 세그먼트에 숫자 8을 나타냅니다.

33. 현재 숫자가 9라면 7 세그먼트에 숫자 9를 나타냅니다.

34. 0.5초 기다립니다.

35. 7 세그먼트에 숫자를 나타내기 위한 함수입니다.
    (실습시 35번 코드를 한 줄로 작성합니다.)
36. 매개변수 a 값이 on이면 디지털 2번 핀의 LED를 켜고, off이면
    끕니다.
37. 매개변수 b 값이 on이면 디지털 3번 핀의 LED를 켜고, off이면
    끕니다.
38. 매개변수 c 값이 on이면 디지털 4번 핀의 LED를 켜고, off이면
    끕니다.
39. 매개변수 d 값이 on이면 디지털 5번 핀의 LED를 켜고, off이면
    끕니다.
40. 매개변수 e 값이 on이면 디지털 6번 핀의 LED를 켜고, off이면
    끕니다.
41. 매개변수 f 값이 on이면 디지털 7번 핀의 LED를 켜고, off이면
    끕니다.
42. 매개변수 g 값이 on이면 디지털 8번 핀의 LED를 켜고, off이면
    끕니다.

숫자를 세어요 - 엔트리 vs. 아두이노

엔트리

1

숫자 버튼

시작하기 버튼을 클릭했을 때
계속 반복하기 20
만일 (8)(디지털 9▼ 번 센서값) 이라면 21
  만일 (숫자▼ 값 = 9) 이라면 22
    숫자 를 0 로 정하기 23
  아니면
    숫자 에 1 만큼 더하기 24
0.5 초 기다리기 45

시작하기 버튼을 클릭했을 때
계속 반복하기 20
만일 (숫자▼ 값 = 0) 이라면 25
  숫자버튼0 모양으로 바꾸기
  숫자를 세어요 A on B _ C on D on E on F on G off 26
만일 (숫자▼ 값 = 1) 이라면 27
  숫자 버튼1 모양으로 바꾸기
  숫자를 세어요 A off B on C on D off E off F off G off 28
만일 (숫자▼ 값 = 2) 이라면 29
  숫자 버튼2 모양으로 바꾸기
  숫자를 세어요 A on B on C off D on E on F off G on 30
만일 (숫자▼ 값 = 3) 이라면 31
  숫자 버튼3 모양으로 바꾸기
  숫자를 세어요 A on B on C on D on E off F off G on 32
만일 (숫자▼ 값 = 4) 이라면 33
  숫자 버튼4 모양으로 바꾸기
  숫자를 세어요 A off B on C on D off E off F on G on 34
만일 (숫자▼ 값 = 5) 이라면 35
  숫자 버튼5 모양으로 바꾸기
  숫자를 세어요 A on B off C on D on E off F on G on 36
만일 (숫자▼ 값 = 6) 이라면 37
  숫자 버튼6 모양으로 바꾸기
  숫자를 세어요 A on B off C on D on E on F on G on 38
만일 (숫자▼ 값 = 7) 이라면 39
  숫자 버튼7 모양으로 바꾸기
  숫자를 세어요 A on B on C on D off E off F off G off 40
만일 (숫자▼ 값 = 8) 이라면 41
  숫자 버튼8 모양으로 바꾸기
  숫자를 세어요 A on B on C on D on E on F on G on 42
만일 (숫자▼ 값 = 9) 이라면 43
  숫자 버튼9 모양으로 바꾸기
  숫자를 세어요 A on B on C on D on E off F on G on 44

함수 정의하기 숫자를 세어요 A · 문자/숫자값 1 · B · 문자/숫자값 2 · C · 문자/숫자값 3 · D · 문자/숫자값 4 · E · 문자/숫자값 5 · F · 문자/숫자값 6 · G · 문자/숫자값 7

1 만일 문자/숫자값 1 = on 이라면
디지털 (2▼) 번 핀 (켜기▼)
아니면
디지털 (2▼) 번 핀 (끄기▼) — 47

2 만일 문자/숫자값 2 = on 이라면
디지털 (3▼) 번 핀 (켜기▼)
아니면
디지털 (3▼) 번 핀 (끄기▼) — 48

3 만일 문자/숫자값 3 = on 이라면
디지털 (4▼) 번 핀 (켜기▼)
아니면
디지털 (4▼) 번 핀 (끄기▼) — 49

4 만일 문자/숫자값 4 = on 이라면
디지털 (5▼) 번 핀 (켜기▼)
아니면
디지털 (5▼) 번 핀 (끄기▼) — 50

5 만일 문자/숫자값 5 = on 이라면
디지털 (6▼) 번 핀 (켜기▼)
아니면
디지털 (6▼) 번 핀 (끄기▼) — 51

6 만일 문자/숫자값 6 = on 이라면
디지털 (7▼) 번 핀 (켜기▼)
아니면
디지털 (7▼) 번 핀 (끄기▼) — 52

7 만일 문자/숫자값 7 = on 이라면
디지털 (8▼) 번 핀 (켜기▼)
아니면
디지털 (8▼) 번 핀 (끄기▼) — 53

아두이노

```
1    int led_a = 2;
2    int led_b = 3;
3    int led_c = 4;
4    int led_d = 5;
5    int led_e = 6;
6    int led_f = 7;
7    int led_g = 8;
8    int tact_switch = 9;
9    int on = HIGH;
10   int off = LOW;
11   int count = 0 ;

     void setup() {
12     pinMode(led_a, OUTPUT);
13     pinMode(led_b, OUTPUT);
```

```
14    pinMode(led_c, OUTPUT);
15    pinMode(led_d, OUTPUT);
16    pinMode(led_e, OUTPUT);
17    pinMode(led_f, OUTPUT);
18    pinMode(led_g, OUTPUT);
19    pinMode(tact_switch, INPUT);
   }


20  void loop() {

21    if(digitalRead(tact_switch) == HIGH)
   {
22      if(count == 9)
23        count = 0 ;
      else
24        count = count + 1;

25      if(count == 0)
26        setSegment(on, on, on, on, on, on, off);
27      if(count == 1)
28        setSegment(off, on, on, off, off, off, off);
29      if(count == 2)
30        setSegment(on, on, off, on, on, off, on);
31      if(count == 3)
32        setSegment(on, on, on, on, off, off, on);
33      if(count == 4)
34        setSegment(off, on, on, off, off, on, on);
35      if(count == 5)
36        setSegment(on, off, on, on, off, on, on);
37      if(count == 6)
38        setSegment(on, off, on, on, on, on, on);
39      if(count == 7)
40        setSegment(on, on, on, off, off, on, off);
41      if(count == 8)
42        setSegment(on, on, on, on, on, on, on);
43      if(count == 9)
44        setSegment(on, on, on, off, off, on, on);

45      delay(500);
   }
 }
```

```
46    void setSegment(int a, int b, int c, int d, int e, int f, int g) {
47       digitalWrite(led_a, a);
48       digitalWrite(led_b, b);
49       digitalWrite(led_c, c);
50       digitalWrite(led_d, d);
51       digitalWrite(led_e, e);
52       digitalWrite(led_f, f);
53       digitalWrite(led_g, g);
      }
```

8-3. 현관등이 켜져요

이번 절에서는 LED와 인체 감지 센서, 조도 센서를 사용합니다. 사람의 움직임이 감지되면 주위 환경의
밝기를 감지하고, 밝기가 어두우면 LED가 자동으로 켜지는 프로그램을 만들어 보겠습니다.

8-3-1. 무엇을 준비할까요?

아두이노 Uno	브레드보드	인체 감지 센서	조도 센서	LED	점퍼선 (수수)	점퍼선 (암수)	저항 (220Ω)
X 1	X 1	X 1	X 1	X 1	X 7	X 3	X 2

8-3-2. 프로젝트 – 회로를 구성해 보아요

	명칭	브레드보드	아두이노
1	인체 감지 센서 VCC	버스띠 영역	5V
2	인체 감지 센서 GND	버스띠 영역	GND

3	인체 감지 센서 OUT		디지털 8번 핀
4	조도 센서 리드선	버스띠 영역	5V
5	조도 센서 리드선		아날로그 A0핀
6		저항, 버스띠 영역	GND
7	빨간색 LED +극		디지털 13번 핀
8	빨간색 LED −극	저항, 버스띠 영역	GND

TIP _ 회로 구성은 어떻게 하나요?

회로도

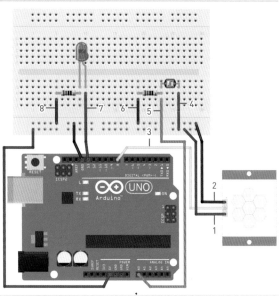

8-3-3. 프로젝트 – 코딩해 보아요

인체 감지 센서는 사람의 움직임을 감지하는 센서입니다. 움직임 감지 유무에 따라 디지털 신호(0V 또는 5V)를 보내므로 회로를 구성할 때는 디지털 핀인 0~13번에 연결하며 digitalRead() 함수를 사용해 HIGH 또는 LOW 값을 입력받습니다.

조도 센서는 주위의 빛의 양(밝기)을 측정하는 센서입니다. 빛의 양(밝기)을 아날로그 신호값(0~5V)으로 보내므로 회로를 구성할 때는 아날로그 핀인 A0~A5핀에 연결하며 analogRead() 함수를 사용해 0~1023 범위의 값으로 변환하여 입력받습니다. 0에 가까울수록 어두운 것을 의미하고, 1023에 가까울수록 밝은 것을 의미합니다.

LED는 인체 감지 센서값과 조도 센서값에 따라 켜고 끄는 디지털 출력을 해야 하므로 회로를 구성할 때는 디지털 핀인 0~13번에 연결하며, digitalWrite() 함수를 사용해 LED를 제어합니다.

프로젝트 미리 보기: http://bit.ly/2MNLPO1

코드 보기: http://bit.ly/345wAG9

작동 영상 보기

🐼 현관등이 켜져요 - 엔트리 코딩

인체 감지 센서로 사람의 움직임을 감지합니다. 사람의 움직임이 감지됐을 때 주위의 밝기가 어두우면 LED를 켭니다. 움직임이 사라지면 잠시 기다렸다가 켜져 있는 LED를 끕니다.

또한, 주위의 밝기가 어두우면 배경을 '날씨_밤'으로 변경하고, 밝으면 '날씨_맑음'으로 변경합니다.

1) 오브젝트 추가

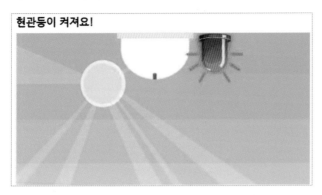

01. 오브젝트 추가하기 탭에서 '빨간LED', '움직임 감지센서', '날씨' 배경을 선택해 불러옵니다.

2) 엔트리 코드 블록 조립하기

[/chapter08/현관등이 켜져요.ent]

오브젝트	코드	설명

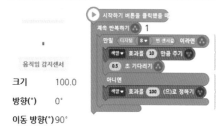

빨간LED

크기 100.0
방향(°) 180°
이동 방향(°) 90°

1. 조도 센서값은 빛의 양(밝기)에 따라 계속 변하며, 인체 감지 센서 감지 여부를 확인하기 위해 계속 반복합니다.
2. 움직임이 감지되고 주위의 밝기가 어두우면 디지털 13번 핀에 연결된 빨간색 LED를 켜고, '빨간LED_켜짐' 모양으로 바꿉니다.
3. 움직임이 없거나 주위의 밝기가 밝으면 디지털 13번 핀에 연결된 빨간색 LED를 끄고, '빨간LED_꺼짐' 모양으로 바꿉니다.

움직임 감지센서

크기 100.0
방향(°) 0°
이동 방향(°) 90°

1. 인체 감지 센서의 감지 여부를 확인하기 위해 계속 반복합니다.
2. 움직임이 감지되면 0.5초 간격으로 움직임 감지 센서 오브젝트에 색깔 효과를 줍니다.
3. 움직임이 감지되지 않으면 움직임 감지 센서 오브젝트를 원래 모습으로 되돌립니다.

날씨

크기 375.0
방향(°) 0°
이동 방향(°) 90°

1. 조도 센서값은 빛의 밝기에 따라 계속 변하므로 계속 반복합니다.
2. 주위의 밝기가 밝으면 '날씨_맑음' 모양으로 바꿉니다.
3. 주위가 어두우면 '날씨_밤' 모양으로 바꿉니다.

🔷 현관등이 켜져요 - 아두이노 코딩

인체 감지 센서로 사람의 움직임을 감지합니다. 사람의 움직임이 감지됐을 때 주위의 밝기가 어두우면 LED를 켭니다. 움직임이 사라지면 잠시 기다렸다가 켜져 있는 LED를 끕니다.

[/chapter08/led_ex03.ino]

	코드	설명
1	`int led_red = 13;`	1. 빨간색 LED를 디지털 13번 핀으로 정합니다.
2	`int pirPin = 8;`	2. 인체 감지 센서를 디지털 8번 핀으로 정합니다.
	`void setup() {`	
3	`  pinMode(led_red, OUTPUT);`	3. 빨간색 LED를 출력 모드로 정합니다.
4	`  pinMode(pirPin, INPUT);`	4. 인체 감지 센서를 입력 모드로 정합니다.
	`}`	
5	`void loop() {`	5. 반복합니다.
6	`  int cds_val = analogRead(A0);`	6. 아날로그 A0 핀에 연결된 조도 센서값을 cds_val 변수에 저장합니다.
7	`  int pir_val = digitalRead(pirPin);`	7. 인체 감지 센서값을 pir_val 변수에 저장합니다.
8	`  if(cds_val <= 500 && pir_val == HIGH)` `  {`	8. cds_val 변숫값이 500보다 작거나 같고(주위 밝기가 어두우면) 움직임이 감지되면
9	`    digitalWrite(led_red, HIGH);` `  }`	9. 빨간색 LED를 켭니다.
10	`  else` `  {`	10. cds_val 변숫값이 500보다 크거나(주위 밝기가 밝으면) 움직임이 없다면

11	`    digitalWrite(led_red, LOW);`
	`  }`
	`}`
		11. 빨간색 LED를 끕니다.

현관등이 켜져요 - 엔트리 vs. 아두이노

엔트리

빨간LED

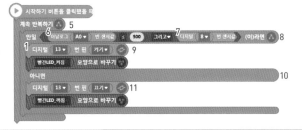

아두이노

```
1    int led_red = 13;
2    int pirPin = 8;

     void setup() {
3      pinMode(led_red, OUTPUT);
4      pinMode(pirPin, INPUT);
     }

5    void loop() {
6      int cds_val = analogRead(A0);
7      int pir_val = digitalRead(pirPin);

8      if(cds_val <= 500 && pir_val == HIGH)
       {
9        digitalWrite(led_red, HIGH);
       }
10     else
       {
11       digitalWrite(led_red, LOW);
       }
     }
```

8-4. 수족관 상태를 알려줘요

이번 절에서는 LED와 피에조부저, 온도 센서, 수위 센서를 사용합니다. 물의 온도에 따라 LED로 알림을 주고 물의 높이에 따라 소리로 알림을 주는 프로그램을 만들어 보겠습니다.

8-4-1. 무엇을 준비할까요?

※ [참고] 물의 온도를 측정하는 수온 센서를 대신해 온도 센서를 사용했습니다.

아두이노 Uno	브레드보드	수위 센서	온도 센서	피에조 부저	LED	점퍼선 (수수)	점퍼선 (암수)	저항 (220Ω)
X 1	X 1	X 1	X 1	X 1	X 1	X 9	X 3	X 1

8-4-2. 프로젝트 – 회로를 구성해 보아요

	명칭	브레드보드	아두이노
1	온도 센서 왼쪽 리드선	버스띠 영역	5V
2	온도 센서 가운데 쪽 리드선		아날로그 A0 핀
3	온도 센서 오른쪽 리드선	버스띠 영역	GND
4	수위 센서 +	버스띠 영역	5V
5	수위 센서 –	버스띠 영역	GND
6	수위 센서 S		아날로그 A1 핀
7	피에조부저 +극		디지털 8번 핀
8	피에조부저 –극	버스띠 영역	GND
9	빨간색 LED +극		디지털 13번 핀
10	빨간색 LED –극	저항, 버스띠 영역	GND

TIP _ 회로 구성은 어떻게 하나요?

LED의 회로 구성은 28쪽 페이지에 상세히 나와 있어요.

온도 센서의 회로 구성은 185쪽 페이지에 상세히 나와 있어요.

수위 센서의 회로 구성은 236쪽 페이지에 상세히 나와 있어요.

피에조부저의 회로 구성은 319쪽 페이지에 상세히 나와 있어요.

회로도

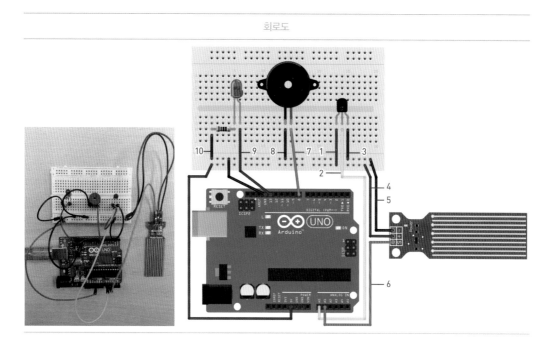

8-4-3. 프로젝트 – 코딩해 보아요

피에조부저는 소리를 내는 작은 스피커로 전압을 걸어주면 그에 따라 떨림이 발생하면서 소리가 나는 원리입니다. 따라서 회로를 구성할 때는 디지털 핀인 0~13번에 연결하고 tone() 함수를 사용해 소리를 출력합니다.

온도 센서는 주위의 온도를 측정하는 센서로 측정한 온도값을 아날로그 신호값(0~5V)으로 보내므로 회로를 구성할 때는 아날로그 핀인 A0~A5핀에 연결하고 analogRead() 함수를 사용해 값을 입력받습니다. 아두이노는 온도 센서로부터 입력받은 0~5V를 1024 등분하여 0~1023 범위의 값으로 변환합니다. 그러므로 온도 센서와 피에조부저, LED를 동시에 작동을 시키면 피에조부저와 LED의 정격전압으로 온도 센서의 아날로그 신호값이 올바르게 입력되지 않을 수 있으므로 외부 전압을 연결해 회로를 구성하는 것이 좋습니다. 다만, 이번 실습에서는 외부 전압을 사용하지 않고 온도 센서의 측정 오류를 최소화하기 위해 수위 센서값을 5초 간격으로(측정 시간 간격을 늘림) 입력받아 동작 전압이 높은 피에조 부저를 출력하도록 코드를 작성했습니다. 그러므로 피에조부저의 소리가 재생되는 동안은 온도 센서 값이 올바르게 입력되지 않을 수 있습니다.

수위 센서는 물의 높이를 측정하는 센서로 물의 높이를 아날로그 신호값(0~5V)으로 보내므로 회로를 구성할 때는 아날로그 핀인 A0~A5핀에 연결하며 아두이노는 analogRead() 함수를 사용해 0~1023 범위의 값으로 변환하여 입력받습니다.

LED는 온도 센서값에 따라 켜고 끄는 디지털 출력을 해야 하므로 회로를 구성할 때는 디지털 핀인 0~13번에 연결하고 digitalWrite() 함수를 사용해 코드를 작성합니다.

TIP _ 아두이노의 멀티태스킹

멀티태스킹(multitasking)이란 한 대의 컴퓨터로 2가지 이상의 작업을 동시에 처리하거나 2가지 이상의 프로그램을 동시에 실행시키는 것을 말합니다.
아두이노에서 주로 사용되는 delay() 함수는 사용법은 간단하지만, 프로세서를 독점하기 때문에 delay() 함수가 실행되는 동안은 다른 입력 및 출력을 할 수 없습니다.

이번 실습에서는 온도 센서가 0.5초 간격으로 온도를 측정하는 동시에 피에조부저가 5초 간격으로 소리 출력을 해야 하므로 delay() 함수를 쓰지 않고 millis() 함수를 사용했습니다. millis() 함수는 타이머와 관련된 함수로, 아두이노 동작이 시작된 후부터 경과된 시간을 밀리초(millisecond(1/1000초)) 단위로 반환합니다. 이를 이용해 이전 동작 시각과 현재 시각의 차이를 계산하면 온도 센서와 피에조부저가 동시에 실행되게 코드를 작성할 수 있습니다.

프로젝트 미리 보기: http://bit.ly/2p6o7Uv

코드 보기: http://bit.ly/2qFs2Yy

작동 영상 보기

 수족관 상태를 알려줘요 - 엔트리 코딩

온도 센서로 온도를 측정합니다. 온도가 설정온도보다 높으면 빨간색 LED를 켜고, 온도가 설정온도보다 낮으면 빨간색 LED를 끕니다.

또한, 수위 센서로 물의 높이를 측정한 다음 물의 높이가 낮아지면 피에조부저로 도, 미, 솔 음을 5초마다 울려줍니다.

꽃게는 좌우 방향으로 왔다갔다 움직입니다.

1) 오브젝트 추가

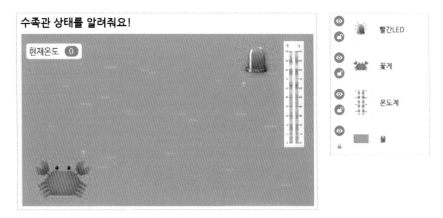

01. 오브젝트 추가하기 탭에서 '빨간LED', '꽃게', '온도계', '물' 배경을 선택해 불러옵니다.

2) 변수 만들기

실시간으로 변하는 현재 온도와 전압값을 기억하는 변수를 만들어 보겠습니다.

01. [속성] 탭에서 변수를 선택합니다.

02. [변수 추가하기] 버튼을 누른 다음 변수 이름을 '현재온도'으로 입력합니다.

03. [확인] 버튼을 선택합니다.

04. 같은 방법으로 '전압값' 변수를 생성합니다. 생성된 변수는 다음과 같습니다.

#	변수 이름	사용가능 오브젝트	기본값	최솟값	최댓값	변수 노출
1	현재온도	전체	0			보이기
2	전압값	전체	0			숨기기

3) 엔트리 코드 블록 조립하기

[/chapter08/수족관 상태를 알려줘요.ent]

오브젝트	코드	설명
꽃게	1	1. 반복하여 이동 방향으로 1만큼씩 움직이다가 벽에 닿으면 오브젝트가 무대 밖으로 나가지 못하게 튕겨줍니다.
크기 74.8 이동 방향 (°) 90°	1	1. 반복하여 꽃게 오브젝트가 좌우로 움직이게 하기 위한 코드입니다. 좌우로 움직이다가 1~3초 간격으로 현재 이동 방향의 반대 방향으로 바꿔줍니다.
온도계 크기 100.0 방향(°) 0° 이동 방향 (°) 90°	1 2 3 4 5 6	

1. 온도 센서값은 주위 환경에 따라 변하므로 계속 반복합니다.

2. 입력받은 온도 센서값을 전압값으로 변환합니다.

   [입력전압(mV) = (아날로그 입력값 x 5) /1024 x 1000]

3. 변환한 전압값을 섭씨온도 값으로 변환하고 반올림한 다음 '현재온도' 변수에 저장합니다.

   [온도 ℃ = [(전압(mV)) – 500] / 10]

4. '현재온도' 변숫값이 28보다 크거나 같으면 온도계의 모양을 '온도계_2' 모양으로 바꿉니다.

5. '현재온도' 변숫값이 28보다 작으면 온도계의 모양을 '온도계_1' 모양으로 바꿉니다.

6. 0.5초 간격으로 온도 센서값을 읽어오기 위해 0.5초 기다립니다.

오브젝트	코드	설명
빨간LED 크기 69.3 방향(°) 0° 이동 방향 (°) 90°	2 3	1. 온도 센서값은 주위 환경에 따라 변하므로 계속 반복합니다. 2. '현재온도' 변숫값이 28보다 크거나 같으면 (온도가 높은 경우) 디지털 13번 핀에 연결된 빨간색 LED를 켜고, '빨간LED_켜짐' 모양으로 바꿉니다. 3. '현재온도' 변숫값이 28보다 작으면 디지털 13번 핀에 연결된 빨간색 LED를 끄고, '빨간LED_꺼짐' 모양으로 바꿉니다.

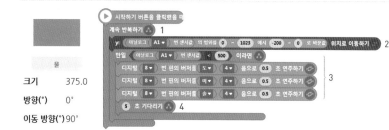

크기   375.0
방향(°)   0°
이동 방향(°)90°

1. 수위 센서값은 수위에 따라 계속 변하므로 계속 반복합니다.

2. 수위 센서값에 따라 물 오브젝트의 높이를 조절하기 위한 코드입니다. 수위 센서의 아날로그 입력값인 0~1023 범위의 값을 −200~0(물 높이를 표현하기 위한 Y 좌표값)으로 변환한 다음 Y 좌표의 위치를 변환한 값으로 설정합니다.

3. 수위 센서값이 500보다 작으면(물 높이가 낮으면) 디지털 8번 핀에 연결된 피에조부저에서 4옥타브의 도, 미, 솔 음을 0.5초씩 출력합니다.

4. 물의 높이가 낮은 경우 5초마다 알림음으로 알리기 위해 5초 기다립니다.

∞ 수족관 상태를 알려줘요 – 아두이노 코딩
ARDUINO

온도 센서로 온도를 측정합니다. 온도가 설정온도보다 높으면 빨간색 LED를 켜고, 온도가 설정온도보다 낮으면 빨간색 LED를 끕니다.

또한, 수위 센서로 물의 높이를 측정한 다음 물의 높이가 낮아지면 피에조부저로 도, 미, 솔 음을 5초마다 울려줍니다.

[/chapter08/led_ex04.ino]

코드	설명

1 `int led_red = 13;`
2 `int piezoBuzzer = 8;`
3 `unsigned long tmp_prev_time = 0;`
4 `unsigned long water_prev_time = 0;`
 	
`void setup() {`
5 `  pinMode(led_red, OUTPUT);`
6 `  pinMode(piezoBuzzer, OUTPUT);`
7 `  Serial.begin(9600);`
`}`
	1. 빨간색 LED를 디지털 13번 핀으로 정합니다.
	2. 피에조부저를 디지털 8번 핀으로 정합니다.
	3. 온도 센서의 이전 측정 시각(millis()) 값을 저장할 변수를 선언하고, 0으로 초기화합니다.
	4. 수위 센서의 이전 측정 시각 값을 저장할 변수를 선언하고, 0으로 초기화합니다.
	5. 빨간색 LED를 출력 모드로 정합니다.
	6. 피에조부저를 출력 모드로 정합니다.
	7. 시리얼의 입출력 통신 속도를 9600으로 정합니다.

```
8    void loop() {
9      unsigned long curr_time = millis();

10     if(curr_time - tmp_prev_time >= 500)
       {
11       tmp_prev_time = curr_time;
12       tmp();
       }

13     if(curr_time - water_prev_time >= 5000)
       {
14       water_prev_time = curr_time;
15       water();
       }
     }

16   void tmp() {
17     int tmp_val = analogRead(A0);

18     float voltage = (tmp_val * 5.0) / 1024.0 * 1000;
19     float tmp = ceil((voltage - 500.0) / 10.0);

20     Serial.println(tmp);

21     if(tmp >= 28)
       {
22       digitalWrite(led_red, HIGH);
       }
23     else
       {
24       digitalWrite(led_red, LOW);
       }
     }

25   void water() {
26     int water_val = analogRead(A1);

27     Serial.println(water_val);

28     if(water_val < 500)
       {
```

8. 반복합니다.

9. 현재 시각 값을 저장할 변수를 선언하고, 현재 시각을 저장합니다.

10. [현재 시각 값 – 온도 센서의 이전 측정 시각 값] 값이 500(0.5초)보다 크거나 같으면 중괄호 안의 코드를 실행합니다. 0.5초 간격으로 온도 센서값을 측정하기 위한 코드입니다.

11. 현재 시각 값을 온도 센서의 이전 측정 시각 변수에 저장합니다.

12. 온도 센서 측정 함수를 호출합니다.

13. [현재 시각 값 – 수위 센서의 이전 측정 시각 값] 값이 5000(5초)보다 크거나 같으면 중괄호 안의 코드를 실행합니다. 5초 간격으로 수위 센서값을 측정하기 위한 코드입니다.

14. 현재 시각 값을 수위 센서의 이전 측정 시각 변수에 저장합니다.

15. 수위 센서 측정 함수를 호출합니다.

16. 온도를 측정하는 함수입니다.

17. 아날로그 A0핀에 연결된 온도 센서값을 tmp_val 변수에 저장합니다.

18. 입력받은 온도 센서값을 전압값으로 변환합니다.
    입력전압(mV) = (아날로그 입력값 x 5) / 1024 x 1000

19. 변환한 전압값을 섭씨온도 값으로 변환한 다음 반올림해 tmp 변수에 저장합니다. ceil() 함수는 반올림 함수입니다.
    온도 ℃ = [(전압(mV)) – 500] / 10

20. 현재 온도를 시리얼 모니터에 출력합니다.

21. 현재 온도 값이 28보다 크거나 같으면(온도가 높은 경우)

22. 빨간색 LED를 켭니다.

23. 현재 온도 값이 28보다 작으면(적정 온도일 경우)

24. 빨간색 LED를 끕니다.

25. 물의 높이를 측정하는 함수입니다.

26. 아날로그 A1 핀에 연결된 수위 센서값을 water_val 변수에 저장합니다.

27. water_val 변숫값을 시리얼 모니터에 출력합니다.

28. water_val 변숫값이 500보다 작으면(수위가 낮으면)

```
29    tone(piezoBuzzer, 262);
30    delay(500);
31    tone(piezoBuzzer, 330);
32    delay(500);
33    tone(piezoBuzzer, 392);
34    delay(500);
35    noTone(piezoBuzzer);
    }
}
```

29. tone() 함수를 이용해 4옥타브 '도' 음을 출력합니다.

30. 0.5초 기다리기를 합니다. 0.5초 기다리는 동안 4옥타브 '도' 음을 출력합니다.

31. tone() 함수를 이용해 4옥타브 '미' 음을 출력합니다.

32. 0.5초 기다리기를 합니다. 0.5초 기다리는 동안 4옥타브 '미' 음을 출력합니다.

33. tone() 함수를 이용해 4옥타브 '솔' 음을 출력합니다.

34. 0.5초 기다리기를 합니다. 0.5초 기다리는 동안 4옥타브 '솔' 음을 출력합니다.

35. 피에조부저 소리를 끕니다.

 ## 수족관 상태를 알려줘요 - 엔트리 vs. 아두이노

엔트리

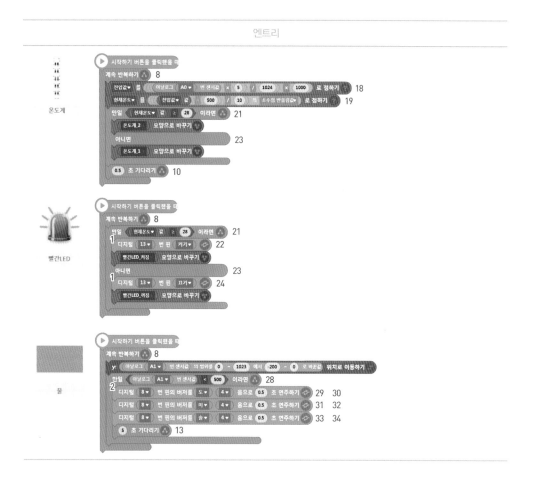

```
1    int led_red = 13;
2    int piezoBuzzer = 8;
3    unsigned long tmp_prev_time = 0;
4    unsigned long water_prev_time = 0;

     void setup() {
5      pinMode(led_red, OUTPUT);
6      pinMode(piezoBuzzer, OUTPUT);
7      Serial.begin(9600);
     }

8    void loop() {
9      unsigned long curr_time = millis();

10     if(curr_time - tmp_prev_time >= 500)
       {
11       tmp_prev_time = curr_time;
12       tmp();
       }

13     if(curr_time - water_prev_time >= 5000)
       {
14       water_prev_time = curr_time;
15       water();
       }
     }

16   void tmp() {
17     int tmp_val = analogRead(A0);

18     float voltage = (tmp_val * 5.0) / 1024.0 * 1000;
19     float tmp = ceil((voltage - 500.0) / 10.0);

20     Serial.println(tmp);

21     if(tmp >= 28)
       {
22       digitalWrite(led_red, HIGH);
       }
```

```
23    else
      {
24      digitalWrite(led_red, LOW);
      }
    }

25  void water() {
26    int water_val = analogRead(A1);

27    Serial.println(water_val);

28    if(water_val < 500)
      {
29      tone(piezoBuzzer, 262);
30      delay(500);
31      tone(piezoBuzzer, 330);
32      delay(500);
33      tone(piezoBuzzer, 392);
34      delay(500);
35      noTone(piezoBuzzer);
      }
    }
```

09

초음파 센서의 활용

 가까운 거리에 사람 또는 물체의 유무를 측정하는 센서가 초음파 센서입니다. 이번 장에서는 초음파 센서와 여러 센서를 융합하는 실습을 해보겠습니다.

9-1. 주차 공간을 알려줘요

이번 절에서는 초음파 센서와 LED를 활용합니다. 초음파 센서로 일정 거리에 물체가 있는지 없는지 감지하고, 물체의 유무를 LED의 색상으로 표현하는 프로그램을 만들어 보겠습니다.

9-1-1. 무엇을 준비할까요?

아두이노 Uno	브레드보드	초음파 센서	LED	점퍼선 (수수)	점퍼선 (암수)	저항 (220Ω)
X 1	X 1	X 1	X 2	X 5	X 4	X 2

9-1-2. 프로젝트 – 회로를 구성해 보아요

	명칭	브레드보드	아두이노
1	초음파 vcc		5V
2	초음파 trig		디지털 2번 핀
3	초음파 echo		디지털 4번 핀
4	초음파 gnd		GND
5	빨간색 LED +극		디지털 13번 핀
6	빨간색 LED −극	저항, 버스띠 영역	GND
7	초록색 LED +극		디지털 12번 핀
8	초록색 LED −극	저항, 버스띠 영역	GND

TIP _ 회로 구성은 어떻게 하나요?

초음파의 회로 구성은 164 페이지에 상세히 나와 있어요.
LED의 회로 구성은 282 페이지에 상세히 나와 있어요.

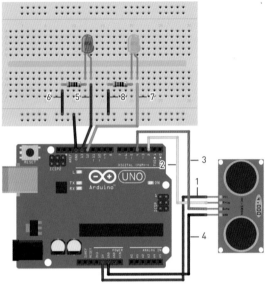

9-1-3. 프로젝트 – 코딩해 보아요

초음파 센서에는 거리를 측정하기 위한 발신부(trig)와 수신부(echo)가 있습니다. 초음파를 보내는 발신부와 초음파 신호를 받는 수신부는 5V 또는 0V 값을 입력받으므로 회로를 구성할 때는 디지털 핀인 0~13번에 연결합니다. 코드를 작성 할 때는 pulseIn() 함수를 사용해 시간을 측정하고, 이를 이용해 거리를 계산합니다. 거리 계산법은 171 페이지에 상세히 설명돼 있습니다.

LED는 초음파 센서값(거릿값)에 따라 켜고 끄는 디지털 출력을 해야 하므로 회로를 구성할 때는 디지털 핀인 0~13번에 연결하고 digitalWrite() 함수를 사용해 LED를 제어합니다.

프로젝트 미리 보기: http://bit.ly/2JmOn3S

코드 보기: http://bit.ly/2pft2Cs

작동 영상 보기

주차 공간을 알려줘요 - 엔트리 코딩

가까운 곳(4cm 미만)에 물체가 감지되면 자동차가 나타나며, 초록색 LED가 꺼지고 빨간색 LED가 커집니다. 물체가 감지되지 않으면 자동차가 사라지며, 빨간색 LED가 꺼지고 초록색 LED가 커집니다.

1) 오브젝트 추가

01. 오브젝트 추가하기 탭에서 '초록LED', '빨간LED', '흰 자동차', '울타리' 배경을 선택해 불러옵니다.

02. 오브젝트 추가하기 탭에서 글상자를 선택한 다음 '주차장'이라고 입력해 불러옵니다.

2) 변수 만들기

실시간으로 변하는 초음파 센서의 거리 값을 기억하는 변수를 만들어 보겠습니다.

01. [속성] 탭에서 변수를 선택합니다.

02. [변수 추가하기] 버튼을 누른 다음 변수 이름을 '거리'로 입력합니다.

03. [확인] 버튼을 선택합니다. 생성된 변수는 다음과 같습니다.

#	변수 이름	사용가능 오브젝트	기본값	최솟값	최댓값	변수 노출
1	거리	전체	0			보이기

3) 엔트리 코드 블록 조립하기

오브젝트	코드	설명

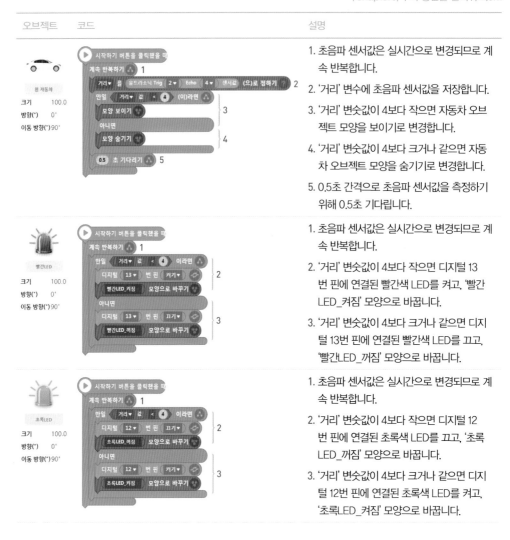

본 자동차
크기 100.0
방향(°) 0°
이동 방향(°)90°

1. 초음파 센서값은 실시간으로 변경되므로 계속 반복합니다.
2. '거리' 변수에 초음파 센서값을 저장합니다.
3. '거리' 변숫값이 4보다 작으면 자동차 오브젝트 모양을 보이기로 변경합니다.
4. '거리' 변숫값이 4보다 크거나 같으면 자동차 오브젝트 모양을 숨기기로 변경합니다.
5. 0.5초 간격으로 초음파 센서값을 측정하기 위해 0.5초 기다립니다.

빨간LED
크기 100.0
방향(°) 0°
이동 방향(°)90°

1. 초음파 센서값은 실시간으로 변경되므로 계속 반복합니다.
2. '거리' 변숫값이 4보다 작으면 디지털 13번 핀에 연결된 빨간색 LED를 켜고, '빨간LED_켜짐' 모양으로 바꿉니다.
3. '거리' 변숫값이 4보다 크거나 같으면 디지털 13번 핀에 연결된 빨간색 LED를 끄고, '빨간LED_꺼짐' 모양으로 바꿉니다.

초록LED
크기 100.0
방향(°) 0°
이동 방향(°)90°

1. 초음파 센서값은 실시간으로 변경되므로 계속 반복합니다.
2. '거리' 변숫값이 4보다 작으면 디지털 12번 핀에 연결된 초록색 LED를 끄고, '초록LED_꺼짐' 모양으로 바꿉니다.
3. '거리' 변숫값이 4보다 크거나 같으면 디지털 12번 핀에 연결된 초록색 LED를 켜고, '초록LED_켜짐' 모양으로 바꿉니다.

주차 공간을 알려줘요 - 아두이노 코딩

0.5초 간격으로 초음파 센서값을 입력받아 거리를 계산합니다.

가까운 곳(4cm 미만)에 물체가 감지되면 빨간색 LED를 켜고 초록색 LED를 끕니다. 물체가 감지되지 않으면 빨간색 LED를 끄고 초록색 LED를 켭니다.

코드	설명

```
1   int trigPin = 2;
2   int echoPin = 4;
3   int led_red = 13;
4   int led_green = 12;

    void setup() {
5     pinMode(trigPin, OUTPUT);
6     pinMode(echoPin, INPUT);
7     pinMode(led_red, OUTPUT);
8     pinMode(led_green, OUTPUT);
    }

9   void loop() {
10    digitalWrite(trigPin, LOW);
11    delayMicroseconds(1);
12    digitalWrite(trigPin, HIGH);
13    delayMicroseconds(10);
14    digitalWrite(trigPin, LOW);

15    unsigned long distance = (pulseIn(echoPin,
      HIGH) * 34000 / 1000000 ) / 2;

16    if (distance < 4)
      {
17      digitalWrite(led_red, HIGH);
18      digitalWrite(led_green, LOW);
      }
19    else
      {
20      digitalWrite(led_red, LOW);
21      digitalWrite(led_green, HIGH);
      }
22    delay(500);
    }
```

1. 초음파 센서의 trig 핀을 디지털 2번 핀으로 정합니다.
2. 초음파 센서의 echo 핀을 디지털 4번 핀으로 정합니다.
3. 빨간색 LED를 디지털 13번 핀으로 정합니다.
4. 초록색 LED를 디지털 12번 핀으로 정합니다.

5. 초음파 센서의 trig를 출력 모드로 정합니다.
6. 초음파 센서의 echo를 입력 모드로 정합니다.
7. 빨간색 LED를 출력 모드로 정합니다.
8. 초록색 LED를 출력 모드로 정합니다.

9. 반복합니다.
10. trig를 끕니다(0V 출력).
11. 1μs 기다립니다.
12. trig를 켭니다(5V 출력).
13. 10μs 기다립니다.
14. Trig를 끕니다(0V 출력).
    10 ~14는 끄고 켜기를 반복해 초음파 센서를 초기화하는 과정입니다.
15. 초음파 센서에서 거리를 계산해 distance 변수에 저장합니다.
    pulseIn() 함수는 입력 신호가 HIGH 또는 LOW가 되는 시간을 측정해주는 함수입니다.
    (실습시 15번 코드를 한 줄로 작성합니다)
16. distance 변숫값이 4보다 작으면(가까운 곳에 물체가 있다면)
17. 빨간색 LED를 켭니다.
18. 초록색 LED를 끕니다.
19. distance 변숫값이 4보다 크거나 같으면(가까운 곳에 물체가 없다면)
20. 빨간색 LED를 끕니다.
21. 초록색 LED를 켭니다.
22. 0.5초 기다립니다.

엔트리	아두이노

아두이노 코드

```
1   int trigPin = 2;
2   int echoPin = 4;
3   int led_red = 13;
4   int led_green = 12;

    void setup() {
5     pinMode(trigPin, OUTPUT);
6     pinMode(echoPin, INPUT);
7     pinMode(led_red, OUTPUT);
8     pinMode(led_green, OUTPUT);
    }

9   void loop() {
10    digitalWrite(trigPin, LOW);
11    delayMicroseconds(1);
12    digitalWrite(trigPin, HIGH);
13    delayMicroseconds(10);
14    digitalWrite(trigPin, LOW);

15    unsigned long distance =
      (pulseIn(echoPin, HIGH) * 34000 /
      1000000 ) / 2;

16    if (distance < 4)
      {
17      digitalWrite(led_red, HIGH);
18      digitalWrite(led_green, LOW);
      }
19    else
      {
20      digitalWrite(led_red, LOW);
21      digitalWrite(led_green, HIGH);
      }
22    delay(500);
    }
```

9-2. 가까이 가면 알려줘요

이번 절에서는 초음파 센서와 피에조부저, LED를 사용합니다. 초음파 센서로 일정 거리 내에 물체가 있는지 감지합니다. 물체가 감지되면 피에조부저를 사용해 소리로 알려주며, LED가 깜빡깜빡하는 프로그램을 만들어 보겠습니다.

9-2-1. 무엇을 준비할까요?

아두이노 Uno	브레드보드	초음파 센서	피에조부저	LED	점퍼선 (수수)	점퍼선 (암수)	저항 (220Ω)
X 1	X 1	X 1	X 1	X 1	X 5	X 4	X 1

9-2-2. 프로젝트 – 회로를 구성해 보아요

	명칭	브레드보드	아두이노
1	초음파 vcc		5V
2	초음파 trig		디지털 2번 핀
3	초음파 echo		디지털 4번 핀
4	초음파 gnd		GND
5	피에조부저 +극		디지털 8번 핀
6	피에조부저 −극	버스띠 영역	GND
7	빨간색 LED +극		디지털 13번 핀
8	빨간색 LED −극	저항, 버스띠 영역	GND

TIP _ 회로 구성은 어떻게 하나요?

초음파의 회로 구성은 168 페이지에 상세히 나와 있어요.

피에조부저의 회로 구성은 319 페이지에 상세히 나와 있어요.

LED의 회로 구성은 288 페이지에 상세히 나와 있어요.

회로도

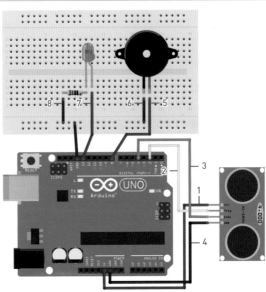

9-2-3. 프로젝트 – 코딩해 보아요

피에조부저는 전기적 신호를 이용해 작은 소리의 멜로디를 출력하는 전자 부품으로 tone(), noTone() 함수를 사용해 소리를 출력합니다.

LED는 초음파 센서값(거릿값)에 따라 켜고 끄는 디지털 출력을 해야 하므로 회로를 구성할 때는 디지털 핀인 0~13번에 연결하고 digitalWrite() 함수를 사용해 LED를 제어합니다.

프로젝트 미리 보기: http://bit.ly/31KEBPn

코드 보기: http://bit.ly/2p71Y8y

작동 영상 보기

가까이 가면 알려줘요 – 엔트리 코딩

가까운 곳(4cm 미만)에 물체가 감지되면 피에조부저가 소리를 내며, 빨간색 LED를 반복해서 껐다 켭니다. 감지됐던 물체가 사라지면 피에조부저의 소리를 멈추고 LED를 끕니다.

1) 오브젝트 추가

01. 오브젝트 추가하기 탭에서 '빨간LED', '흰 자동차', '철도' 배경을 선택해 불러옵니다.

2) 엔트리 코드 블록 조립하기

/chapter9/가까이 가면 알려줘요.ent

오브젝트	코드	설명
 빨간LED 크기 56.5 방향(°) 0° 이동 방향(°) 90°		1. 초음파 센서값은 실시간으로 변경되므로 계속 반복합니다. 2. 초음파 센서값이 4보다 작으면(가까운 곳에 물체가 있으면) 3. 디지털 13번 핀에 연결된 빨간색 LED를 켜고, '빨간LED_켜짐' 모양으로 바꿉니다. 4. 1초 간격으로 LED를 깜빡거리는 효과를 내기 위해 1초 기다립니다. 5. 디지털 13번 핀에 연결된 빨간색 LED를 끄고, '빨간LED_꺼짐' 모양으로 바꿉니다. 6. 1초 간격으로 LED를 깜빡거리는 효과를 내기 위해 1초 기다립니다.

오브젝트	코드	설명

1. 초음파 센서값은 실시간으로 변경되므로 계속 반복합니다.

2. 초음파 센서값이 4보다 작으면(가까운 곳에 물체가 있으면)

3. 디지털 8번 핀에 연결된 피에조부저가 4옥타브의 '도' 음을 1초 동안 출력합니다.

4. 디지털 8번 핀에 연결된 피에조부저가 4옥타브로 '솔' 음을 1초 동안 출력합니다.

 가까이 가면 알려줘요 - 아두이노 코딩

가까운 곳(4cm 미만)에 물체가 감지되면 피에조부저가 소리를 내며, 빨간색 LED를 반복해서 껐다 켭니다. 감지됐던 물체가 사라지면 피에조부저의 소리를 멈추고 LED를 끕니다.

/chapter9/ultrasonic_ex02.ino

	코드	설명
1	`int trigPin = 2;`	1. 초음파 센서의 trig 핀을 디지털 2번 핀으로 정합니다.
2	`int echoPin = 4;`	2. 초음파 센서의 echo 핀을 디지털 4번 핀으로 정합니다.
3	`int led_red = 13;`	3. 빨간색 LED를 디지털 13번 핀으로 정합니다.
4	`int piezoBuzzer = 8;`	4. 피에조부저를 디지털 8번 핀으로 정합니다.
	`void setup() {`	
5	`  pinMode(trigPin, OUTPUT);`	5. 초음파 센서의 trig를 출력 모드로 정합니다.
6	`  pinMode(echoPin, INPUT);`	6. 초음파 센서의 echo를 입력 모드로 정합니다.
7	`  pinMode(led_red, OUTPUT);`	7. 빨간색 LED를 출력 모드로 정합니다.
8	`  pinMode(piezoBuzzer, OUTPUT);` `}`	8. 피에조부저를 출력 모드로 정합니다.
9	`void loop() {`	9. 반복합니다.
10	`  digitalWrite(trigPin, LOW);`	10. trig를 끕니다(0V 출력).
11	`  delayMicroseconds(1);`	11. $1\mu s$ 기다립니다.
12	`  digitalWrite(trigPin, HIGH);`	12. trig를 켭니다(5V 출력).
13	`  delayMicroseconds(10);`	13. $10\mu s$ 기다립니다.

코드	설명
14 digitalWrite(trigPin, LOW);	14. trig를 끕니다(0V 출력). 10~14는 끄고 켜기를 반복해 초음파 센서를 초기화하는 과정입니다.
15 unsigned long distance = (pulseIn(echoPin, HIGH) * 34000 / 1000000) / 2;	15. 초음파 센서의 거릿값을 계산해 distance 변수에 저장합니다. pulseIn() 함수는 입력 신호가 HIGH 또는 LOW가 되는 시간을 측정해주는 함수입니다. (실습시 15번 코드를 한줄로 작성합니다)
16 if (distance < 4) {	16. distance 변숫값이 4보다 작으면(가까운 곳에 물체가 있다면)
17 digitalWrite(led_red, HIGH);	17. 빨간색 LED를 켭니다.
18 tone(piezoBuzzer, 262);	18. 피에조부저가 4옥타브로 '도' 소리를 출력합니다.
19 delay(1000);	19. 1초 기다립니다. 기다리는 1초 동안 피에조부저에서 4옥타브로 '도' 소리가 출력됩니다.
20 digitalWrite(led_red, LOW);	20. 빨간색 LED를 끕니다.
21 tone(piezoBuzzer, 392);	21. 피에조부저가 4옥타브로 '솔' 소리를 출력합니다.
22 delay(1000);	22. 1초 기다립니다. 기다리는 1초 동안 피에조부저에서 4옥타브로 '솔' 소리가 출력됩니다.
23 noTone(piezoBuzzer); } }	23. 피에조부저의 소리를 끕니다.

가까이 가면 알려줘요 - 엔트리 vs. 아두이노

엔트리	아두이노

 빨간LED
 	
 ▶ 시작하기 버튼을 클릭했을 때
 계속 반복하기   9
 만일 〈초음파센서 Trig 2▼ Echo 4▼ 센서값 〈 4 〉(이)라면   16
 디지털 13▼ 번 핀 켜기▼   17
 빨간LED_켜짐 모양으로 바꾸기
 1 초 기다리기   19
 디지털 13▼ 번 핀 끄기▼   20
 빨간LED_꺼짐 모양으로 바꾸기
 1 초 기다리기   22
	1 int trigPin = 2;
	 2 int echoPin = 4;
	 3 int led_red = 13;
	 4 int piezoBuzzer = 8;
	
	   void setup() {
	 5 pinMode(trigPin, OUTPUT);
	 6 pinMode(echoPin, INPUT);
	 7 pinMode(led_red, OUTPUT);
	 8 pinMode(piezoBuzzer, OUTPUT);
	   }
	
	 9 void loop() {
	 10 digitalWrite(trigPin, LOW);
	 11 delayMicroseconds(1);

엔트리	아두이노

<table>
<tr><td rowspan="11">

편 자동차

▶ 시작하기 버튼을 클릭했을 때
계속 반복하기 △ 9
만일 <울트라초 1 Trig 2 ▼ Echo 4 ▼ 센서값 < 4 (이)라면> 16
디지털 8 ▼ 번 핀의 버저를 도 ▼ 4 ▼ 음으로 1 초 연주하기 ♪ 18 19
디지털 8 ▼ 번 핀의 버저를 솔 ▼ 4 ▼ 음으로 1 초 연주하기 ♪ 21 22
</td></tr>
</table>

```
12    digitalWrite(trigPin, HIGH);
13    delayMicroseconds(10);
14    digitalWrite(trigPin, LOW);

15    unsigned long distance = (pulseIn(echoPin,
      HIGH) * 34000 / 1000000 ) / 2;

16    if (distance < 4)
      {
17      digitalWrite(led_red, HIGH);
18      tone(piezoBuzzer, 262);
19      delay(1000);
20      digitalWrite(led_red, LOW);
21      tone(piezoBuzzer, 392);
22      delay(1000);
23      noTone(piezoBuzzer);
      }
    }
```

9-3. 가까이 가면 차단기가 열려요

이번 절에서는 초음파 센서와 피에조부저, LED를 사용합니다. 초음파 센서로 일정 거리 내에 물체가 있는지 감지합니다. 물체가 감지되면 서보 모터가 90도 각도로 회전했다가 감지됐던 물체가 사라지면 다시 본래의 각도로 되돌아가는 프로그램을 만들어 보겠습니다.

9-3-1. 무엇을 준비할까요?

아두이노 Uno	브레드보드	초음파 센서	서보 모터	점퍼선 (수수)	점퍼선 (암수)
X 1	X 1	X 1	X 1	X 5	X 4

9-3-2. 프로젝트 – 회로를 구성해 보아요

	명칭	브레드보드	아두이노
1	초음파 vcc	버스띠 영역	5V
2	초음파 trig		디지털 2번 핀
3	초음파 echo		디지털 4번 핀
4	초음파 gnd	버스띠 영역	GND
5	서보 모터 빨간선	버스띠 영역	5V
6	서보 모터 갈색선	버스띠 영역	GND
7	서보 모터 노란선		디지털 6번 핀

TIP _ 회로 구성은 어떻게 하나요?

초음파의 회로 구성은 168 페이지에 상세히 나와 있어요.

서보 모터의 회로 구성은 328 페이지에 상세히 나와 있어요.

회로도

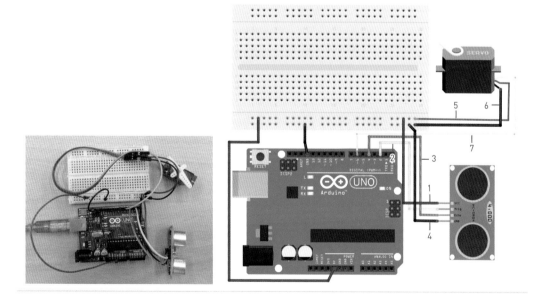

9-3-3. 프로젝트 - 코딩해 보아요

서보 모터는 PWM의 원리를 사용하여 회전축의 위치를 제어하지만 서보 라이브러리를 사용하면 디지털 핀 아무곳에 연결해도 작동이 됩니다. 그러므로 회로를 구성할 때는 디지털 핀인 0~13번에 연결합니다.

코드를 작성할 때는 서보용 아두이노 라이브러리(Servo.h)에서 제공하는 함수들을 사용해 서보 모터의 동작을 제어합니다. 서보 모터의 제어 함수는 331 페이지에 상세히 설명돼 있습니다.

프로젝트 미리 보기: http://bit.ly/2Wis18Y

코드 보기: http://bit.ly/36c9kIC

작동 영상 보기

 ### 가까이 가면 차단기가 열려요 - 엔트리 코딩

달리는 자동차가 센서에 닿으면 멈춥니다. 이때 초음파 센서에 의해 가까운 곳(4cm 미만)에 물체가 감지되면 자동문이 열리고, 서보 모터는 0도에서 90도 각도로 회전합니다. 자동차가 사라지면 열린 자동문이 다시 닫히고 서보 모터는 90도에서 0도 각도로 회전합니다.

1) 오브젝트 추가

01. 오브젝트 추가하기 탭에서 '센서', '자동문', '빨간색 자동차', '마을' 배경을 선택해 불러옵니다.

2) 엔트리 코드 블록 조립하기

/chapter9/가까이 가면 차단기가 열려요.ent

오브젝트	코드	설명

빨간 자동차

크기 100.0
방향(°) 0°
이동 방향(°) 90°

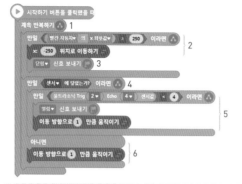

1. 초음파 센서값은 실시간 변경되므로 계속 반복합니다.

2. 빨간색 자동차 오브젝트가 1만큼씩 움직이다가 X 좌푯값이 250보다 크거나 같다면 X 좌푯값의 위치를 −250으로 이동시킵니다. 이는 무대의 x 좌표 범위가 −240~240이기 때문에 빨간색 자동차 오브젝트가 무대 밖으로 완전히 벗어나면 다시 무대의 왼쪽에서 나타나 달리는 효과를 나타내기 위함입니다.

3. 빨간색 자동차 오브젝트가 지나가기 위해 열려 있는 자동문에 닫힘 신호를 보냅니다.

4. 빨간색 자동차 오브젝트가 센서에 닿았다면

5. 초음파 센서값이 4보다 작다면(가까운 곳에 물체가 감지되면) 자동문에 열림 신호를 보냅니다. 그리고 빨간색 자동차 오브젝트가 1만큼씩 움직입니다.

6. 빨간색 자동차 오브젝트가 센서에 닿지 않았다면 빨간색 자동차 오브젝트가 1만큼씩 움직입니다.

자동문

크기 76.1
방향(°) 0°
이동 방향(°) 90°

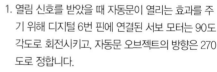

1. 열림 신호를 받았을 때 자동문이 열리는 효과를 주기 위해 디지털 6번 핀에 연결된 서보 모터는 90도 각도로 회전시키고, 자동문 오브젝트의 방향은 270도로 정합니다.

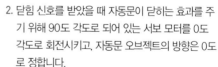

2. 닫힘 신호를 받았을 때 자동문이 닫히는 효과를 주기 위해 90도 각도로 되어 있는 서보 모터를 0도 각도로 회전시키고, 자동문 오브젝트의 방향은 0도로 정합니다.

센서

크기 92.3
방향(°) 0°
이동 방향(°) 90°

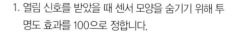

1. 열림 신호를 받았을 때 센서 모양을 숨기기 위해 투명도 효과를 100으로 정합니다.

2. 닫힘 신호를 받았을 때 센서 모양을 다시 보이기 위해 투명도 효과를 0으로 정합니다.

모양 숨기기 블록을 사용하면 오브젝트가 사라지는 효과를 내므로 자동차가 "센서에 닿았는가" 블록이 작동하지 않습니다. 따라서 투명도 효과 블록을 사용합니다.

초음파 센서에 의해 가까운 곳(4cm 미만)에 물체가 감지되면 서보 모터가 0도에서 90도로 회전합니다. 감지된 물체가 사라지면 서보 모터가 다시 90도에서 0도로 회전합니다.

/chapter9/ultrasonic_ex03.ino

	코드	설명
1	`#include <Servo.h>`	1. 서보 모터를 제어할 수 있는 서보 라이브러리를 불러옵니다.
2	`Servo myservo;`	2. 서보 모터를 제어할 서보 오브젝트를 만듭니다.
3	`int trigPin = 2;`	3. 초음파 센서의 trig 핀을 디지털 2번 핀으로 정합니다.
4	`int echoPin = 4;`	4. 초음파 센서의 echo 핀을 디지털 4번 핀으로 정합니다.
	`void setup() {`	
5	`  myservo.attach(6);`	5. 서보 모터를 디지털 6번 핀으로 정합니다.
6	`  pinMode(trigPin, OUTPUT);`	6. 초음파 센서의 trig를 출력 모드로 정합니다.
7	`  pinMode(echoPin, INPUT);`	7. 초음파 센서의 echo를 입력 모드로 정합니다.
	`}`	
8	`void loop() {`	8. 반복합니다.
9	`  digitalWrite(trigPin, LOW);`	9. trig를 끕니다.(0V 출력)
10	`  delayMicroseconds(1);`	10. $1\mu s$ 기다립니다.
11	`  digitalWrite(trigPin, HIGH);`	11. trig를 켭니다(5V 출력).
12	`  delayMicroseconds(10);`	12. $10\mu s$ 기다립니다.
13	`  digitalWrite(trigPin, LOW);`	13. trig를 끕니다(0V 출력).
		9 ~ 13은 끄고 켜기를 반복해 초음파 센서를 초기화하는 과정입니다.
14	`  unsigned long distance = (pulseIn(echoPin, HIGH) * 34000 / 1000000 ) / 2;`	14. 초음파 센서의 거릿값을 계산해 distance 변수에 저장합니다. pulseIn() 함수는 입력신호가 HIGH 또는 LOW가 되는 시간을 측정해주는 함수입니다. (실습시 14번 코드는 한줄로 작성합니다).
15	`  if(distance < 4)` `  {`	15. distance 변숫값이 4보다 작으면(가까운 거리에 물체가 감지되면)
16	`    myservo.write(90);` `  }`	16. 서보 모터를 90도 각도로 회전시킵니다.
17	`  else` `  {`	17. distance 변숫값이 4보다 크거나 같으면(가까운 거리에 물체가 감지되지 않으면)
18	`    myservo.write(0);` `  }` `}`	18. 서보 모터를 0도 각도로 회전시킵니다.

가까이 가면 차단기가 열려요 - 엔트리 vs. 아두이노

빨간 자동차

시작하기 버튼을 클릭했을 때
계속 반복하기 ⟳ 8
만일 빨간 자동차▼ 의 x 좌푯값▼ > 250 이라면
x: -250 위치로 이동하기
닫힘▼ 신호 보내기
만일 센서 에 닿았는가? 이라면
만일 초음파 Trig 2 Echo 4 센서값 < 4 이라면 15
열림▼ 신호 보내기
이동 방향으로 1 만큼 움직이기
아니면
이동 방향으로 1 만큼 움직이기

자동문

열림▼ 신호를 받았을 때
디지털 6 번 핀의 서보모터를 90 의 각도로 정하기 16
방향을 270° (으)로 정하기

닫힘▼ 신호를 받았을 때
디지털 6 번 핀의 서보모터를 0 의 각도로 정하기 18
방향을 0° (으)로 정하기

```
1   #include <Servo.h>

2   Servo myservo;
3   int trigPin = 2;
4   int echoPin = 4;

    void setup() {
5     myservo.attach(6);
6     pinMode(trigPin, OUTPUT);
7     pinMode(echoPin, INPUT);
    }

8   void loop() {
9     digitalWrite(trigPin, LOW);
10    delayMicroseconds(1);
11    digitalWrite(trigPin, HIGH);
12    delayMicroseconds(10);
13    digitalWrite(trigPin, LOW);

14    unsigned long distance = (pulseIn(
      echoPin, HIGH) * 34000 / 1000000 ) / 2;

15    if(distance < 4)
      {
16      myservo.write(90);
      }
17    else
      {
18      myservo.write(0);
      }
    }
```

10

서보 모터의 활용

다양한 종류의 모터 중에서 원하는 각도로 축을 제어할 수 있는 모터가 서보 모터입니다. 이 서보 모터는 일반적으로 0~180도 사이의 각도로 제어할 수 있습니다. 이러한 특성을 활용해 여러 센서와 융합하는 실습을 해보겠습니다.

10-1. 비가 오면 와이퍼가 움직여요

이번 절에서는 서보 모터와 빗물 감지 센서를 사용합니다. 빗물 감지 센서는 빗물이 있는 정도를 측정하는 센서로 빗물의 양에 따라 서보 모터의 움직임과 속도를 제어해 보겠습니다.

10-1-1. 무엇을 준비할까요?

아두이노 Uno	브레드보드	서보 모터	빗물 감지 센서	점퍼선 (수수)	점퍼선 (암수)	점퍼선 (암암)
X 1	X 1	X 1	X 1	X 5	X 3	X 2

10-1-2. 프로젝트 – 회로를 구성해 보아요

	명칭	브레드보드	아두이노
1	서보 모터 빨간선	버스띠 영역	5V
2	서보 모터 갈색선	버스띠 영역	GND
3	서보 모터 노란선		디지털 6번 핀
4	빗물 감지 센서 VCC	버스띠 영역	5V
5	빗물 감지 센서 GND	버스띠 영역	GND
6	빗물 감지 센서 AO		아날로그 A0 핀

TIP _ 회로 구성은 어떻게 하나요?

서보 모터의 회로 구성은 328 페이지에 상세히 나와 있어요.
빗물 감지 센서의 회로 구성은 226 페이지에 상세히 나와 있어요.

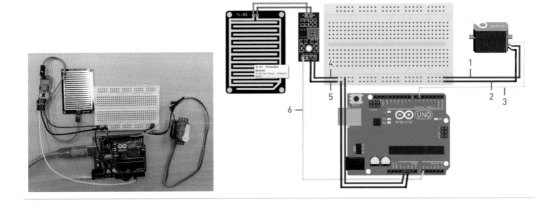

10-1-3. 프로젝트 – 코딩해 보아요

서보 모터는 0~180도 사이의 각도로 회전할 수 있는 전자부품으로 원하는 각도로 축을 제어할 수 있습니다. PWM의 원리를 사용하여 회전축의 위치를 제어하지만 서보 라이브러리를 사용하면 디지털 핀 아무곳에 연결해도 작동이 됩니다. 그러므로 회로를 구성할 때는 디지털 핀인 0~13번에 연결합니다. 코드를 작성할 때에는 서보용 아두이노 라이브러리(Servo.h)에서 제공하는 함수들을 사용해 서보 모터의 동작을 제어합니다. 서보 모터의 제어 함수는 331 페이지에 상세히 설명돼 있습니다.

아두이노는 빗물 감지 센서로부터 아날로그와 디지털 신호로 두 개의 입력값을 받습니다. 아날로그 입력값은 얼마만큼의 빗물이 묻었는지 알 수 있으며, 디지털 입력값은 일정량의 빗물이 묻었는지 여부를 알수 있습니다. 이번 실습에서는 아날로그 입력값으로 서보 모터를 제어하므로 회로를 구성할 때는 아날로그 핀인 A0~A5핀에 연결합니다. 코드를 작성 할 때는 analogRead() 함수를 사용해 빗물 감지 센서값을 입력받습니다. 빗물 감지 센서값이 0에 가까울수록 빗물의 양이 많고 1023에 가까울수록 빗물의 양이 적습니다.

프로젝트 미리 보기: http://bit.ly/32RJR4X

코드 보기: http://bit.ly/2PjvPFc

작동 영상 보기

비가 오면 와이퍼가 움직여요 - 엔트리 코딩

빗물이 감지되면 비가 내립니다. 빗물 양이 많을수록 비 내리는 속도가 빨라지고, 빗물 양이 적을수록 비 내리는 속도가 느려집니다.

또한 빗물이 감지되면 와이퍼의 방향이 좌우 0~180도로 왔다 갔다 합니다. 빗물 양이 많을수록 와이퍼의 속도가 빠르게 움직이고, 빗물 양이 적을수록 와이퍼의 속도가 느리게 움직입니다.

1) 오브젝트 추가

01. 오브젝트 추가하기 탭에서 '비(2)', '룰렛 화살표', '철도' 배경을 선택해 불러옵니다.

02. 중심점을 기준으로 좌우 방향으로 움직이는 예제이므로 '룰렛 화살표'의 중심점을 아래쪽에 있는 둥근 부분으로 옮깁니다.

2) 엔트리 코드 블록 조립하기

/chapter10/비가 오면 와이퍼가 움직여요.ent

오브젝트	코드	설명

룰렛 화살표

크기 78.1
방향(°) 0°
이동 방향
(°) 90°

```
시작하기 버튼을 클릭했을 때
방향을 270° (으)로 정하기   1
계속 반복하기   2
만일  아날로그 A0 ▼  번 센서값  <  1000  (이)라면   3
   아날로그 A0 ▼  번 센서값  의 범위를  0  -  1023  에서  0  -  3  로 바꾼값  초 동안 방향을 180° 만큼 회전하기   4
   디지털  6 ▼  번 핀의 서보모터를 180  의 각도로 정하기   5
   아날로그 A0 ▼  번 센서값  의 범위를  0  -  1023  에서  0  -  3  로 바꾼값  초 동안 방향을 -180° 만큼 회전하기   6
   디지털  6 ▼  번 핀의 서보모터를 -180  의 각도로 정하기   7
```

1. 시작하기 버튼을 클릭했을 때 왼쪽부터 시작하기 위해 룰렛 화살표 오브젝트의 방향을 270도로 정합니다.

2. 빗물 감지 센서값은 빗물의 양에 따라 계속 변하므로 반복합니다.

3. 빗물이 감지되지 않았을 때 빗물 감지 센서값은 1023의 값을 가집니다.

   빗물이 감지됐는지 여부를 묻는 조건문이므로 1023보다 적은 숫자로 비교합니다.

4. 아날로그 입력값 범위는 0~1023입니다. 0~1023의 값을 0~3으로 바꾼 값의 시간(초) 동안 180도 각도로 회전합니다. 빗물의 양이 많을수록 빨리 움직이고, 적을수록 천천히 움직이게 하기 위한 코드입니다.

5. 서보 모터가 180도 각도로 움직입니다.

6. 아날로그 입력값 범위는 0~1023입니다. 0~1023의 값을 0~3으로 바꾼 값의 시간(초) 동안 -180도 (반대 방향) 각도로 회전합니다. 빗물의 양이 많을수록 빨리 움직이고, 적을수록 천천히 움직이게 하기 위한 코드입니다.

7. 서보 모터가 -180도 각도로 움직입니다.

   4~7은 자동차 와이퍼처럼 좌우 방향으로 움직이는 모습을 표현하기 위한 코드입니다.

1. 복제본을 생성하므로 오브젝트 원본 모양을 숨깁니다.

2. 빗물 감지 센서값은 빗물의 양에 따라 계속 변하므로 반복합니다.

3. 빗물 감지 센서값이 1000보다 작으면(빗물이 감지됐다면)

4. 빗물 감지 센서값에 따라 내리는 비의 양을 다르게 구현하기 위해 자신의 복제본을 만듭니다.

5. 아날로그 입력값은 0~1023입니다. 0~1023 의 값을 0.0~2.0으로 바꾼 값의 시간(초)만큼 기다립니다.

   0~1 으로 바꾼 값의 시간(초)으로 표현한다면 0과 1의 두 가지 경우의 수만 발생하지만, 0.0~2.0은 소수점 한 자리 숫자까지 수가 발생합니다. 이는 빗물 감지 센서값에 따라 내리는 비의 양을 좀 더 섬세하게 표현하기 위한 코드입니다.

1. 복제본이 처음 생성됐을 때 원본의 모양을 숨겼으므로 복제본의 모양은 보이게 설정합니다.

2. 비는 하늘에서 내려오므로 복제본의 처음 위치가 무대의 위쪽에 위치하도록 이동시킵니다.

3. 아래쪽 벽에 닿을 때까지 반복합니다.

4. 아날로그 입력값은 0~1023입니다. 0~1023의 값을 −5~−10으로 바꾼 값만큼 y 좌표를 움직입니다. 위에서 아래로 내려오므로 음수(0보다 작은 수)의 값으로 입력합니다.

5. 아래쪽 벽에 닿으면 이 복제본을 삭제합니다.

∞ 비가 오면 와이퍼가 움직여요 - 아두이노 코딩

빗물이 감지되면 서보 모터가 오른쪽으로 180도 움직입니다. 빗물의 양에 따라 잠시 멈춥니다. 다시 왼쪽으로 180도 움직입니다.

즉, 빗물이 감지되면 좌우방향으로 서보 모터가 움직입니다.

/chapter10/servo_ex01.ino

	코드	설명
1	`#include <Servo.h>`	1. 서보 모터를 제어할 수 있는 서보 라이브러리를 불러옵니다.
2	`Servo myservo;`	2. 서보 모터를 제어할 서보 오브젝트를 만듭니다.
3	`int pos = 0;`	3. 서보 모터의 위치(각도)를 저장할 변수 pos를 선언하고 0으로 초깃값을 저장합니다.

4	`void setup() {`
	`  myservo.attach(6);`
	`}`
		4. 서보 모터를 6번 핀으로 정해 연결합니다.

5	`void loop() {`	5. 반복합니다.
6	`  int rain_val = analogRead(A0);`	6. 아날로그 A0 핀에 연결된 빗물 감지 센서값을 rain_val 변수에 저장합니다.
7	`  if(rain_val < 1000)` `  {`	7. rain_val 변숫값이 1000보다 작다면(빗물이 감지됐다면)

8	`for(pos = 0; pos <= 180; pos += 1)`	8. 서보 모터를 0도에서 180도가 될 때까지 pos 변숫값

```
8    for(pos = 0; pos <= 180; pos += 1)
     {
9      myservo.write(pos);
10     delay(10);
     }

11   delay(map(rain_val, 0, 1023, 0, 3000));

12   for(pos = 180; pos >= 0; pos -= 1)
     {
13     myservo.write(pos);
14     delay(10);
     }
15   delay(map(rain_val, 0, 1023, 0, 3000));
     }
   }
```

8. 서보 모터를 0도에서 180도가 될 때까지 pos 변숫값을 1씩 더합니다.

9. 서보 모터의 각도를 pos 변숫값으로 출력합니다.
   서보 모터의 각도는 0도에서 1도씩 증가하여 180도가 될 때까지 회전합니다.

10. 0.01초 기다립니다.

11. 아날로그 입력값은 0~1023입니다. 0~1023의 값을 0~3000으로 바꾼 값만큼 기다립니다.
    빗물의 양이 많을수록 빨리 움직이고 적을수록 천천히 움직이도록 하기 위한 코드입니다.

12. 서보 모터를 180도에서 0도가 될 때까지 pos 변숫값을 −1씩 더합니다.

13. 서보 모터의 각도를 pos 변숫값으로 출력합니다.
    서보 모터의 각도는 180도에서 1도씩 감소하여 0도가 될 때까지 회전합니다.

14. 0.01초 기다립니다.

15. 아날로그 입력값은 0~1023입니다. 0~1023의 값을 0~3000으로 바꾼 값만큼 기다립니다.
    빗물의 양이 많을수록 빨리 움직이고 적을수록 천천히 움직이도록 하기 위한 코드입니다.

 비가 오면 와이퍼가 움직여요 – 엔트리 vs. 아두이노

엔트리

```
시작하기 버튼을 클릭했을 때
방향을 270° (으)로 정하기
계속 반복하기      5
  만일  아날로그 A0 ▼ 번 센서값 < 1000 (이)라면      7
    아날로그 A0 ▼ 번 센서값 의 범위를 0 ~ 1023 에서 0 ~ 3 로 바꾼값 초 동안 방향을 180° 만큼 회전하기
    디지털 6 ▼ 번 핀의 서보모터를 180 의 각도로 정하기      8 9 10
    아날로그 A0 ▼ 번 센서값 의 범위를 0 ~ 1023 에서 0 ~ 3 로 바꾼값 초 동안 방향을 -180° 만큼 회전하기
    디지털 6 ▼ 번 핀의 서보모터를 -180 의 각도로 정하기      12 13 14
```

```
1    #include <Servo.h>

2    Servo myservo;
3    int pos = 0;

     void setup() {
4      myservo.attach(6);
     }

5    void loop() {
6      int rain_val = analogRead(A0);

7      if(rain_val < 1000)
       {
8        for(pos = 0; pos <= 180; pos += 1)
         {
9          myservo.write(pos);
10         delay(10);
         }

11       delay(map(rain_val, 0, 1023, 0, 3000));

12       for(pos = 180; pos >= 0; pos -= 1)
         {
13         myservo.write(pos);
14         delay(10);
         }
15       delay(map(rain_val, 0, 1023, 0, 3000));
       }
     }
```

10-2. 주유를 해요

이번 절에서는 서보 모터와 수위 센서를 사용합니다. 수위 센서는 물의 높이를 측정하는 센서입니다. 이를 이용해서 물의 높이를 측정하고, 물의 높이에 따라 게이지가 변경되는 프로그램을 만들어 보겠습니다.

10-2-1. 무엇을 준비할까요?

아두이노 Uno	브레드보드	서보 모터	수위 센서	점퍼선 (수수)	점퍼선 (암수)
X 1	X 1	X 1	X 1	X 5	X 3

10-2-2. 프로젝트 – 회로를 구성해 보아요

	명칭	브레드보드	아두이노
1	서보 모터 빨간선	버스띠 영역	5V
2	서보 모터 갈색선	버스띠 영역	GND
3	서보 모터 노란선		디지털 6번 핀
4	수위 센서 +	버스띠 영역	5V
5	수위 센서 –	버스띠 영역	GND
6	수위 센서 S		아날로그 A0 핀

회로도

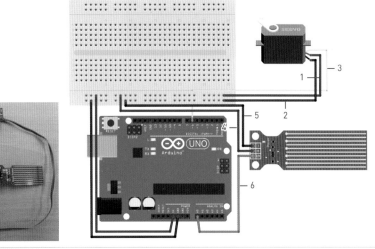

10-2-3. 프로젝트 – 코딩해 보아요

아두이노는 수위 센서로부터 물의 높이를 아날로그 값(0~5V)으로 입력받으므로 회로를 구성할 때는 아날로그 핀인 A0~A5핀에 연결합니다. 코드를 작성 할 때는 analogRead() 함수를 사용해 수위 센서값을 0~1023 범위의 값으로 변환하여 입력받습니다. 수위 센서값이 0에 가까울수록 물의 양이 적고, 1023에 가까울수록 물의 양이 많습니다.

프로젝트 미리 보기: http://bit.ly/2JoPlMU

코드 보기: http://bit.ly/2NgJM45

작동 영상 보기

 주유를 해요 – 엔트리 코딩

물의 높이에 따라 연료 게이지의 눈금이 변합니다.

1) 오브젝트 추가

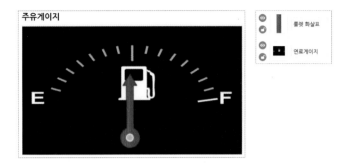

01. 오브젝트 추가하기 탭에서 '룰렛 화살표'을 선택해 불러옵니다.

02. 게이지 이미지는 오브젝트 추가하기 탭에서 새로 그리기 탭에 있는 그림판을 사용해 만듭니다.

또는 인터넷에서 게이지 이미지를 검색해 내려받습니다. 내려받은 이미지는 오브젝트 추가하기 탭에서 파일 올리기 기능을 선택한 다음 이미지 파일을 오브젝트로 추가합니다.(이 책에서 사용한 이미지는 예제 파일 폴더의 image/주유게이지.jpg에 있습니다.)

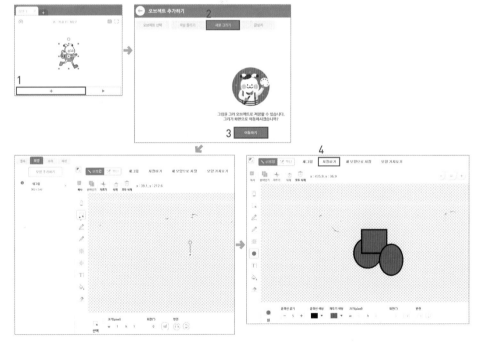

그림 10-1 오브젝트 이미지 그리기

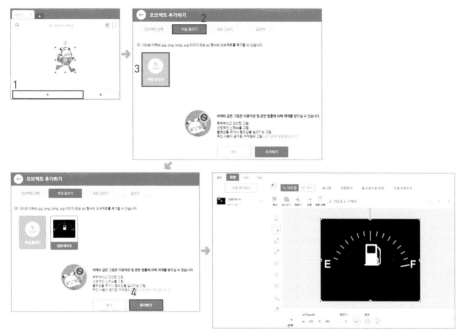

그림 10-2 오브젝트 파일 추가하기

03. 룰렛 화살표는 중심점을 기준으로 좌우방향으로 움직이는 예제이므로 '룰렛 화살표'의 중심

점을 아래쪽의 둥근 부분으로 옮깁니다.

2) 엔트리 코드 블록 조립하기

/chapter10/주유를 해요.ent

오브젝트	코드	설명

1. 시작하기 버튼을 클릭했을 때 왼쪽부터 시작하기 위해 방향을 300도로 정합니다.

2. 수위 센서값은 물의 양에 따라 계속 변하므로 반복합니다.

3. 아날로그 입력값 범위는 0~1023입니다. 하지만 수위 센서를 테스트를 하면 최댓값이 1023보다 적은 값이 입력되는 경우가 많으므로 테스트 결과 입력되는 최댓값으로 정합니다. 또한, 게이지 이미지의 눈금에 맞추어 롤렛 화살표가 움직이므로 게이지 눈금에 맞는 각도 값을 정합니다. 이 예제는 수위 센서 최대 입력값을 800으로 정하고 게이지 눈금 방향을 -60~60 각도로 정하였습니다.

4. 수위 센서 [수위 센서값 x -1] 결괏값의 범위인 -800~0의 값을 0~180으로 바꾼 값으로 서보 모터의 각도를 정합니다.
   서보 모터를 왼쪽에서 오른쪽으로 회전하기 위해 아날로그의 입력값에 -1을 곱합니다.

   -1을 곱하지 않은 수위 센서 입력값 0~800의 값을 0~180으로 바꾼 값으로 각도를 정하면 오른쪽에서 왼쪽으로 서보 모터가 움직이게 됩니다.

주유를 해요 - 아두이노 코딩

수위 센서값에 따라 서보 모터가 왼쪽에서 오른쪽으로 움직입니다.

/chapter10/servo_ex02.ino

	코드	설명
1	`#include <Servo.h>`	1. 서보 모터를 제어할 수 있는 서보 라이브러리를 불러옵니다.
2	`Servo myservo;`	2. 서보 모터를 제어할 서보 오브젝트를 만듭니다.
3	`int pos = 0;`	3. 서보 모터의 위치(각도)를 저장할 변수 pos를 선언하고 0으로 초깃값을 저장합니다.

4	`void setup() {`
	`  myservo.attach(6);`
	`}`
		4. 서보 모터를 디지털 6번 핀으로 정해 연결합니다.

5	`void loop() {`	5. 반복합니다.
6	`  int water_val = analogRead(A0);`	6. 아날로그 A0 핀에 연결된 수위 센서값을 water_val 변수에 저장합니다.
7	`  pos = map(water_val * -1, -800, 0, 0, 180);`	7. 서보 모터의 움직이는 방향을 왼쪽에서 오른쪽으로 하기 위해서 [수위 센서값 × -1]의 값을 0 ~ 180으로 바꾼 값을 pos 변수에 저장합니다.
8	`  myservo.write(pos);` `}`	8. 서보 모터의 각도를 pos 변숫값으로 출력합니다.

주유를 해요 – 엔트리 vs. 아두이노

```
1    #include <Servo.h>

2    Servo myservo;
3    int pos = 0;

     void setup() {
4      myservo.attach(6);
     }

5    void loop() {
6      int water_val = analogRead(A0);
7      pos = map(water_val * -1, -800, 0, 0, 180);
8      myservo.write(pos);
     }
```

10-3. LED 밝기를 조절해요

이번 절에서는 서보 모터와 가변저항, LED를 사용합니다. 가변저항은 전자회로에서 저항의 값을 임의로 바꿀 수 있는 전자 부품입니다. LED의 밝기를 조절하기 위해 가변저항의 스위퍼(손잡이)를 돌려 저항값을 변경하고, 이 때 입력되는 저항 값을 서보 모터의 각도로 밝기의 정도를 나타내는 프로그램을 만들어 보겠습니다.

10-3-1. 무엇을 준비할까요?

아두이노 Uno	브레드보드	서보 모터	가변저항	LED	점퍼선 (수수)	저항 (220Ω)
X 1	X 1	X 1	X 1	X 1	X 10	X 1

10-3-2. 프로젝트 – 회로를 구성해 보아요

	명칭	브레드보드	아두이노
1	서보 모터 빨간선	버스띠 영역	5V
2	서보 모터 갈색선	버스띠 영역	GND
3	서보 모터 노란선		디지털 6번 핀
4	가변저항 오른쪽 리드선	버스띠 영역	5V
5	가변저항 가운데 리드선		아날로그 A0 핀
6	가변저항 왼쪽 리드선	버스띠 영역	GND
7	빨간색 LED +극		디지털 11번 핀
8	빨간색 LED −극	저항, 버스띠 영역	GND

TIP _ 회로 구성은 어떻게 하나요?

서보 모터의 회로 구성은 328 페이지에 상세히 나와 있어요.
가변저항의 회로 구성은 182 페이지에 상세히 나와 있어요.
LED의 회로 구성은 288 페이지에 상세히 나와 있어요.

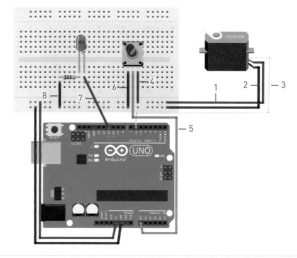

10-3-3. 프로젝트 – 코딩해 보아요

아두이노는 가변저항으로부터 아날로그 값(0~5V)으로 입력받으므로 회로를 구성 할 때는 아날로그 핀인 A0~A5핀에 연결합니다. 코드를 작성 할 때는 analogRead() 함수를 사용해 가변저항값을 0~1023 범위의 값으로 변환하여 입력받습니다.

LED는 가변저항값에 따라 밝기를 조절하므로 디지털 핀 중 PWM 기능을 제어하는 핀(~표시가 되어 있는 핀)에 연결하며 analogWrite() 함수를 사용해 코드를 작성합니다.

프로젝트 미리 보기: http://bit.ly/2PW13BZ

코드 보기: http://bit.ly/39JotCA

작동 영상 보기

LED 밝기를 조절해요 – 엔트리 코딩

가변저항 스위퍼(손잡이)를 돌리면 가변저항값에 따라 게이지 바늘과 서보 모터가 움직입니다. 또한, 가변저항값에 따라 LED의 밝기가 조절됩니다.

1) 오브젝트 추가

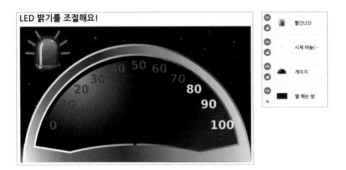

01. 오브젝트 추가하기 탭에서 '빨간LED', '시계 바늘(분침)', '별 헤는 밤' 배경을 선택해 불러옵니다.

02. 게이지 이미지는 오브젝트 추가하기 탭에서 새로 그리기 탭에 있는 그림판을 사용해 만듭니다. 또는 인터넷에서 게이지 이미지를 검색해 내려받습니다. 내려받은 이미지는 오브젝트 추가하기 탭에서 파일 올리기 기능을 선택한 다음 이미지 파일을 오브젝트로 추가합니다.(이 책에서 사용한 이미지는 예제 파일 폴더의 image/밝기게이지.png에 있습니다.)

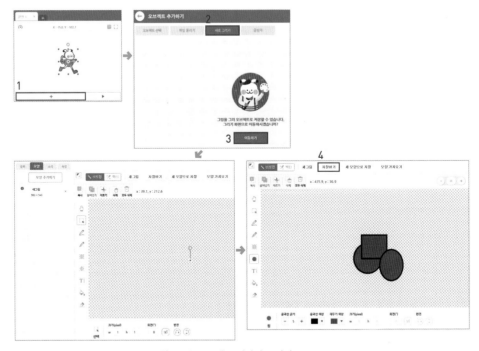

그림 10-3 오브젝트 이미지 그리기

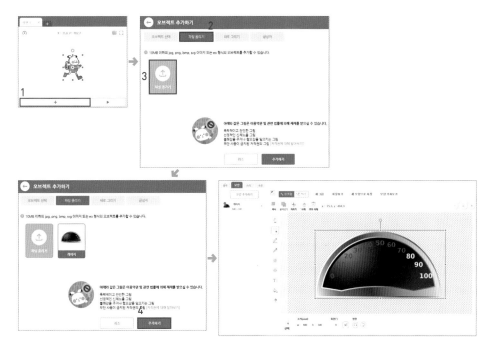

그림 10-4 오브젝트 파일 추가하기

2) 엔트리 코드 블록 조립하기

/chapter10/LED 밝기를 조절해요.ent

오브젝트	코드	설명

빨간LED

크기   100.0

방향(°)   0°

이동 방향   90°
(°)

1. 변하는 가변저항값을 입력받기 위해 계속 반복합니다.

2. 아날로그 입력값의 범위는 0~1023이며 밝기 효과의 입력값의 범위는 0~100 입니다.

   아날로그 A0핀에 연결된 가변저항값을 밝기 효과 값으로 변경해 밝기 효과를 냅니다.

시계 바늘(분침)

크기 241.4

방향(°) 0°

이동 방향 (°) 90°

1. 시작하기 버튼을 클릭했을 때 왼쪽부터 시작하기 위해 방향을 270도로 정합니다.

2. 변하는 가변저항값을 입력받기 위해 계속 반복합니다.

3. 아날로그 A0 핀에 연결된 가변저항값 0~1023을 −90~90 범위의 값으로 바꿉니다. 가변저항값에 따라 좌우방향으로 움직이기 위한 코드입니다.

4. 아날로그 A0핀에 연결된 가변저항값 0~1023을 아날로그 출력값의 범위인 0~255로 바꾸고, 디지털 11번 핀에 연결된 LED의 밝기를 변경된 값으로 조정합니다.

5. 아날로그 A0핀에 연결된 가변저항값은 0~1023입니다.

서보 모터의 움직이는 방향을 왼쪽에서 오른쪽으로 하기 위해서 [가변저항값 × −1]의 값을 0~180 으로 바꾼 값으로 각도를 정합니다.

가변저항값을 0~180으로 바꾼 값으로 각도를 정하면 서보 모터의 방향은 오른쪽에서 왼쪽으로 움직이게 됩니다.

LED 밝기를 조절해요 – 아두이노 코딩

가변저항 스위퍼(손잡이)를 돌리면 서보 모터가 움직이고, LED의 밝기가 조절됩니다.

/chapter10/servo_ex03.ino

코드	설명
1 `#include <Servo.h>`	1. 서보 모터를 제어할 수 있는 서보 라이브러리를 불러옵니다.
2 `Servo myservo;`	2. 서보 모터를 제어할 서보 오브젝트를 만듭니다.
3 `int led_red = 11;`	3. 빨간색 LED를 디지털 11번 핀으로 정합니다.
4 `int pos = 0;`	4. 서보 모터의 위치(각도)를 저장할 변수 pos를 선언하고, 0으로 초깃값을 저장합니다.
`void setup() {`	
5 `myservo.attach(6);`	5. 서보 모터를 6번 핀으로 정합니다.
6 `pinMode(led_red, OUTPUT);` `}`	6. 빨간색 LED를 출력 모드로 정합니다.
7 `void loop() {`	7. 반복합니다.
8 `int pot_val = analogRead(A0);`	8. 아날로그 A0 핀에 연결된 가변저항값을 pot_val에 저장합니다.

```
9      pos = map(pot_val * -1, -1023, 0, 0, 180);
10     myservo.write(pos);
11     analogWrite(led_red, map(pot_val, 0,
       1023, 0, 255));
       }
```

9. 서보 모터의 움직이는 방향을 왼쪽에서 오른쪽으로 하기 위해서 [가변저항값 × -1]의 값을 0~180 범위의 값으로 바꾼 다음 pos 변수에 저장합니다.
10. 서보 모터의 각도를 pos 변숫값으로 출력합니다.
11. 가변저항값의 범위인 0~1023 값을 출력값의 범위인 0~255로 변환합니다. PWM 출력 핀 디지털 11번에 연결된 빨간색 LED의 밝기를 변환한 값으로 조절합니다(실습시 11번 코드는 한줄로 작성합니다).

LED 밝기를 조절해요 - 엔트리 vs. 아두이노

엔트리

시계 바늘(분침)

```
▶ 시작하기 버튼을 클릭했을 때
방향을 270° (으)로 정하기
계속 반복하기 ↻ 7
방향을 ⑧ 아날로그 A0 ▾ 번 센서값 의 범위를 0 ~ 1023 에서 -90 ~ 90 로 바꾼값 (으)로 정하기
③ 디지털 11 ▾ 번 핀을 아날로그 A0 ▾ 번 센서값 의 범위를 0 ~ 1023 에서 0 ~ 255 로 바꾼값 (으)로 정하기 ⟳ 11
⑤ 디지털 6 ▾ 번 핀의 서보모터를 아날로그 A0 ▾ 번 센서값 × -1 의 범위를 0 ~ -1023 에서 0 ~ 180 로 바꾼값 의 각도로 정하기 ⟳ 9 10
```

아두이노

```
1    #include <Servo.h>

2    Servo myservo;
3    int led_red = 11;
4    int pos = 0;

     void setup() {
5      myservo.attach(6);
6      pinMode(led_red, OUTPUT);
     }

7    void loop() {
8      int pot_val = analogRead(A0);
9      pos = map(pot_val * -1, -1023, 0, 0, 180);
10     myservo.write(pos);
11     analogWrite(led_red, map(pot_val, 0, 1023, 0, 255));
     }
```

11
DC 모터의 활용

DC 모터는 전기 에너지를 회전 운동 에너지로 전환하여 작동하는 전자부품입니다. 일상생활 속에서 DC 모터를 활용한 대표적인 전자기기는 선풍기입니다. 이번 장에서는 360도 회전하는 모터를 작동 시켜 바람을 일으키는 선풍기에 여러 센서를 융합해 기능을 추가해 보겠습니다.

11-1. 선풍기 속도를 조절해요

이번 절에서는 DC 모터와 스위치를 사용합니다. 스위치는 ON, OFF 상태를 변경하는 전자 부품으로 스위치의 상태에 따라 DC 모터의 회전 속도를 제어해 보겠습니다.

11-1-1. 무엇을 준비할까요?

아두이노 Uno	브레드보드	DC 모터	택트 스위치	다이오드	2N2222A(NPN) 트랜지스터	점퍼선 (수수)	저항 (220Ω)
X 1	X 1	X 1	X 3	X 1	X 1	X 16	X 4

11-1-2. 프로젝트 – 회로를 구성해 보아요

	명칭	브레드보드	아두이노
1	모터 왼쪽	트랜지스터 (Collector)	
2	모터 오른쪽	다이오드	5V
3	트랜지스터 왼쪽 리드선(Emitter)	버스띠 영역	GND
4	트랜지스터 가운데 리드선(BASE)	저항	디지털 6번 핀
5	트랜지스터 오른쪽 리드선(Collector)	다이오드, 버스띠 영역	5V
6	스위치1 왼쪽 리드선		디지털 11번 핀
7		저항, 버스띠 영역	GND
8	스위치2 왼쪽 리드선		디지털 10번 핀
9		저항, 버스띠 영역	GND
10	스위치3 왼쪽 리드선		디지털 핀 9번
11		저항, 버스띠 영역	GND
12	각 스위치 오른쪽 리드선	버스띠 영역	5V

▶ 회로를 구성할 때 모터에 있는 두 개의 연결 부분 즉, 1과 2의 연결 위치는 서로 바뀌어도 됩니다. 연결 위치에 따라 DC 모터의 회전 방향이 달라집니다.

TIP _ 회로 구성은 어떻게 하나요?

DC 모터의 회로 구성은 340 페이지에 상세히 나와 있어요.
스위치의 회로 구성은 130 페이지에 상세히 나와 있어요.

회로도

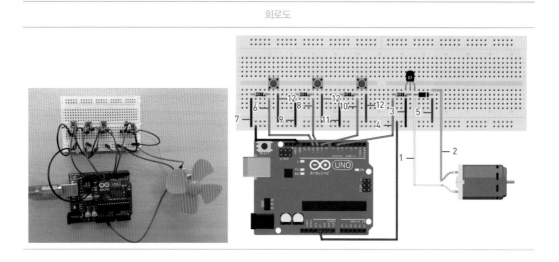

11-1-3. 프로젝트 – 코딩해 보아요

DC 모터는 360도 회전하는 전자부품으로 회전속도를 조절할 수 있습니다. DC 모터의 회전속도는 PWM 방식으로 제어하므로 회로를 구성할 때는 디지털 핀 중 PWM 기능을 제어하는 핀(~표시가 되어 있는 핀)에 연결합니다. 또한, 많은 전기 에너지가 필요하므로 증폭 작용을 하는 트랜지스터와 전류가 한 방향으로 흘러가도록 제어하는(역전류 방지) 다이오드를 사용합니다. 코드를 작성할 때에는 analog-Write() 함수를 사용해 0~255범위 안에서 DC모터의 속도를 제어할 수 있습니다. 0에 가까울수록 속도가 느려지고, 255에 가까울수록 속도가 빨라집니다.

스위치는 전원이나 사용하고자 하는 기능을 켜거나 끌 때 주로 사용하는 전자 부품입니다. 스위치의 상태(눌렀다, 뗐다)에 따라 디지털 신호값(0V 또는 5V)을 보내므로 회로를 구성할 때에는 디지털 핀인 0~13번에 연결하고 digitalRead() 함수를 사용해 HIGH 또는 LOW 값을 입력받습니다.

이번 예제에서는 3개의 스위치를 사용해 '정지', '약풍', '강풍' 의 기능을 선택할 수 있으며 스위치의 선택에 따라 DC 모터의 속도를 정지는 0, 약풍은 150, 강풍은 255로 설정해 실습해 보겠습니다.

프로젝트 미리 보기: http://bit.ly/344yw1z

코드 보기: http://bit.ly/2Po9WEI

작동 영상 보기

 선풍기 속도를 조절해요 - 엔트리 코딩

약풍 스위치를 클릭하면 선풍기의 날개가 천천히 회전하며 DC 모터도 천천히 회전합니다. 강풍 스위치를 클릭하면 선풍기의 날개가 빠르게 회전하며 DC 모터도 빠르게 회전합니다. 정지 스위치를 클릭하면 회전하던 선풍기의 날개가 멈추고 DC 모터도 멈춥니다.

1) 오브젝트 추가

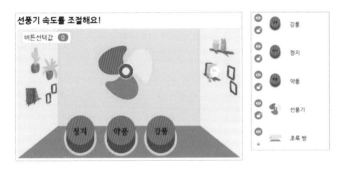

01. 오브젝트 추가하기 탭에서 '결과 확인 버튼' 3개, '선풍기', '초록 방' 배경을 선택해 불러옵니다.

02. '결과 확인 버튼' 오브젝트의 이름을 각각 '정지', '약풍', '강풍'으로 변경합니다.

그림 11-1 오브젝트 이름 변경

03. '결과 확인 버튼' 오브젝트를 선택한 다음 [모양] 탭을 선택합니다. 오브젝트 이미지 위에 글상자를 사용해 '정지', '약풍', '강풍' 글자를 입력하고 저장합니다.

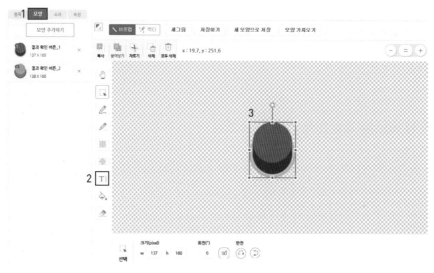

그림 11-2 오브젝트 이미지 변경

04. '선풍기' 오브젝트를 선택한 다음 [모양] 탭에서 채우기 기능을 사용해 알록달록한 예쁜 선풍기 날개로 꾸며봅니다.

2) 변수 만들기

'정지', '약풍', '강풍' 중 현재 선택된 오브젝트가 무엇인지 기억하는 변수를 만들어 보겠습니다.

01. [속성] 탭에서 변수를 선택합니다.

02. [변수 추가하기] 버튼을 누른 다음 변수 이름을 '버튼선택값'으로 입력합니다.

03. [확인] 버튼을 선택합니다. 생성된 변수는 다음과 같습니다.

#	변수 이름	사용가능 오브젝트	기본값	최솟값	최댓값	변수 노출
1	버튼선택값	전체	0			보이기

3) 신호 만들기

'정지', '약풍', '강풍' 선택에 의해 '선풍기' 오브젝트의 작동 상태가 달라지므로 '선풍기' 오브젝트에 보낼 신호를 만들어 보겠습니다.

01. [속성] 탭에서 신호를 선택합니다.

02. [신호 추가하기] 버튼을 누른 다음 신호 이름을 '정지'로 입력합니다.

03. [확인] 버튼을 선택합니다.

04. 같은 방법으로 '약풍', '강풍' 신호를 만듭니다. 생성된 신호는 다음과 같습니다.

#	신호 이름
1	정지
2	강풍
3	약풍

4) 엔트리 코드 블록 조립하기

/chapter11/선풍기 속도를 조절해요.ent

오브젝트	코드	설명

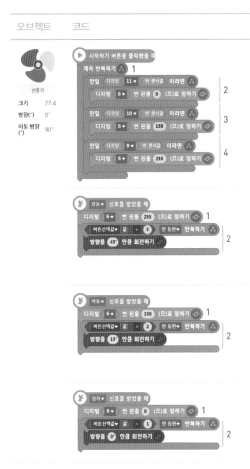

1. 스위치의 상태를 계속 감지해야 하므로 계속 반복합니다.
2. 디지털 11번 핀에 연결된 스위치가 눌러졌다면 DC 모터를 정지시킵니다.
3. 디지털 10번 핀에 연결된 스위치가 눌러졌다면 DC 모터를 천천히 회전시킵니다.
4. 디지털 9번 핀에 연결된 스위치가 눌러졌다면 DC 모터를 빠르게 회전시킵니다.

1. 강풍 스위치를 선택하면 선풍기 오브젝트는 강풍 신호를 받습니다. 강풍 신호를 받으면 DC 모터를 빠르게 회전시킵니다.
2. 강풍 스위치를 선택한 동안 선풍기 오브젝트가 빠르게 회전합니다.

1. 약풍 스위치를 선택하면 선풍기 오브젝트는 약풍 신호를 받습니다. 약풍 신호를 받으면 DC 모터를 천천히 회전시킵니다.
2. 약풍 스위치를 선택한 동안 선풍기 오브젝트가 천천히 회전합니다.

1. 정지 스위치를 선택하면 선풍기 오브젝트는 정지 신호를 받습니다. 정지 신호를 받으면 DC 모터를 정지시킵니다.
2. 정지 스위치를 선택한 동안 선풍기 오브젝트는 회전하지 않습니다.

1. 강풍 스위치를 선택하면 '버튼선택값' 변수에 3을 저장합니다.

2. 선풍기를 회전시키기 위해 강풍 신호를 보냅니다.

3. 강풍 스위치를 선택하면 현재 선택된 스위치임을 알려주기 위해 '결과 확인 버튼_2' 모양으로 바꿉니다.

4. 강풍 스위치를 선택한 상태가 아니라면 '결과 확인 버튼_1' 모양으로 바꿉니다.

1. 약풍 스위치를 선택하면 '버튼선택값' 변수에 2를 저장합니다.

2. 선풍기를 회전시키기 위해 약풍 신호를 보냅니다.

3. 약풍 스위치를 선택하면 현재 선택된 스위치임을 알려주기 위해 '결과 확인 버튼_2' 모양으로 바꿉니다.

4. 약풍 스위치를 선택한 상태가 아니라면 '결과 확인 버튼_1' 모양으로 바꿉니다.

1. 정지 스위치를 선택하면 '버튼선택값' 변수에 1을 저장합니다.

2. 선풍기를 정지시키기 위해 정지 신호를 보냅니다.

🔵 선풍기 속도를 조절해요 – 아두이노 코딩

3개의 스위치가 있습니다.

첫 번째 스위치를 누르면 DC 모터가 정지합니다. 두 번째 스위치를 누르면 DC 모터가 천천히 회전합니다. 세 번째 스위치를 누르면 DC 모터가 빠르게 회전합니다.

코드	설명
1 `int switch_stop = 11;`	1. 첫 번째 스위치를 디지털 11번 핀으로 정합니다.
2 `int switch_breeze = 10;`	2. 두 번째 스위치를 디지털 10번 핀으로 정합니다.
3 `int switch_strong = 9;`	3. 세 번째 스위치를 디지털 9번 핀으로 정합니다.
4 `int DCmotor = 6;`	4. DC 모터를 디지털 6번 핀으로 정합니다.
`void setup() {`	
5 `  pinMode(DCmotor, OUTPUT);`	5. DC 모터를 출력 모드로 정합니다.
6 `  pinMode(switch_stop, INPUT);`	6. 첫 번째 스위치를 입력 모드로 정합니다.
7 `  pinMode(switch_breeze, INPUT);`	7. 두 번째 스위치를 입력 모드로 정합니다.
8 `  pinMode(switch_strong, INPUT);`	8. 세 번째 스위치를 입력 모드로 정합니다.
`}`	
9 `void loop() {`	9. 반복합니다.
10 `  if(digitalRead(switch_stop) == HIGH)`	10. 첫 번째 스위치를 눌렀다면
11 `    analogWrite(DCmotor, 0);`	11. DC 모터를 정지시킵니다.
12 `  if(digitalRead(switch_breeze) == HIGH)`	12. 두 번째 스위치를 눌렀다면
13 `    analogWrite(DCmotor, 150);`	13. DC 모터를 천천히 회전시킵니다.
14 `  if(digitalRead(switch_strong) == HIGH)`	14. 세 번째 스위치를 눌렀다면
15 `    analogWrite(DCmotor, 255);`	15. DC 모터를 빠르게 회전시킵니다.
`}`	

선풍기 속도를 조절해요 – 엔트리 vs. 아두이노 ARDUINO

엔트리	아두이노

선풍기
 	
	1 `int switch_stop = 11;`
	2 `int switch_breeze = 10;`
	3 `int switch_strong = 9;`
	4 `int DCmotor = 6;`
	
	`void setup() {`
	5 `  pinMode(DCmotor, OUTPUT);`
	6 `  pinMode(switch_stop, INPUT);`
	7 `  pinMode(switch_breeze, INPUT);`
	8 `  pinMode(switch_strong, INPUT);`
	`}`

엔트리	아두이노

(감동) 신호를 받았을 때
디지털 6번 핀을 255 (으)로 정하기 15
버튼선택값 값 3 인 동안 반복하기
방향을 45 만큼 회전하기
 	
(약풍) 신호를 받았을 때
디지털 6번 핀을 150 (으)로 정하기 13
버튼선택값 값 2 인 동안 반복하기
방향을 15 만큼 회전하기
 	
(정지) 신호를 받았을 때
디지털 6번 핀을 0 (으)로 정하기 11
버튼선택값 값 1 인 동안 반복하기
방향을 0 만큼 회전하기
	9 void loop() {
	10 if(digitalRead(switch_stop) == HIGH)
	11 analogWrite(DCmotor, 0);
	
	12 if(digitalRead(switch_breeze) == HIGH)
	13 analogWrite(DCmotor, 150);
	
	14 if(digitalRead(switch_strong) == HIGH)
	15 analogWrite(DCmotor, 255);
	     }

11-2. 가까이 가면 선풍기가 작동해요

이번 절에서는 DC 모터와 인체 감지 센서를 사용합니다. 사람의 움직임을 감지하는 인체 감지 센서값에 따라 DC 모터가 작동하고, 정지하는 프로그램을 만들어 보겠습니다.

11-2-1. 무엇을 준비할까요?

아두이노 Uno	브레드보드	DC 모터	인체 감지 센서	다이오드	2N2222A (NPN) 트랜지스터	점퍼선 (수수)	점퍼선 (암수)	저항 (220Ω)
X1	X1	X1	X1	X1	X1	X7	X3	X1

11-2-2. 프로젝트 – 회로를 구성해 보아요

	명칭	브레드보드	아두이노
1	모터 왼쪽	트랜지스터 (Collector)	
2	모터 오른쪽	다이오드	5V
3	트랜지스터 왼쪽 리드선(Emitter)	버스띠 영역	GND
4	트랜지스터 가운데 리드선 (BASE)	저항	디지털 13번 핀
5	트랜지스터 오른쪽 리드선 (Collector)	다이오드, 버스띠 영역	5V
6	인체 감지 센서 VCC	버스띠 영역	5V
7	인체 감지 센서 GND	버스띠 영역	GND
8	인체 감지 센서 OUT		디지털 8번 핀

TIP _ 회로 구성은 어떻게 하나요?

DC 모터의 회로 구성은 340 페이지에 상세히 나와 있어요.
인체 감지 센서의 회로 구성은 192 페이지에 상세히 나와 있어요.

회로도

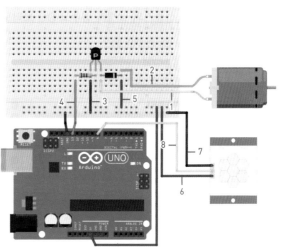

가까이 가면 선풍기가 작동해요 - 아두이노 코딩

사람의 움직임이 감지되면 DC 모터가 회전합니다. 감지됐던 사람이 사라지면 DC 모터가 정지합니다.

/chapter11/dc_ex02.ino

코드	설명
1 `int DCmotor = 13;`	1. DC 모터를 디지털 13번 핀으로 정합니다.
2 `int pirPin = 8;`	2. 인체 감지 센서를 디지털 8번 핀으로 정합니다.
`void setup() {`	
3 `  pinMode(DCmotor, OUTPUT);`	3. DC 모터를 출력 모드로 정합니다.
4 `  pinMode(pirPin, INPUT);` `}`	4. 인체 감지 센서를 입력 모드로 정합니다.
5 `void loop() {`	5. 반복합니다.
6 `  int pir_val = digitalRead(pirPin);`	6. 인체 감지 센서값을 pir_val 변수에 저장합니다.
7 `  if(pir_val == HIGH)` `  {`	7. 움직임이 감지됐다면
8 `    digitalWrite(DCmotor, HIGH);` `  }`	8. DC 모터를 회전시킵니다.
9 `  else` `  {`	9. 움직임의 감지가 없다면

10 `    digitalWrite(DCmotor, LOW);`
`  }`
`}`
	10. DC 모터를 정지시킵니다.

가까이 가면 선풍기가 작동해요 - 엔트리 vs. 아두이노

엔트리	아두이노

<table>
<tr><td></td><td>1</td><td>int DCmotor = 13;</td></tr>
<tr><td></td><td>2</td><td>int pirPin = 8;</td></tr>
<tr><td></td><td></td><td>void setup() {</td></tr>
<tr><td></td><td>3</td><td> pinMode(DCmotor, OUTPUT);</td></tr>
<tr><td></td><td>4</td><td> pinMode(pirPin, INPUT);</td></tr>
<tr><td></td><td></td><td>}</td></tr>
</table>

선풍기

시작하기 버튼을 클릭했을 때
계속 반복하기 5
만일 건고있는 사람(1)▼ 에 닿았는가? 또는▼ 디지털 8▼ 번 핀 센서값 이라면 7
디지털 13▼ 번 핀 켜기▼ 8
방향을 45 만큼 회전하기
아니면 9
디지털 13▼ 번 핀 끄기▼ 10

```
1    int DCmotor = 13;
2    int pirPin = 8;

     void setup() {
3      pinMode(DCmotor, OUTPUT);
4      pinMode(pirPin, INPUT);
     }

5    void loop() {
6      int pir_val = digitalRead(pirPin);

7      if(pir_val == HIGH)
       {
8        digitalWrite(DCmotor, HIGH);
       }
9      else
       {
10       digitalWrite(DCmotor, LOW);
       }
     }
```

11-3. 더우면 선풍기가 작동해요

이번 절에서는 DC 모터와 온도 센서를 사용합니다. 온도 센서로 온도를 측정하여 온도가 높아지면 DC 모터를 회전시키고, 온도가 낮아지면 회전하던 DC 모터를 정지시키는 프로그램을 만들어 보겠습니다.

11-3-1. 무엇을 준비할까요?

아두이노 Uno	브레드보드	DC 모터	온도 센서	다이오드	9V	BC547 (NPN) 트랜지스터	점퍼선 (수수)	저항 (220Ω)
X 1	X 1	X 1	X 1	X 1	X 1	X 1	X 11	X 1

11-3-2. 프로젝트 – 회로를 구성해 보아요

	명칭	브레드보드	아두이노
1	모터 왼쪽	다이오드	5V
2	모터 오른쪽	트랜지스터 (Collector)	
3	트랜지스터 왼쪽 리드선(Collector)	다이오드, 버스띠 영역	5V
4	트랜지스터 가운데 리드선 (BASE)	저항	디지털 13번 핀
5	트랜지스터 오른쪽 리드선 (Emitter)	버스띠 영역	GND
6	온도 센서 왼쪽 리드선	버스띠 영역	5V
7	온도 센서 가운데 리드선		아날로그 A0 핀
8	온도 센서 오른쪽 리드선	버스띠 영역	GND
9	외부전압(9V) +극	버스띠 영역	5V
10	외부전압(9V) −극	버스띠 영역	GND

TIP _ 회로 구성은 어떻게 하나요?

DC 모터의 회로 구성은 340 페이지에 상세히 나와 있어요.
온도 센서의 회로 구성은 155 페이지에 상세히 나와 있어요.

회로도

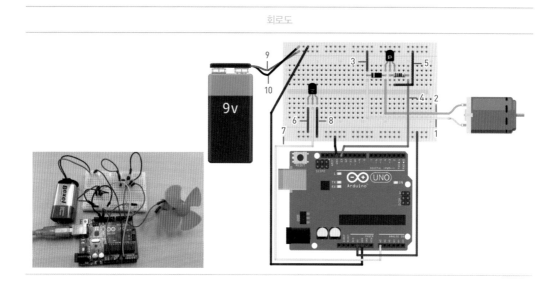

11-3-3. 프로젝트 – 코딩해 보아요

아두이노는 온도 센서로부터 주위의 온도를 아날로그 값(0~5V)으로 입력받으므로 회로를 구성할 때에
는 아날로그 핀인 A0~A5핀에 연결합니다. 코드를 작성할 때에는 analogRead() 함수를 사용해 온도
센서값을 입력받습니다. 온도 센서값은 전압 0~5V를 1024등분하여 0~1023 범위의 값을 가짐으로 아
두이노에 공급되는 전압 5V를 DC 모터와 온도 센서를 같이 사용하도록 회로를 구성하면 DC 모터의 동
작 전압으로 인해 온도 센서의 아날로그 입력값이 올바르게 입력되지 않거나, 온도 센서의 동작 전압으
로 DC 모터가 작동하지 않을 수 있습니다. 그러므로 이번 실습에서는 DC 모터를 외부 전압으로 연결해
회로를 구성합니다.

프로젝트 미리 보기: http://bit.ly/32SV458

코드 보기: http://bit.ly/369dwZw

작동 영상 보기

더우면 선풍기가 작동해요 - 엔트리 코딩

현재 온도를 화면에 나타냅니다. 이때 온도가 설정온도보다 높으면 선풍기 날개를 회전시키며 DC 모터도 회전시킵니다. 온도가 설정온도보다 낮으면 회전하던 선풍기 날개를 멈추고, DC 모터도 멈춥니다.

1) 오브젝트 추가

01. 오브젝트 추가하기 탭에서 글상자를 선택한 다음 '온도표시'라고 입력합니다.

02. 오브젝트 추가하기 탭에서 '선풍기', '초록 방' 배경을 선택해 불러옵니다.

03. '선풍기' 오브젝트를 선택한 다음 [모양] 탭에서 채우기 기능을 사용해 알록달록한 예쁜 선풍기 날개로 꾸며봅니다.

2) 변수 만들기

실시간으로 변하는 현재 온도를 기억하는 변수를 만들어 보겠습니다.

01. [속성] 탭에서 변수를 선택합니다.

02. [변수 추가하기] 버튼을 누른 다음 변수 이름을 '현재온도'로 입력합니다.

03. [확인] 버튼을 선택합니다. 생성된 변수는 다음과 같습니다.

#	변수 이름	사용가능 오브젝트	기본값	최솟값	최댓값	변수 노출
1	현재온도	전체	0			보이기

3) 엔트리 코드 블록 조립하기

/chapter11/더우면 선풍기가 작동해요.ent

오브젝트	코드	설명

온도표시

온도표시
크기   74.2
방향(°)   0°
이동 방향(°) 90°

1. '현재온도' 변수를 화면에 보이지 않게 하기 위해 숨깁니다.

2. '전압값' 변수를 화면에 보이지 않게 하기 위해 숨깁니다.

3. 온도 센서값은 주위 환경에 따라 변하므로 계속 반복합니다.

4. 아날로그 A0 핀에 연결된 온도 센서값을 전압값으로 변환합니다.

    [입력전압(mV) = (아날로그 입력값 x 5) /1024 x 1000]

5. 변환한 전압값을 섭씨온도값으로 변환해 반올림한 다음 '현재온도' 변수에 저장합니다.
    [온도 ℃ = [(전압(mV)) − 500] / 10]

6. 현재온도를 화면에 나타냅니다.

7. 0.5초 간격으로 온도 센서값을 읽어오기 위해 0.5초 기다립니다.

선풍기
크기   138.9
방향(°)   0°
이동 방향(°) 90°

1. 온도 센서값은 주위 환경에 따라 변하므로 계속 반복합니다.

2. 현재 온도 값이 27보다 크거나 같으면(테스트 환경에 맞춰 온도 값을 적절히 변경합니다)

3. DC 모터를 회전시킵니다.

4. 선풍기 오브젝트를 회전시킵니다.

5. 현재 온도 값이 27보다 작으면

6. DC 모터를 정지시킵니다.

⠿ 더우면 선풍기가 작동해요 - 아두이노 코딩

현재 온도를 시리얼 모니터에 나타냅니다.

온도가 설정온도보다 높으면 DC 모터를 회전시킵니다. 온도가 설정온도보다 낮으면 DC 모터를 정지시킵니다.

코드	설명
1 int dcmotor = 13;	1. DC 모터를 디지털 13번 핀으로 정합니다.
void setup() {	
2 pinMode(dcmotor, OUTPUT);	2. DC 모터를 출력 모드로 정합니다.
3 Serial.begin(9600);	3. 시리얼 입출력의 통신 속도를 9600으로 정합니다.
}	
4 void loop() {	4. 반복합니다.
5 int tmp_val = analogRead(A0);	5. 아날로그 A0 핀에 연결된 온도 센서값을 tmp_val 변수에 저장합니다.
6 float voltage = (tmp_val * 5.0) / 1024.0 * 1000.0;	6. 입력받은 온도 센서값을 전압값으로 변환합니다.
7 float tmp = ceil((voltage - 500.0) / 10.0);	입력전압(mV) = (아날로그 입력값 x 5) /1024 x 1000
	7. 변환한 전압값을 섭씨온도값으로 변환해 반올림한 다음 tmp 변수에 저장합니다. ceil() 함수는 반올림 함수입니다.
8 Serial.print("현재 온도 : ");	온도 ℃ = [(전압(mV)) − 500] / 10
Serial.println(tmp);	8. 현재 온도를 시리얼 모니터에 출력합니다.
9 if(tmp >= 27)	9. 온도값이 27보다 크거나 같으면
{	
10 digitalWrite(dcmotor, HIGH);	10. DC 모터를 회전시킵니다.
}	
11 else	11. 온도값이 27보다 작으면
{	
12 digitalWrite(dcmotor, LOW);	12. DC 모터를 정지시킵니다.
}	
13 delay(500);	13. 0.5초 간격으로 온도 센서값을 읽기 위해 0.5초 기다립니다.
}	

더우면 선풍기가 작동해요 - 엔트리 vs. 아두이노

엔트리	아두이노

온도표시

온도표시

시작하기 버튼을 클릭했을 때
변수 현재온도▼ 숨기기
변수 전압값▼ 숨기기
계속 반복하기 4
전압값▼ 를 아날로그 A0 번 센서값 × 5 / 1024 × 1000 로 정하기 6
현재온도▼ 를 전압값 값 500 / 10 의 소수점 반올림▼ 로 정하기 7
현재 온도는 과(와) 현재온도 값 을 합치기 라고 글쓰기 8 9
0.5 초 기다리기 14

선풍기

시작하기 버튼을 클릭했을 때
계속 반복하기 4
만일 현재온도▼ 값 ≥ 27 이라면 10
디지털 13▼ 번 핀 켜기▼ 11
방향을 45° 만큼 회전하기 12
아니면
디지털 13▼ 번 핀 끄기▼ 13

```
1   int dcmotor = 13;

    void setup() {
2     pinMode(dcmotor, OUTPUT);
3     Serial.begin(9600);
    }

4   void loop() {
5     int tmp_val = analogRead(A0);

6     float voltage = (tmp_val * 5.0) / 1024.0 * 1000.0;
7     float tmp = ceil((voltage - 500.0) / 10.0);

8     Serial.print("현재 온도 : ");
9     Serial.println(tmp);

10    if(tmp >= 27)
      {
11      digitalWrite(dcmotor, HIGH);
      }
12    else
      {
13      digitalWrite(dcmotor, LOW);
      }
14    delay(500);
    }
```